Über dieses Buch

»Meine Lieblingstexte sind die Lieblingstexte vieler Leser, ich habe keinen besonders abseitigen und bizarren Geschmack, kann keine Entdeckungen unbekannter literarischer Kontinente antreten«, schreibt Andersch in seinem Vorwort. Und dann tut er eben dies: einen literarischen Kontinent bereisen, der in dieser Konsequenz bisher unerschlossen war (und den Literaturbeflissenen einige Aufgaben stellt). ›Lehrbuch der Beschreibungen‹ nennt er sein Lesebuch. Nicht ›der Phantasie an die Macht‹ oder gar der ›neuen Innerlichkeit‹ wird das Wort geredet – sondern Knöpfen: »Kunst (handelt) nicht von Abstraktionen, letzten Fragen, Unendlichkeit und Ewigkeit, sondern von Knöpfen.«

In ihrer Begrifflichkeit, die auf sinnlichen Wahrnehmungen beruht und jegliche Spekulation vermeidet, machen diese Beschreibungen dem Leser Realität, aber auch Hintergründe und Zusammenhänge plastisch erfahrbar; so wird eine literarische Gattung als (Ver-) Dichtung ohne Blendwerk entdeckt, die nicht nur unverstellt ehrlich ist, sondern eine direkte Überzeugungskraft hat.

»... die Dinge, Sachen, entziehen sich jedem Idealismus. Sie sind.«

Der Autor

Alfred Andersch wurde am 4. 2. 1914 in München geboren. Nach Gymnasium und Buchhändlerlehre wurde er mit 18 Jahren Organisationsleiter des Kommunistischen Jugendverbandes von Südbayern. 1933 war er im KZ Dachau inhaftiert. In den folgenden Jahren arbeitete er als Angestellter, bis er Soldat wurde. 1944 desertierte er an der Italienfront. Nach dem Krieg war er Assistent an der »Neuen Zeitung« in München, gab 1946 zusammen mit Hans-Werner Richter die ein Jahr später von der amerikanischen Besatzungsmacht wieder verbotene Zeitschrift »Der Ruf« und von 1955–57 die Zeitschrift »Texte und Zeichen« heraus. Von 1948–58 arbeitete er in verschiedenen leitenden Positionen in Rundfunkanstalten. Seit 1957 veröffentlichte er zahlreiche Romane, Reisebücher, Erzählungen, Essays und Hörspiele.

Alfred Andersch

Mein Lesebuch

oder

Lehrbuch der Beschreibungen

Fischer Taschenbuch Verlag

Unter dem Titel ›Mein Lesebuch‹
veröffentlicht der Fischer Taschenbuch Verlag
Anthologien, in denen Schriftsteller von heute
ganz subjektiv ausgewählte Texte der Weltliteratur vorstellen.

Bereits erschienen:

Hubert Fichte, Bd. 1769
Heinrich Böll, Bd. 2077

In Vorbereitung:

Pavel Kohout
Günther Wallraff

Lektorat: Vito von Eichborn

Originalausgabe
Fischer Taschenbuch Verlag
Oktober 1978

Umschlagentwurf: Jan Buchholz/Reni Hinsch

Fischer Taschenbuch Verlag GmbH, Frankfurt am Main
Für diese Auswahl:
© Fischer Taschenbuch Verlag GmbH, Frankfurt am Main 1978
Verzeichnis der Rechteinhaber im Anhang dieses Bandes
Gesamtherstellung: Hanseatische Druckanstalt GmbH, Hamburg
Printed in Germany
680-ISBN-3-596-22033-5

Inhalt

»Art is about buttons«

Juni 1977

Der Fischer Taschenbuch Verlag lädt mich ein, ›Mein Lesebuch‹ herauszugeben. »Es gibt zahllose Anthologien«, so schreibt er, »die – unter dem Blickwinkel germanistischer Seminare – umfassende Ansprüche stellen und in bezug auf Epochen oder Themenkreise eine Objektivität der Auswahl behaupten. Nun möchte ich dem gerne Titel gegenüberstellen, deren Auswahlkriterien betont subjektive sind, und deren innerer Zusammenhalt in der Person des Herausgebers begründet ist. Kurze Romanausschnitte und Kurzgeschichten, Gedichte und Theaterszenen, bis zu politischen Texten und Reden könnte alles aufgenommen werden.«
Ich sage sofort zu. Dies ist die Realisation eines Wunschtraums. Endlich einmal kann ich mit dem Finger auf die Texte hinweisen, mit denen ich gelebt habe. Ich memoriere im Geiste: Shakespeare, Goethe, Claudius, Stendhal, Flaubert, Proust, Conrad, Rilke, Thomas Mann, Brecht. Vielleicht auch noch Gogol, und natürlich Faulkner.

Juli 1977

Plötzlich stärkste Bedenken.
Ich werde also – im besten Falle – beweisen, daß ich einen vorzüglichen literarischen Geschmack besitze. Ah, wird man befriedigt sagen, auch er liebt also Goethes ›Willkomm und Abschied‹, die Traumszenen aus dem ›Prinz von Homburg‹, die Weissdorn-Sequenz aus ›Der Weg zu Swann‹ und Faulkners ›Als ich im Sterben lag‹.
Das ist mir auf einmal zu wenig. Auch stört mich das Affirmative des Unternehmens, die Atmosphäre der allgemeinen Zustimmung, die dabei entstehen wird. Meine Lieblingstexte sind die Lieblingstexte vieler Leser, ich habe keinen besonders abseitigen und bizarren Geschmack, kann keine Entdeckungen unbekannter literarischer Kontinente anbieten. Daß ich Rilkes ›Panther‹ und Brechts ›Lied vom Klassenfeind‹ gut finde, ist schließlich nicht besonders originell, und jeder, der meine Bücher kennt, wird sich ungefähr ausrechnen können, welche Schriftsteller ich goutiere, welche nicht.

Im philosophischen Sinne fühle ich mich als extremer Nominalist. *Universalia sunt nomina.* Down with Plato! Nicht einmal den Begriff des Begriffs laß ich gelten, der Begriff ist für mich nichts als *flatum vocis*, ein stimmlicher Hauch. Es gibt nur die Dinge, Sachen. Das ist einer der Gründe, warum ich am liebsten im 9. oder 10. Jahrhundert gelebt hätte. Die Ideen von Roscellin und Abälard, sich entfaltend in romanischer Architektur. (Die Scheune eines Zisterzienser-Klosters – darüber ist die Architektur niemals hinausgekommen.) Weil mich eigentlich nichts interessiert als Sachen, Dinge – im weitesten Sinne natürlich, auch der Mensch ist ein Ding –, habe ich meinem Erzählungsband ›Mein Verschwinden in Providence‹ zwei Sätze eines walisischen Literaturgelehrten als Motto vorangestellt: »Art is not about abstractions or ultimate issues or infinity or eternity. Art is about buttons.« Und es scheint mir bezeichnend zu sein, daß von allen meinen Kritikern nur Claude Prévost in der kommunistischen ›L'Humanité‹ diesem Motto einige Aufmerksamkeit gewidmet hat. Im deutschen Sprachraum wußte man mit der Behauptung, die Kunst handle nicht von Abstraktionen, letzten Fragen, Unendlichkeit und Ewigkeit, sondern von Knöpfen, schlechterdings nichts anzufangen.
Nominalismus, kritischer Realismus, so wird man einwenden, seien doch auch Begriffe. Das ist richtig. Die Gewohnheit begrifflichen Denkens läßt sich nicht von heute auf morgen beseitigen. Das eigensinnige Insistieren auf Knöpfen möchte einen Namen haben, eine Rechtfertigung, die Weihe durch eine übergeordnete Idee. Aber die Dinge, Sachen, entziehen sich jeglichem Idealismus. Sie sind.
Daher meine Vorliebe für die Beschreibung. Über die Jahre hinweg habe ich mich den großen beschreibenden Texten genähert. In der dichterischen Beschreibung wird die Welt zum Phänomen. Das Phänomenale unterscheidet die dichterische Beschreibung vom Sachbuch. Es gibt nur eine Literaturform, die an Bedeutung die Beschreibung überragt: die Erzählung. In vielen Fällen geht die Erzählung wie von selbst aus der Beschreibung hervor, beispielsweise in ›Der Verdammte der Inseln‹ von Josef Conrad. Aus irgendwelchen Gründen sind gute Beschreibungen stets meine Lieblingslektüre gewesen. Die Beziehung eines Schriftstellers zu einer Sache hat mich stets stärker interessiert als seine Ideen, seine Weltanschauung. Die Schilderung einiger Häuser in St. Petersburg geht mich mehr an als Raskolnikows Gewis-

senstragödie. Raskolnikow ist ein Geschöpf aus den Straßen von Petrograd, wie der Geheimagent undenkbar wäre ohne einen bestimmten Winkel in Soho.
Ich beschließe infolgedessen, aus meinem Lesebuch eine Sammlung von Beschreibungen zu machen. Ich möchte eine literarische Gattung darstellen, die mich stärker als jede andere konstituiert hat, denn alle meine Bücher beruhen, insoweit sie mir als geglückt erscheinen, auf genauen Deskriptionen. Ein solches Vorhaben erscheint mir motivierter, als wenn ich auf irgendwelche literarischen Kostbarkeiten aufmerksam machen würde, von denen ohnehin fast jeder weiß, daß sie Meisterwerke sind.

September 1977

Ich beginne mit der Sichtung des Materials. Das ist nicht ganz einfach, denn ich lebe zur Zeit nicht inmitten meiner Bibliothek, die sich in einem Tessiner Bergdorf befindet, sondern einer medizinischen Behandlung wegen in Zürich. Aber die Zürcher Zentralbibliothek besitzt natürlich jeden Titel, nach dem ich fahnde. Ich beschließe, nicht zu weit zurückzugreifen, denn obwohl ich vorhin etwas großspurig erklärt habe, ich hätte am liebsten im 9. oder 10. Jahrhundert gelebt, bin ich kein Kenner der frühen Literatur, verehre nur die mittelalterliche Philosophie, den Aufstand des Nominalismus gegen die Scholastik, dessen dialektische Rolle sich seit der Mitte des 19. Jahrhunderts im Verhältnis des Materialismus zum Idealismus wiederholt.
Mein frühester Zeuge ist Linné. Seine ›Lappländische Reise‹ ist ganz Aufklärung, ganz Naturwissenschaft, aber ohne daß er es will, gerät ihm ein zugleich magischer und lustiger Text, was sicherlich nicht nur auf die gewiß exquisite Übersetzung H. C. Artmanns zurückzuführen ist. Die Schilderung des Sprengels von Pitéa habe ich ausgewählt, weil sie den Galgen dieser Stadt nicht unerwähnt läßt und wegen der Geschichte von dem blinden Kind. Die lateinischen Wörter wirken im Text als musikalische Akzente. Aber seine Bedeutung erhält er durch Sätze wie: »Der grünfüßige Wasserläufer, die große Art, schwirrte über den Sümpfen.« – Nein – es geht nicht an, aus Linnés Text einzelne Sätze herauszulösen. Sein Einmalig-Rätselhaftes besteht darin, daß es uns nicht mehr mitteilt als bare Fakten, daß er an Nüchternheit kaum zu übertreffen ist und uns dennoch in das nächtliche Licht Nord-Schwedens entführt.
Lange habe ich mit dem Gedanken gespielt, Goethes Aufsatz ›Von

deutscher Baukunst‹ in mein Lesebuch aufzunehmen. Er enthält eine großartige Evokation des Straßburger Münsters, und, 1772 geschrieben, einen Geniestreich des jungen Goethe, die erste Ästhetik dessen, was wir als moderne Kunst bezeichnen. Aber gerade dadurch überschreitet er die Grenzen dessen, was ich als Beschreibung bezeichne, und wird zum Essay. Der Essay spielt mit den Elementen der Reflexion, der Spekulation und der Philosophie – damit scheidet er aus einer Sammlung von Beschreibungen aus. Schweren Herzens hatte ich auf Goethes Aufsatz zu verzichten. Angemerkt sei noch, daß Goethe sich darin auch gründlich geirrt hat; inzwischen wissen wir, angesichts von Chartres, Reims, der Notre Dame und einem Dutzend weiterer Kathedralen, daß der gegen alles ›Welsche‹ sich richtende Aufsatz eigentlich heißen müßte: ›Von französischer Baukunst‹.

Shelleys Gedicht ›Die Wolke‹ ist etwa 40 Jahre nach Goethes Aufsatz entstanden; es stammt aus Shelleys letzter Zeit, er ist 1822, erst dreißig Jahre alt, bei Viareggio ertrunken. Man kann Lyrik nicht übersetzen, sondern muß sich schon der Mühe unterziehen, sie nachzudichten. Die Übertragung Rudolf Borchardts ist ein Modell von Nachdichtung; Borchardt hält Inhalt und Rhythmus des Originals genau ein, nur gerät ihm das Ganze um ein Gran schwerer, schattenhafter, als die englische Vorlage mit ihrer Helligkeit. Entstanden ist dabei eines der größten deutschen Gedichte. Dieses ist, in Englisch oder Deutsch, ein wahres Wunder der Darstellung einer allumfassenden, stets gegenwärtigen Naturerscheinung. Die Wolke wird in allen ihren Aspekten gezeigt, in unvergeßlichen, weil originalen Sprachbildern.

Um die gleiche Zeit, im Jahre 1807, hat Alexander von Humboldt seine ›Ansichten der Natur‹ ediert, das Fazit seiner Reisen in Südamerika und Asien. Die Einleitung des Kapitels, in welchem er das nächtliche Tierleben im Urwald beschreibt, könnte meiner ganzen Sammlung als Geleitwort dienen, die ja nachweisen will, daß »des Menschen Rede durch alles belebt wird, was auf Naturwahrheit hindeutet«. Dergleichen hielt man in der Zeit der klassischen Naturwissenschaft für selbstverständlich, mit dem Ergebnis, daß man die Hitze an den Ufern des Orinoco spürt und die Lagerfeuer knistern hört, die dazu dienen, den schwarzen Jaguar von der Expedition fernzuhalten.

Vierzig Jahre später entwirft Friedrich Engels das Gegenbild zur Welt von Shelley, Goethe und Alexander von Humboldt: die Lage der arbeitenden Klassen in England. Die Beschreibung beschreibt eben nicht nur das Schöne, sondern auch das Entsetzliche. Wir werden ihm in dieser Sammlung noch einmal begegnen, bei Alexander Kluge. Engels hat die Schrecken des Frühkapitalismus in das Gedächtnis der Menschheit eingebrannt, und zwar in einer Prosa von klassischem Beschreibungscharakter. Der Text liest sich etwa wie derjenige Humboldts – langsam, genau wird der Plan der Slums von Manchester entfaltet. Wie bei Linné regiert pure Faktizität; Engels enthält sich eines eigentlichen Kommentars. Er steht über seinen Gegenstand gebeugt wie ein Forscher über seinem Mikroskop, und er entdeckt immer neue Kristallisationen der Unmenschlichkeit; noch in der Darstellung der Ziegellage von Mauern weist er nach, daß es sich dabei um eine Architektur der Hölle handelt. Diese erste ›Feldarbeit‹ der Soziologie ist immer noch ihr Muster; es müßte einmal untersucht werden, ob sie zur revolutionären Reform unseres Wirtschaftssystems nicht mehr beigetragen hat als alle theoretischen Schriften.

Von den Massen zum Einzelnen. Hermann von Barth hat im Alleingang fast alle Hauptgipfel der nördlichen Kalkalpen als Erster bestiegen. Sprache und Stimmung seiner Schilderungen versetzen uns in die Welt Stifters, und ich hätte statt seines Textes auch irgendeinen Abschnitt aus Stifters ›Studien‹ auswählen können. Wenn ich statt dessen versuche, an den zu Unrecht vergessenen Hermann von Barth zu erinnern, so aus ganz subjektiven Gründen – in den dreißiger Jahren war für uns junge Münchner Bergsteiger und Skifahrer der ›Barth‹ – eine Auswahl aus dem großen Werk über die nördlichen Kalkalpen war unter dem Titel ›Einsame Bergfahrten‹ in einer von Josef Hofmiller geleiteten Buchreihe bei Albert Langen erschienen – sozusagen die Bibel. Ich habe den Bericht von der Besteigung der Öfelespitze ausgesucht, weil er die extremste Kletterei (mit obligatem Absturz) schildert, die er jemals unternommen hat. Das Alleinsein des Menschen in der Natur ist von ihm ganz unaufdringlich geschildert worden. In der alpinen Literatur gibt es, soweit ich sie kenne, nichts, was die Schilderungen Hermann von Barths überträfe. Sie führen uns in das Biedermeier der Alpen zurück; übrigens begreifen wir die Spannungen, die das 19. Jahrhundert durchzogen, besser, wenn wir Engels und Stifter nebeneinander stellen. Manchester und Oberösterreich. Die Welt des ›Nachsommer‹ erscheint uns heute utopischer als die Utopie, die man Engels vorwirft.

Später zog mich das Meer stärker an als das Gebirge, dergestalt, daß mir auch heute noch eine Reise, die mich nicht ans Meer führt, als unvollständig erscheint. Von allen Büchern über das Meer, die ich gelesen habe, ist Josef Conrads ›Spiegel der See‹ das authentischste. Dieser in der Ukraine geborene Pole und Kapitän der englischen Handelsmarine ist, wir wissen es, ein Experte des Meeres. Mit seinem Text beginnt in meiner Sammlung die Moderne, und dies, obwohl Conrad sich in ihm, nostalgisch, der Zeit der großen Segelschiffe erinnert, ja nur ihnen zu Ehren sein Buch geschrieben hat. Feine, kaum bemerkbare Züge unterscheiden Conrads Sprache von derjenigen Humboldts oder Engels'. Conrads Beobachtungen sind subjektiver, streben nicht die Objektivität des großen Natur- oder Gesellschaftswissenschaftlers an, sondern berichten nur von den Erfahrungen, die seine Augen und Ohren gemacht haben; die Sprache gewinnt dadurch etwas von den Nerven Bestimmtes, ja etwas Nervöses, das es bis dahin in der Literatur nicht gab, ein Nerven-Mensch ist es, der hier aufzeichnet, wie Menschen sich zu dem Problem des Reffens von Segeln im Sturm verhalten. Ein Romantiker auch; Conrads dichterische Stahlstiche vom Ende der Segelschiffe könnten mit Caspar David Friedrichs Ansichten des Hafens von Greifswald zusammengebracht werden.
Nach dem Zweiten Weltkrieg war es bei einigen klassizistischen Literatur-Koryphäen à la Rudolf Alexander Schröder und Friedrich Sieburg – Gott hab' sie seelig, die Herren! – Mode, uns, die damals jungen Schriftsteller, allesamt als Hemingway-Epigonen zu bezeichnen. Inzwischen ist viel Wasser den Rhein und die Donau hinabgeflossen, und ich gebe freimütig zu, daß ich in der Tat meinen Hemingway genau gelesen und von ihm mehr gelernt habe als von Rudolf Alexander Schröder oder Hans Carossa. Hemingways Romane wurden leider immer schlechter, und wenn man mit ihm scharf ins Gericht geht, bleiben eigentlich nur einige der ›49 stories‹ übrig. Diese aber sind exemplarisch und erklären den magischen Einfluß, den der Mann ausgeübt hat, und den man höchstens mit der Wirkung Hamsuns vergleichen kann. Die zweiteilige story ›Großer doppelherziger Strom‹ ist keine Erzählung, sondern Beschreibung in ihrer reinsten Form. Ein Mann geht durch einen Wald bis an das Ufer eines Flußes, schlägt dort sein Camp auf und angelt am nächsten Tag drei Forellen. Das ist alles, mehr geschieht nicht. Die Präsenz des Waldes, des Flusses,

der Fische und des Mannes ist von ungeheurer Intensität, ohne daß eigentlich besondere sprachliche Mittel angewendet werden; wie Hemingway es fertigbringt, daß wir, lesend, einer Sache so nahekommen wie hier, wird ewig sein Geheimnis bleiben. Die Sprache hat etwas angenehm Jazziges; der Text liest sich etwa so, wie sich ein Blues, gespielt von – sagen wir – Ben Webster anhört: die gleiche verschliffene Rauheit, die gleiche instrumentale Heiserkeit. ›Großer doppelherziger Strom‹ *ist* ein Blues.
Marxistisches Denken hat wenig sinnlich so Faßbares hervorgebracht wie Walter Benjamins Skizze von Paris im 19. Jahrhundert. (Und es ist ja bedauerlich, wie der Marxismus, noch immer gebannt auf Hegel starrend, sich immer wieder im reinen Begriffsdenken festfährt!) Ich entnehme den Text der alten, zweibändigen Benjamin-Ausgabe, die noch Theodor W. Adorno herausgegeben hat. Gegen die Aufnahme dieses Textes in ein ›Lehrbuch der Beschreibungen‹ könnte eingewendet werden, daß es zu reflektierend und eigentlich ein Essay sei. Liest man ihn aber genau, so wird man bemerken, daß er auch noch in den wenigen reflektierenden Sätzen, die er enthält, nicht spekulativ ist, sondern Feststellungen trifft. Er stellt – am Beispiel Paris – die genaueste Deskription einer Epoche dar, angestellt von einem Zeichenleser ersten Ranges. Die ›Passagen‹-Arbeit wäre wohl Benjamins Hauptwerk geworden. Sie hätte jeden weiteren Versuch, seine innersten Tendenzen in irgend etwas ›Geheim-Religiöses‹ zu verbiegen, unmöglich gemacht. Benjamin war ein zauberkundiger Phänomenologe gegenständlicher Betrachtung.
Am Schluß seines Paris-Fragments meint Benjamin, erst der Surrealismus habe den Blick auf die Ruinen der Bourgeoisie freigegeben. Einen Blick auf die Ruinen der Naturwissenschaft gewinnt man bei der Lektüre von Benjamin Pérets ›Naturgeschichte‹. Sie liefert den Beweis, daß es auch eine surrealistische Beschreibung gibt. Dieser automatische Text beweist ferner, daß Beschreibung auf Charme und Humor nicht zu verzichten braucht. Wer nicht an bestimmten Stellen von Pérets ›Naturgeschichte‹ in Gelächter ausbricht, darf mit Recht von sich selber sagen, er sei ein durch und durch ernster Mensch.

November 1977

In dem epigrammatischen Anhang zu ›Blätter und Steine‹ findet sich der Satz: »In einer Prosa, die auf Konklusionen verzichtet, müssen die Sätze wie Samenkörner sein.« Diese Bemerkung Ernst

Jüngers könnte als Motto vor jeglicher deskriptiven Prosa stehen; sie ist das Leitmotiv, nach dem ich die Stücke dieser Sammlung ausgewählt habe. Jünger selbst, der spätere Jünger insbesondere, hat sich an diese Maxime durchaus nicht gehalten, vielmehr von der Konklusion den exzessivsten Gebrauch gemacht. (In dieser Sammlung ist Hemingways ›Erzählung‹ das konsequenteste Beispiel eines konklusionsfreien Stils.) Dennoch gibt es auch bei Jünger immer wieder Passagen, in denen die präzise Beobachtung die Reflektion nahezu ausschaltet. Eine solche Passage ist das Kapitel ›Der Moosgrüne‹ aus ›Subtile Jagden‹. Darin erneuert Jünger den alten *topos* von der Begegnung des deutschen Künstlers mit dem Süden. Der Versuch, an der Südküste Sardiniens einen moosgrünen Käfer zu finden – Jünger ist, wie wir wissen, ein Biologe und Entomologe von Rang –, scheitert, aber dafür findet er bei dieser ergebnislosen Suche das freieste und heiterste Stück seiner späten Prosa. Das Ingenium verzichtet hier nahezu gänzlich auf die Metapher; es konstatiert nur. Jünger liest die Zeichen von Tourismus und Technologie von den archaischen Wänden ab, auf denen sie erscheinen. Kurios, zu sehen, wie es hier einem großen Konservativen gelingt, die sardischen Arbeiter und Fischer so darzustellen, daß jeder Soziologe sich davon eine Scheibe abschneiden könnte. Doch die Essenz des Stücks ist das Gefühl reinen Seins, das es den Leser ahnen läßt.
Bei Ernst Schnabels ›Standorte eines Flaschenschiffs‹ handelt es sich nicht um die Beschreibung eines Schiffs und der Seeleute, die es führen, sondern um die Realisation der Reise als Selbst-Inszenierung des reisenden Subjekts. Daher die Tagebuch-Form. Anläßlich Valérys ›Cimétiere marin‹ hat Edmund Wilson davon gesprochen, es gäbe in ihm nur »die wunderbar getreue Nachahmung der sehr komplexen und sich ständig wandelnden Beziehung des menschlichen Bewußtseins zu den Dingen, deren es sich bewußt ist«. »Und das Meer«, so fährt Wilson fort, »ist auch ein Bild für das Schweigen des Dichters, eines Schweigens, das in dem Augenblick, als Wind aufkommt und die See peitscht, einer plötzlich hervorbrechenden Äußerung weichen wird, der Hervorbringung des Gedichts selber.« Von solcher Art sind die Reaktionen des sichtenden Subjekts Ernst Schnabel auf seinen Gegenstand, das Meer. Die Beziehung Schnabels zum Meer und zur Dichtung ist eine durchaus tragische; die Gefahr, daß sie in Schweigen mündet, ist nicht von der Hand zu weisen. Auch aus diesem Grunde gehört ›Standorte eines Flaschenschiffs‹ zu den größten Kostbarkeiten unserer Literatur.

Alexander Kluges Notizen über ein Konzentrationslager als industrieller Ausbeutungsbetrieb sind von Eiseskälte – das Stenogramm einer Monstrosität, die aber, das macht Kluge klar, keine ist, sondern ein Spezifikum des 20. Jahrhunderts, auch heute noch allenthalben praktiziert, von Indonesien bis Chile. Die Kälte ist die Temperatur, die entsteht, wenn ein Schriftsteller jeden moralisierenden Satz in seinem Text erbarmungslos austilgt; das mag manchem als inhuman erscheinen, ist aber die einzig zulässige Methode bei einem Gegenstand wie dem, den Kluge gewählt hat. Die Fakten genügen. Eine Eigenart der Technik Kluges besteht darin, daß er für die Betrachtung eines Phänomens ständig wechselnde Perspektiven wählt, so, als wolle er beweisen, daß in allen Betrachtungsarten der Gegenstand selbst sich nicht verändert.

Als Abschluß unseres Lehrbuchs der Beschreibungen durfte Hans Magnus Enzensbergers herrliches ›Leuchtfeuer‹-Gedicht nicht fehlen. Es enthält in 32 Zeilen:

1. die vollständige Beschreibung einer kleinen Leuchtturm-Insel vor der norwegischen Küste,
2. das Programm des Nominalismus, denn

> »das feuer dort leuchtet
> ist nichts als ein feuer,
> bedeutet: dort ist ein feuer,
> dort ist der ort, wo das feuer ist,
> dort, wo das feuer ist, ist der ort.«

Dem ist nichts hinzuzufügen. Wir sind wieder bei den Knöpfen angelangt.

Berzona (Valle Onsernone), im Frühjahr 1978 A.A.

CARL VON LINNÉ

Pithoensis Praefectura

Heute regnete es um elf Uhr eine halbe Stunde, *alias serenum. Dies* 13. *Dies optimus, clarus et serenus.*

Der grünfüßige Wasserläufer, die größere Art, schwirrte über den Sümpfen.

Das Land war ziemlich flach, doch gab's hier und dort große Anhöhen, nicht sonderlich hoch und steil, sondern *oblique* abfallend. Die Steine darin waren wie aus gemasertem Holz, viele rostig und verwittert, gleichsam voll glitzernder Sandkörner. Ich fand auf einem solchen Hügel, über den die Straße führte, *terra purpurea,* welche mir als Farbe zu taugen scheint. Der Hügel hieß Hökmarksberg.

In den Poststationen von Grimesmark und Selet erzählten sie mir von einem Berg, zwei Meilen von dort, der Kupfer enthalten sollte, weshalb man auch vor drei Jahren einen vom Bergscollegio hingeschickt, um selbigen zu examinieren. Aber weil die Bauern scheu waren (von den Bürgern Umeås beeinflußt), wurden ihm ganz falsche Berge gezeigt.

Der Bauer Hans Person in Vebomark erfuhr davon nichts. Sein Vater hatte zuerst diesen Berg gefunden und war mit einer Ladung Steine nach Stockholm gefahren, aber dort hatte man ihn betrunken gemacht, ihm die Steine fortgenommen und gewöhnliche Feldsteine hineingelegt. Dieser Bauer wollte wohl gerne den richtigen Berg zeigen, wenn er mit dem Bergscollegio in Kontakt kommen würde. Ich hatte vorgehabt, mir alles anzusehen, obschon der Weg dorthin recht weit war, allein der Bauer war nicht zu Hause, sondern beim Wegbau; hielt es also für sinnlos.

Heute bekam ich an ein paar Stellen Setzmilch, andre nennen sie Dickmilch. Man zeigte mir auch das Fettkraut, *s. Pinguicula* mit seiner gar zu wunderlichen Blüte. Hat man sie einmal bekommen, wird sie das ganze Jahr gebraucht, ja, vom Winter zum Frühjahr hin wie Hefe getrocknet.

An den Herden wurden Kesselhalter gebraucht. Die Lappländer nehmen bloß einen Pfahl, rammen ihn schief in die Erde und hängen einen Kessel oder einen Fisch daran.

Die Felder sind herrlich, groß, eben, erdig, Lehm und Sanderde, geben reiche Ernten, wenn die Saat nicht erfriert, wie es voriges Jahr geschehen. *Hinc* wird heuer so viel Kiefernrindenbrot gegessen, Missnewurzeln werden selten gebraucht, da sie allzu bitter schmecken. Flachs wird selten oder nie ausgesät.

Am Abend ging ich von der Poststation Bureå hinunter an den Meeresstrand, um zu sehen, was die Natur dort triebe. Ich fand nahe beim Meer in den Wasserbächen unzählbare kleine *ovatae Notonectae, magnitudine lentium.*

Item kleine *Hydrocantharus minimus, ovatus, caesius, nebulosus:* Man erkennt sie an *osse ventrali, obtuso bifido.*

Am Strande hüpfen unzählige *Orsodachnae atrae, semicoleoptratae, alis destitutae.*

Item Ephemerae, die stets zwei Füße vorwärts setzen und drei *setas cauda obhiant;* ich machte einigen *vita brevissima adhuc brevior.*

Nicht weit vom Meer, an einer abgebrannten Rodung, fand ich *Rubus folio fragariae, petalis laciniatis,* recht schön und artig anzusehen.

Dies 14. regnete es viel während der Nacht, auch am folgenden Tag.

Die Äcker bestehen hierzulande teils aus Humus, teils Lehm, teils Sand, bisweilen *mixta*, geben jedoch im allgemeinen Ernten bei jeder Witterung, außer bei Frost, welcher den Ruin der Leute bedeutet.

Die Wälder herrlich, aus Föhren, Tannen und einem Überfluß von Birken, weshalb auch kein Ort in Schweden angenehmer im Sommer zu durchreisen ist. Ihr meistes Geld machen die Einwohner mit Brettern, für sechzehn Stüber Silbermünze das Dutzend, sowie mit Teer, sechs Taler Kupfermünze die Tonne.

Ich wünschte, daß diejenigen, welche abstreiten, daß bestimmte Pflanzen in bestimmten Ländern wachsen, mir den Grund angeben wollten, weshalb hier in solchem Überfluß Birke, *Salix, Rubus fragariae, Chamaemorus* und *Campanula serpyllifolia* wachsen.

Item weshalb *Ranunculus* hier in solcher Menge wächst, davon die ganzen Wiesen gelb sind, wunderschön anzusehen.

Als ich zur Poststation von Sunnanån kam, sah ich auf der andren Seite eines großen Flusses, über den ich mit der Fähre setzte, bei der Skelleftekirche eine Menge Häuser, gleichsam eine kleine hübsche Stadt, mit weißen Schornsteinen, längs zwei Hauptstraßen mit Quergassen gebaut, aus 350 à 400 Häusern bestehend.

Man antwortete mir, daß jeder Bauer im Kirchspiel ein Haus hätte, darin er zu den Feiertagen sich aufhielte.
Etwas weiter entdeckte ich, daß auf einem niedrigen Berg gleich an der Landstraße alles mit Tannenreisern bedeckt war; als ich diese hochhob, war der Berg abgebrannt und darin gegraben worden; vielleicht, daß jemand geglaubt hat, hier Erz zu finden, wofür ich jedoch nicht die Spur eines Anzeichens sehen konnte. Ich nahm ein paar Steine mit und verwahrte sie.
Als ich über die zweite Poststation hinaus war und auf halbem Wege zwischen dieser und der dritten über einen Fluß gesetzt war, zeigte sich eine Eule, die immer vor mir auf und ab flog. Ich griff mittlerweile zu meiner Büchse und wagte ein Viertel nach zwölf Uhr – die Nacht war nicht im mindesten dunkel – einen freihändigen Schuß, fehlte nicht, obgleich das Pferd in vollem Trab war, traf aber so, daß eine Seite vollkommen zerschossen wurde, und ich konnte den Vogel nicht ausstopfen.
Da ich eben anhalte, um es zu beschreiben, kommt eine andre Kreatur aus der selbigen *Noctua* herausgekrochen, welches ein Insekt war, *Scarabeolus oblongus, coeruleo et nigro mixto coloratus, ventre albo; Scarabeolus erat ex antennis.* Der ganze Körper war schwarz mit Blau vermengt. Die Brust und der Bauch allein waren weiß; berührt, hielt es still wie ein Falter.
Oniscus aquaticus war im Wasser zu sehen.
Der Probst in Skellefte erzählte mir, daß ein Lappländer beim letztvergangenen Gerichtstag seinen Nachbarn angeklagt hätte, daß dieser doppelt soviel Land hätte als er, jedoch dieselbe Steuer bezahle, worauf der Beklagte mit der doppelten Steuer belegt wurde. Er gibt aber aus Ärger eine Silbererzader an, wodurch er gemäß kgl. Verordnung von aller Steuer frei wird, geht darauf zu seinem Widerpart und hält ihm vor: »Ja, siehst du, jetzt bin ich steuerfrei, du aber nicht!«
Dies 15. Heut zeigte sich nichts Besondres. Das Meer kam hie und da längs des Weges an mich heran, brach an den steinigen Felsen seine schwermütigen Wogen, fraß auch an andren Stellen fortwährend an den Holmen, sie auf diese Art mit der Zeit vom Land trennend, teilweise auch den sandigen Strand mit Schlick düngend. Das Wetter war angenehm.
In einem Moor fand ich eine Abart *(forte)* von *Oxycoccus*, recht anmutig, welche bloß *foliis tenuissimis, floribus et baccis minoribus* differiert; die andre wuchs *mixtum,* hatte aber allezeit ihre besondre Proportion und erreichte niemals *magnitudine antecedentis;* wuchs hinter *Pinguicula rotundifolia et oblongifolia.*

Vaccinia nigra war da, einmal mit roten *(vulgariter)* Blüten, einmal mit weißlichen Blüten, *sed rarius* gelben. Im Sumpf wuchs hier *Gale,* was ich in Västerbotten noch nicht gesehen.
Als es Abend wurde, kurz bevor die Sonne unterging, geriet ich in eine gewaltig große Menge von Mücken, es war zum Verwundern. Es schien, als erfüllten sie alle Luft, besonders über feuchten Wiesen, fuhren einem in Mund, Augen und Nase, denn sie wichen nicht von ihrem Wege ab. Sie waren zwar nicht bösartig, da sie nicht stachen, aber ihrer waren so viele, daß man nicht atmen konnte. Ich langte in die Luft und kriegte Myriaden mit meiner Hand zu fassen, sie kamen alle um, waren aber so klein, daß ich sie nicht beschreiben konnte. Man nennt sie hier *knort.*
Da nun die Sonne hinter einem Wölkchen unterging, kam ich in der alten Stadt Piteå an. Ich fuhr zuerst mit der Fähre über einen breiten Fluß, bei der Landungsstelle war ein Galgen, zwei Finnen waren aufs Rad geflochten, ihre Körper waren ganz, der Kopf fehlte. Sie hatten reisende Leute in der Absicht, ihnen das Geld zu nehmen, ermordet. Ein Lappländer gerädert und gevierteilt, weil er eine Blutsverwandte beschlafen.
Ich hatte sogleich nach meiner Ankunft ein Zimmer bekommen und mich eben hingelegt, als ich an der Wand ein Licht erblickte. Ich fürchtete einen Brand, sah aber gleich darauf durchs Fenster, wie die Sonne ganz rot aufging, was ich noch längst nicht erwartet hatte. Der Hahn begann zu krähen und die Vögel zu singen. Allein der Sommer wollte nicht kommen.
Dies 16. Am Morgen ging ich nordwärts, um eine Quelle zu examinieren, die Sauerbrunnen enthalten soll und die eine halbe Viertelmeile von der alten Stadt liegt. Sie dünkte mich eine simple Kaltquelle zu sein, denn weder Geschmack noch Ocker oder Belag zeigte sich auf ihr.
Der Weg lief über einen steilen Berg, Bredviksberg genannt. Auf den stieg ich mit Mühe hinauf und fand schließlich oben in den Felsspalten Raben- und Krähenflügel, Hasenläufe etc. Ich sagte zu meinem Begleiter: »Schau, da hat ein Uhu sein Nest gehabt.« Da ich ein wenig höher bis zur nächsten Spalte gegangen war, sieh da, ich fand Uhus in einer Grotte, die Augen glosten wie Feuer und ihre *irides* hatten *lumen in se, sine alio, veluti ac lignum putridum, pisces et lampyris.* Groß waren sie wie Gänse, ich wagte mich gar nicht mit den Händen an diese Uhujungen heran. Ich stocherte mit einer Stange hin und merkte erst da, daß es fast flügge Junge waren, wenn sie auch noch nicht fliegen konnten.
Dies 17. Obgleich man fleißig umherging, war nichts Sonderliches

zu observieren da, außer daß überall auf dem Gras etwas Speichelähnliches haftete, welches im Volksmunde Krötenspucke genannt wird, die, wenn man sie fortwischt, ein kleines Insekt freigibt, hautfarbig, einer kleinen Heuschrecke gleich, aber noch nicht ausgewachsen, wohl aber mit den klaren Anzeichen, eine solche zu werden, obschon sie noch keine Capriolen gelernt hat. Ich strich von dieser besagten Flüssigkeit ab und ließ das Kreatürchen sitzen. Eine Weile nachher, da ich wieder zurückkam, saß abermals ein gleicher aufgeblasener Geifer darüber, ein Zeichen, daß dieser Geifer von dem Insekt aufgeblasen wird und es sich damit vor der starken Sonnenwärme schützt, anders ihm seine zarte Haut nur zu bald vertrocknen würde.
Ein wenig darauf kam ein ganzer Haufen Rindvieh angesprungen, ja, die magersten Kühe, denen man sonst keinen Schritt mehr zugetraut hätte, sprangen hier wie Hirsche im Feld. *Hic pauper cornua sumit.* Mit aufgehobenem Schwanz sprangen und galoppierten sie, und da sie endlich an eine Pfütze kamen, blieben sie stehen, und es schien ihnen, hier ein freies *asylum contra hostem* zu haben. Ich eilte mich zu sehen, was sie gar so sehr angetrieben hatte, denn weder Peitschenschläge noch selbst der Tod hätten sie so antreiben können. Ich fand heraus, daß es dasselbe war, welches ich bereits weiter unten im Lande beobachtet, nämlich *Oestrum.* Unsre *historici naturales* bringen *Oestrum* mit *Tabanum* vollkommen durcheinander, wo diese doch so verschieden sind wie der Bär vom Hasen. Von Bremsen werden sie wohl sehr beunruhigt, wie auch von den schwereren Fliegen aber vor *Oestro* laufen sie wie vorm Teufel. *Oestrum* setzen sich nicht auf den Leib, sondern zwischen die größeren und kleineren Klauen, denn dieses Insekt fliegt niemals mehr als zwei à drei Spannen über dem Erdboden, doch meistens nur eine halbe. Die Rinder springen so lange, bis sie an ein Wasser kommen oder einen Sumpf; da sie die Füße hineinstecken, sind sie befreit. Das Insekt ist ein *Ichneumon,* hat das Aussehen von einem *Crabro*; im Hinterteil einen Stachel, welcher gerade heraussteht, ist gelblich.
Dies 18. Sonntag.
Man rief mich zu einer Bauerntochter, eineinhalb Jahre alt, die blind war, man fragte mich, ob es Star sei. Ich untersuchte das Auge, fand es vollkommen klar wie ein ordentliches, wohlgeratenes Auge und würde eher auf *gutta serena* geschlossen haben. Aber ich fand heraus, daß es auch das nicht war, denn das Kind liebte es, im Licht am Fenster zu stehen. Ich beobachtete, daß die Augen seltsame *motus convulsivos* hatten, und wenn man das

Kind ansprach und es einen sehen wollte, wendete es die Augäpfel so hoch, daß man nur mehr das Weiße sah. Es war so geboren worden. Ich frug die Mutter, ob sie jemanden während ihrer Schwangerschaft gesehen, der seine Augen auf ebensolche Weise verdreht hätte. Ja, sagte sie, ich sah meine Mutter oder Schwiegermutter, als sie am Sterben war, ich lief nicht davon, sondern blieb bei ihr, bis ihr Todeskampf vorüber war. *Hinc illae lacrymae.* Ich stelle mir vor, daß das Kind nicht blind war, sondern daß *focus* so sehr in *bulbo oculi* seitlich lag, weshalb das Auge auch nicht sehen konnte, denn es war, *quemadmodum videmus* bei Schieläugigen, *secundum metam radiorum* gestellt. *Status naturalis* des Auges *in hocce subiecto* war also unter dem oberen Augenlid, maßen das Kind mit dem halben Auge sehen konnte, weil die halbe Pupille unter dem Augenlid hervorkam, wenn es hochgezogen wurde. *Quaeritur quae cura?* Wenn besonders geschliffene Gläser nichts helfen, weiß ich mir keine. Ich riet auch, die Wiege mit den Füßen wider das Tageslicht zu stellen, damit das Kind gezwungen sei, das liebe Licht entgegenzunehmen, grade nun, wo alles noch zu biegen war, wie auch Bartolin auf solche Weise Schielende kuriert hat.

Nach dem großen Regen und dem Donnerwetter, das sich gegen vier Uhr nachmittags besänftigte, reiste man nach der neuen Stadt Piteå, wo ich einige Gärten besah, da ich wissen wollte, welche Gewächse diesen unerträglichen Winter ertrügen. Fand *Poterium, Balsamita,* einige kleine *Quercos,* die man im Vorjahr von *seminibus* gesetzt. Die meisten davon waren erfroren, ein paar spitzten mit einem Sprößling aus der Erde, gediehen aber nicht weiter.

Dies 19. begab ich mich ganz früh aufs Meer hinaus, um im Schärengarten nachzusehen, was sich dort für rare Gewächse zeigen würden. Eine Meile hinaus war das Wasser süß, denn die vielen Ströme, die hier allerorts aus dem Lande einmünden, verdünnen mit ihrem insipiden Gebirgswasser das salzige Wasser.

Keine besonderen Pflanzen zeigten sich, obgleich ich gewissenhaft nach welchen suchte. Am Strand, wo das Wasser im Winter oft zehn à zwanzig Faden steigt, zeigte sich jetzt ein weißer Erlenwald auf einer dünnen Schicht toter Pflanzenreste, aus der *Trientalis* und *Mesomora* wuchsen, wodurch die Ufer ganz weiß von Blüten dalagen.

Hier wurde viel von Bergen und Trollen erzählt, *exempli gratia* dem Schweinsberg zwischen der neuen und der alten Stadt. Von

Seen, Fischplätzen, wo man nichts erwischt, es sei, man kommt ahnungslos hin, von Hexerei, wie man's macht, daß der Dieb nicht mehr kommt etc. Waren lauter Lügen, was teils an den Geschichten selbst, teils an der Erzählweise zu erkennen war.
An Fischen gab's: Karauschen, Groppen, Brassen *(aspi kurovpek, Lap. Piteå), Solken, Stemma, Isarv, Hornstaggare (aculeatus* 3 *cusp. dictus), Laxukel (truttae sp.)*
Auf der Insel Langön, drei Viertelmeilen Wegs von Piteå Altstadt, fand ich unter einer Fichte *Corallorhiza* in voller Blüte, hatte sie noch nie zuvor observiert, sie ist ganz selten, ja, findet man eine, findet man die zweite nicht.
Dies 20. Heute bekam ich zwei Arten *antea non descriptos pisces.*
Dies 21. Reiste ich von Piteå Altstadt fort und kam am Abend nach Luleå Neustadt.
Die Heiden lagen nun von *Linagrostis spica erecta* und *spicis dependentibus* ganz weiß vor mir.
Das Moor weiß von *Ledum; Chamaemorus* begann zu verschwinden.
Die Wälder weiß von *Trientalis* und *Mesomora,* welche aber jetzt abzunehmen begannen; *Myrtillus,* Preiselbeeren, Rauschbeeren, Blaubeeren, *Melampyrum* und *Geranium.*
Die Wiesen ganz gelb von *Ranunculus erectus.*
Die Felder gelb von *Brassica campestris;* war dortselbst auch Ackerkohl, der sich anschickt, hervorzukommen, wenn jene verblüht sind.
Die Wasserläufe voll weißer *Menyanthes.*
Linagrostis und *Salices* fingen nun an, ihre Flugsamen auszuschicken.

Übertragung von H. C. Artmann
unter Mitwirkung von Helli Clervall

PERCY BYSSHE SHELLEY

Die Wolke

Ich bring frisch Sprühn für verdurstendes Blühn
Von Flüssen und Fluten,
Ich komm leicht schatten, eh Blätter ermatten
In des Tagschlafs Gluten;
Vom Gefieder mir laufen die Tropfen, die taufen,
Was an Knospen den Lostag hat,
Wenn die Mutter, die tränkt, von den Brüsten sie schwenkt,
Wie sie tanzt um Helios Rad;
Ich trag den Prügel des Hagels am Flügel
Und bleiche das Grün wie mit Linnen,
Und lös wieder auf mit dem lauigen Trauf
Und in Donnern lach ich von hinnen.

Durch mich siebt Firn auf des Schneebergs Stirn,
Und der Tann trägt Last mit Gestöhn,
Und allnachtlang ist mein Kissen mir blank,
Drauf ich schlummre, umarmt vom Föhn.
Fürstlich auf Scharten meiner Luftwarten
Blitzend mein Steuer ruht, –
Drunt in Verliesen, die Donner beschließen,
Zuzeit grollt Murren und Wut.
Über Erd und Wogen dahingezogen
Lenkt er mich je und je,
Gelockt vom Freien der geistrigen Reihen
In der Tiefe der weinblauen See.
Über Gegruft und Klippen und Kluft,
Über die Meere und Aun,
Wohins ihn zieht, unter feuchtem Gebiet
Wirds schaun zu ihm auf, zu ihm braun –
Und ich derweil streck mich im Himmels-Blau-Deck-Mich,
Weil ihn seine Güsse zertaun.

Die Blutsonn im Tor, all ihr Aug Meteor,
Und ihr brennend Gefieder ein Fächer,
Springt ins Genick meiner kreuzenden Brigg

Und der Morgenstern blickt schon schwächer –,
Wie auf den Stand einer Alpsteinwand,
Die ein Erdstoß wirft und rollt,
Ein Adler, erblitzt, einen Augenblick sitzt
In das Licht seiner Schwingen aus Gold.
Und wenn Untergang raucht, meerauf licht haucht
Seiner liebenden Ausrast Glut,
Und der rosene Belt von Abenden fällt
Aus den Tiefen himmlischer Hut,
Flug falten tu ich, im Luftnest ruh ich
Reglos wie die Turtel auf Brut.

Die Nymphe ringhaft, von Weißglast blinkhaft,
Die Mond bei den Sterblichen heißt,
Streift blank wie auf Flur meiner Estriche Schnur,
Von der Mitternacht Hauch übereist,
Wo die Wucht unwichtbar der Füße unsichtbar,
Die nur Engelsohren errauscht,
Mir zerrissen das Spinst meines Zeltwebs, blinzt
Stern hinter Sternen und lauscht;
Und ich lach in ihr Fliehn und ihr wirbelndes Ziehn
Wie ein Goldschwarm Bienen, der spielt,
Wenn ich schleiße den Ritz durch den Windzelt-Sitz,
Bis, wie erdenwärts durch mich gezielt,
Himmel-Abfälle, Strombett, Seewelle,
Mit Mond und mit ihnen gedielt.

Ich schwing um Sols Throne mit lodernder Zone
Und um Lunas mit perlenem Belt, –
Die Vulkane sind nichts, und im Sternfall zerbrichts,
Wenn der Sturm meine Banner erschwellt:
Von Kap zu Kap, brückenhinab,
Über haushoch tobende Seen,
Mein Gewölb aus hängt, das Sonne nicht sprengt,
Gebirge zu Säulen ihm stehn.
Des Triumphes furchtbar Tor, drunter ich fahr,
Mit Orkan, Schnee, Feuren im Schoß,
Wenn, in Lüften was wohnt, am Schemel mir front,
Ist der Halbkreis farbzahllos;
Die Weltfeuer droben sein Duftbunt woben,
Weil die Erde vom Bade noch floß.

Ich bin die Brut von Veste und Flut
Und der Säugling ich des Blaus, –
Ich tret aus Poren den Meeren und Mooren,
Tausch aus, aber sterbe nicht aus:
Denn immer nach Schüttung, wenn ohne Zerrüttung
Sich der Baldachin himmelnackt fegt
Und Wind und die Strahlung in Einwärtsschalung
Der Luft blaue Kuppeln aufschlägt,
Stumm lach ich im Duft meiner Scheintodgruft,
Und tief aus Höhlen der Trauf,
Ein Kind neugeboren, ein Geist unverloren,
Ich ersteh, und brechs wieder auf.

Übertragung von Rudolf Borchardt

ALEXANDER VON HUMBOLDT

Das nächtliche Thierleben im Urwalde

Wenn die, stammweise so verschiedene Lebendigkeit des Naturgefühls, wenn die Beschaffenheit der Länder, welche die Völker gegenwärtig bewohnen oder auf früheren Wanderungen durchzogen haben, die Sprachen mehr oder minder mit scharf bezeichnenden Wörtern für Berggestaltung, Zustand der Vegetation, Anblick des Luftkreises, Umriß und Gruppirung der Wolken bereichern; so werden durch langen Gebrauch und durch litterarische Willkühr viele dieser Bezeichnungen von ihrem ursprünglichen Sinne abgewendet. Für gleichbedeutend wird allmählich gehalten, was getrennt bleiben sollte; und die Sprachen verlieren von der Anmuth und Kraft, mit der sie, naturbeschreibend, den physiognomischen Charakter der Landschaft darzustellen vermögen. Um den linguistischen Reichthum zu beweisen, welchen ein inniger Contact mit der Natur und die Bedürfnisse des mühevollen Nomadenlebens haben hervorrufen können, erinnere ich an die Unzahl von charakteristischen Benennungen, durch die im Arabischen und Persischen Ebenen, Steppen und Wüsten unterschieden werden: je nachdem sie ganz nackt, oder mit Sand bedeckt, oder durch Felsplatten unterbrochen sind, einzelne Weideplätze umschließen oder lange Züge geselliger Pflanzen darbieten. Fast eben so auffallend sind in altcastilianischen Idiomen die vielen Ausdrücke für die Physiognomik der Gebirgsmassen, für diejenigen ihrer Gestaltungen, welche unter allen Himmelsstrichen wiederkehren und schon in weiter Ferne die Natur des Gesteins offenbaren. Da Stämme spanischer Abkunft den Abhang der Andeskette, den gebirgigen Theil der canarischen Inseln, der Antillen und Philippinen bewohnen, und die Bodengestaltung dort in einem größeren Maaßstabe als irgendwo auf der Erde (den Himalaya und das tübetanische Hochland etwa abgerechnet) die Lebensart der Bewohner bedingt; so hat die Formbezeichnung der Berge in der Trachyt-, Basalt- und Porphyr-Region, wie im Schiefer-, Kalk- und Sandstein-Gebirge in täglichem Gebrauche sich glücklich erhalten. In den gemeinsamen Schatz der Sprache geht dann auch das Neugeformte über. Der Menschen Rede wird durch alles belebt, was auf *Naturwahrheit* hindeutet: sei es in der

Schilderung der von der Außenwelt empfangenen sinnlichen Eindrücke, oder des tief bewegten Gedanken und innerer Gefühle.

Das unablässige Streben nach dieser Wahrheit ist im Auffassen der Erscheinungen wie in der Wahl des bezeichnenden Ausdruckes der Zweck aller Naturbeschreibung. Es wird derselbe am leichtesten erreicht durch Einfachheit der Erzählung von dem Selbstbeobachteten, dem Selbsterlebten, durch die beschränkende Individualisirung der Lage, an welche sich die Erzählung knüpft. Verallgemeinerung physischer Ansichten, Aufzählung der Resultate gehört in die *Lehre vom Kosmos,* die freilich noch immer uns eine inductive Wissenschaft ist; aber die lebendige Schilderung der Organismen (der Thiere und der Pflanzen) in ihrem landschaftlichen, örtlichen Verhältniß zur vielgestalteten Erdoberfläche (als ein kleines Stück des gesammten Erdenlebens) bietet das Material zu jener Lehre dar. Sie wirkt anregend auf das Gemüth da, wo sie einer ästhetischen Behandlung großer Naturerscheinungen fähig ist.

Zu diesen letzteren gehört vorzugsweise die unermeßliche Waldgegend, welche in der heißen Zone von Südamerika die mit einander verbundenen Stromgebiete des Orinoco und des Amazonenflusses füllt. Es verdient diese Gegend im strengsten Sinne des Wortes den Namen *Urwald,* mit dem in neueren Zeiten so viel Mißbrauch getrieben wird. *Urwald, Urzeit* und *Urvolk* sind ziemlich unbestimmte Begriffe, meist nur relativen Gehalts. Soll jeder wilde Forst, voll dichten Baumwuchses, an den der Mensch nicht die zerstörende Hand gelegt, ein Urwald heißen; so ist die Erscheinung vielen Theilen der gemäßigten und kalten Zone eigen. Liegt aber der Charakter in der Undurchdringlichkeit, in der Unmöglichkeit sich in langen Strecken zwischen Bäumen von 8 bis 12 Fuß Durchmesser durch die Axt einen Weg zu bahnen, so gehört der Urwald ausschließlich der Tropen-Gegend an. Auch sind es keineswegs immer die strickförmigen, rankenden, kletternden Schlingpflanzen (Lianen), welche, wie man in Europa fabelt, die Undurchdringlichkeit verursachen. Die Lianen bilden oft nur eine sehr kleine Masse des Unterholzes. Das Haupthinderniß sind die, allen Zwischenraum füllenden, strauchartigen Gewächse: in einer Zone, wo alles, was den Boden bedeckt, holzartig wird. Wenn Reisende, kaum in einer Tropen-Gegend gelandet, und dazu noch auf Inseln, schon in der Nähe der Küste, glauben in Urwälder eingedrungen zu sein; so liegt die Täuschung wohl nur in der Sehnsucht nach Erfüllung eines lange gehegten Wunsches.

Nicht jeder Tropenwald ist ein Urwald. Ich habe mich des letzteren Wortes in meinem Reisewerke fast nie bedient: und doch glaube ich unter allen jetzt lebenden Naturforschern mit Bonpland, Martius, Pöppig, Robert und Richard Schomburgk im Innersten eines großen Continents am längsten in Urwäldern gelebt zu haben.
Trotz des auffallenden Reichthums der spanischen Sprache an naturbeschreibenden Bezeichnungen, dessen ich oben erwähnte, wird ein und dasselbe Wort, monte, zugleich für Berg und Wald, für cerro (montana) und selva gebraucht. In einer Arbeit über die wahre Breite und die größte Ausdehnung der Andeskette gegen Osten habe ich gezeigt, wie jene zwiefache Bedeutung des Wortes monte die Veranlassung gewesen ist, daß eine schöne und weit verbreitete englische Carte von Südamerika Ebenen mit hohen Bergreihen bedeckt hat. Wo die spanische Carte von La Cruz Olmedilla, die so vielen anderen zum Grunde gelegt worden ist, *Cacao-Wald*, montes de Cacao, angegeben hatte, sind Cordillieren entstanden: obgleich der Cacao-Baum nur die heißeste Niederung sucht.
Wenn man die Waldgegend, welche ganz Südamerika zwischen den Grassteppen von Venezuela (los Llanos de Caracas) und den Pampas von Buenos Aires, zwischen 8° nördlicher und 19° südlicher Breite einnimmt, mit einem Blicke umfaßt; so erkennt man, daß dieser zusammenhangenden Hylaea der Tropen-Zone keine andere an Ausdehnung auf dem Erdboden gleichkommt. Sie hat ohngefähr 12mal den Flächeninhalt von Deutschland. Nach allen Richtungen von Strömen durchschnitten, deren Bei- und Zuflüsse erster und zweiter Ordnung unsere Donau und unseren Rhein an Wasserreichthum bisweilen übertreffen, verdankt sie die wundersame Ueppigkeit ihres Baumwuchses der zwiefach wohlthätigen Einwirkung großer Feuchtigkeit und Wärme. In der gemäßigten Zone, besonders in Europa und dem nördlichen Asien, kann man die Wälder nach Baumgattungen benennen, die als *gesellige Pflanzen* (plantae sociales) zusammen wachsen und die einzelnen Wälder bilden. In den nördlichen Eichen-, Tannen- und Birken-, in den östlichen Linden-Waldungen herrscht gewöhnlich nur Eine Species der Amentaceen, der Coniferen oder der Tiliaceen; bisweilen ist eine Art der Nadelhölzer mit Laubholz gemengt. Eine solche Einförmigkeit in der Zusammengesellung ist den Tropen-Waldungen fremd. Die übergroße Mannigfaltigkeit der blüthenreichen Waldflora verbietet die Frage: woraus die Urwälder bestehen? Eine Unzahl von Familien drängt sich hier zusammen;

selbst in kleinen Räumen gesellt sich kaum gleiches zu gleichem. Mit jedem Tage, bei jedem Wechsel des Aufenthalts bieten sich dem Reisenden neue Gestaltungen dar; oft Blüthen, die er nicht erreichen kann, wenn schon Blattform und Verzweigung seine Aufmerksamkeit anziehen.

Die Flüsse mit ihren zahllosen Seiten-Armen sind die einzigen Wege des Landes. Astronomische Beobachtungen oder, wo diese fehlen, Compaß-Bestimmungen der Flußkrümmung haben zwischen dem Orinoco, dem Cassiquiare und dem Rio Negro mehrfach gezeigt, wie in der Nähe einiger wenigen Meilen zwei einsame Missionsdörfer liegen, deren Mönche anderthalb Tage brauchen, um in den aus einem Baumstamm gezimmerten Canoen, den Windungen kleiner Bäche folgend, sich gegenseitig zu besuchen. Den auffallendsten Beweis von der Undurchdringlichkeit einzelner Theile des Waldes giebt aber ein Zug aus der Lebensweise des großen amerikanischen Tigers oder pantherartigen Jaguars. Während durch Einführung des europäischen Rindviehes, der Pferde und Maulesel die reißenden Thiere in den Llanos und Pampas, in den weiten baumlosen Grasfluren von Varinas, dem Meta und Buenos Aires, reichliche Nahrung finden und sich seit der Entdeckung von Amerika dort, im ungleichen Kampfe mit den Viehherden, ansehnlich vermehrt haben; führen andere Individuen derselben Gattung in dem Dickicht der Wälder, den Quellen des Orinoco nahe, ein mühevolles Leben. Der schmerzhafte Verlust eines großen Hundes vom Doggengeschlechte (unseres treuesten und freundlichsten Reisegefährten), in einem Bivouac nahe bei der Einmündung des Cassiquiare in den Orinoco, hatte uns bewogen, ungewiß, ob er vom Tiger zerrissen sei, aus dem Insectenschwarm der Mission Esmeralda zurückkehrend, abermals eine Nacht an demselben Orte zuzubringen, wo wir den Hund so lange vergebens gesucht. Wir hörten wieder in großer Nähe das Geschrei der Jaguars: wahrscheinlich derselben, denen wir die Unthat zuschreiben konnten. Da der bewölkte Himmel alle Sternbeobachtungen hinderte, so ließen wir uns durch den Dolmetscher (lenguaraz) wiederholen, was die Eingebornen, unsre Ruderer, von den Tigern der Gegend erzählten.

Es findet sich unter diesen nicht selten der sogenannte *schwarze* Jaguar, die größte und blutgierigste Abart, mit schwarzen, kaum sichtbaren Flecken auf tief dunkelbraunem Felle. Sie lebt am Fuß der Gebirge Maraguaca und Unturan. »Die Jaguars«, erzählte ein Indianer aus dem Stamm der Durimunder, »verirren sich aus Wanderungslust und Raubgier in so undurchdringliche Theile der Waldung, daß sie auf dem Boden nicht jagen können und, ein Schrecknis der Affen-Familien und der Viverre mit dem Rollschwanze (Cercoleptes), lange auf den Bäumen leben.«

Die deutschen Tagebücher, welchen ich dies entnehme, sind in der französisch von mir publicierten Reisebeschreibung nicht ganz erschöpft worden. Sie enthalten eine umständliche Schilderung des nächtlichen Thierlebens, ich könnte sagen der nächtlichen Thierstimmen, im Walde der Tropenländer. Ich halte diese Schilderung für vorzugsweise geeignet, einem Buche anzugehören, das den Titel: *Ansichten der Natur* führt. Was in Gegenwart der Erscheinung, oder bald nach den empfangenen Eindrücken niedergeschrieben ist, kann wenigstens auf mehr Lebensfrische Anspruch machen als der Nachklang später Erinnerung.

Durch den Rio Apure, dessen Ueberschwemmungen ich in dem Aufsatz über die Wüsten und Steppen gedacht, gelangten wir, von Westen gegen Osten schiffend, in das Bette des Orinoco. Es war die Zeit des niedrigen Wasserstandes. Der Apure hatte kaum 1200 Fuß mittlerer Breite, während ich die des Orinoco bei seinem Zusammenfluß mit dem Apure (unfern dem Granitfelsen Curiquima, wo ich eine Standlinie messen konnte) noch über 11430 Fuß fand. Doch ist dieser Punkt, der Fels Curiquima, in gerader Linie noch hundert geographische Meilen vom Meere und von dem Delta des Orinoco entfernt. Ein Theil der Ebenen, die der Apure und der Payara durchströmen, ist von Stämmen der Yaruros und Achaguas bewohnt. In den Missionsdörfern der Mönche werden sie *Wilde* genannt, weil sie unabhängig leben wollen. In dem Grad ihrer sittlichen Roheit stehen sie aber sehr gleich mit denen, die, getauft, »unter der Glocke (baxo la campana)« leben und doch jedem Unterrichte, jeder Belehrung fremd bleiben.

Von der Insel del Diamante an, auf welcher die spanisch sprechenden Zambos Zuckerrohr bauen, tritt man in eine große und wilde Natur. Die Luft war von zahllosen Flamingos (Phoenicopterus) und anderen Wasservögeln erfüllt, die, wie ein dunkles in seinen Umrissen stets wechselndes Gewölk, sich von dem blauen Himmelsgewölbe abhoben. Das Flußbette verengte sich bis auf 900 Fuß Breite, und bildete in vollkommen gerader Richtung einen Canal, der auf beiden Seiten von dichter Waldung umgeben ist. Der Rand des Waldes bietet einen ungewohnten Anblick dar. Vor der fast undurchdringlichen Wand riesenartiger Stämme von Caesalpinia, Cedrela und Desmanthus erhebt sich auf dem sandigen Flußufer selbst, mit großer Regelmäßigkeit, eine niedrige

Hecke von Sauso. Sie ist nur 4 Fuß hoch, und besteht aus einem kleine Strauche, Hermesia castaneifolia, welcher ein neues Geschlecht aus der Familie der Euphorbiaceen bildet. Einige schlanke dornige Palmen, Piritu und Corozo von den Spaniern genannt (vielleicht Martinezia- oder Bactris-Arten) stehen der Hecke am nächsten. Das Ganze gleicht einer beschnittenen Gartenhecke, die nur in großen Entfernungen von einander thorartige Oeffnungen zeigt. Die großen vierfüßigen Thiere des Waldes haben unstreitig diese Oeffnungen selbst gemacht, um bequem an den Strom zu gelangen. Aus ihnen sieht man, vorzüglich am frühen Morgen und bei Sonnenuntergang heraustreten, um ihre Jungen zu tränken, den amerikanischen Tiger, den Tapir und das Nabelschwein (Pecari, Dicotyles). Wenn sie, durch ein vorüberfahrendes Canot der Indianer beunruhigt, sich in den Wald zurückziehen wollen, so suchen sie nicht die Hecke des Sauso mit Ungestüm zu durchbrechen, sondern man hat die Freude die wilden Thiere vier- bis fünfhundert Schritt langsam zwischen der Hecke und dem Fluß fortschreiten und in der nächsten Oeffnung verschwinden zu sehen. Während wir 74 Tage lang auf einer wenig unterbrochenen Flußschifffahrt von 380 geographischen Meilen auf dem Orinoco, bis seinen Quellen nahe, auf dem Cassiquiare und dem Rio Negro in ein enges Canot eingesperrt waren, hat sich uns an vielen Punkten dasselbe Schauspiel wiederholt; ich darf hinzusetzen: immer mit neuem Reize. Es erscheinen, um zu trinken, sich zu baden oder zu fischen, gruppenweise Geschöpfe der verschiedensten Thierclassen: mit den großen Mammalien vielfarbige Reiher, Palamedeen und die stolz einherschreitenden Hokkohühner (Crax Alector, C, Pauxi). »Hier geht es zu wie im Paradiese, es como en el Paraiso«: sagte mit frommer Miene unser Steuermann, ein alter Indianer, der in dem Hause eines Geistlichen erzogen war. Aber der süße Friede goldener Urzeit herrscht nicht in dem Paradiese der amerikanischen Thierwelt. Die Geschöpfe sondern, beobachten und meiden sich. Die Cabybara, das 3 bis 4 Fuß lange *Wasserschwein,* eine colossale Wiederholung des gewöhnlichen brasilianischen Meerschweinchens (Cavia Aguti), wird im Flusse vom Crocodil, auf der Trockne vom Tiger gefressen. Es läuft dazu so schlecht, daß wir mehrmals einzelne aus der zahlreichen Herde haben einholen und erhaschen können.

Unterhalb der Mission von Santa Barbara de Arichuna brachten wir die Nacht wie gewöhnlich unter freiem Himmel, auf einer Sandfläche am Ufer des Apure zu. Sie war von dem nahen, undurchdringlichen Walde begrenzt. Wir hatten Mühe dürres Holz zu finden, um die Feuer anzuzünden, mit denen nach der Landessitte jedes Bivouac wegen der Angriffe des Jaguars umgeben wird. Die Nacht war von milder Feuchte und mondhell. Mehrere Crocodile näherten sich dem Ufer. Ich glaube bemerkt zu haben, daß der Anblick des Feuers sie eben so anlockt wie unsere Krebse und manche andere Wasserthiere. Die Ruder unserer Nachen wurden sorgfältig in den Boden gesenkt, um unsere Hangematten daran zu befestigen. Es herrschte tiefe Ruhe; man hörte nur bisweilen das Schnarchen der *Süßwasser-Delphine*, welche dem Flußnetze des Orinoco wie (nach Colebrooke) dem Ganges bis nach Benares hin eigenthümlich sind und in langen Zügen auf einander folgten.

Nach 11 Uhr entstand ein solcher Lärmen im nahen Walde, daß man die übrige Nacht hindurch auf jeden Schlaf verzichten mußte. Wildes Thiergeschrei durchtobte die Forst. Unter den vielen Stimmen, die gleichzeitig ertönten, konnten die Indianer nur die erkennen, welche nach kurzer Pause einzeln gehört wurden. Es waren das einförmig jammernde Geheul der Aluaten (Brüllaffen), der winselnde, fein flötende Ton der kleinen Sapajous, das schnarrende Murren des gestreiften Nachtaffen (Nyctipithecus trivirgatus, den ich zuerst beschrieben habe), das abgesetzte Geschrei des großen Tigers, des Cuguars oder ungemähnten amerikanischen Löwen, des Pecari, des Faulthiers, und einer Schaar von Papageien, Parraquas (Ortaliden) und anderer fasanenartiger Vögel. Wenn die Tiger dem Rande des Waldes nahe kamen, suchte unser Hund, der vorher ununterbrochen bellte, heulend Schutz unter den Hängematten. Bisweilen kam das Geschrei des Tigers von der Höhe des Baumes herab. Es war dann stets von den klagenden Pfeifentönen der Affen begleitet, die der ungewohnten Nachstellung zu entgehen suchten.

Fragt man die Indianer, warum in gewissen Nächten ein so anhaltender Lärmen entsteht, so antworten sie lächelnd: »die Thiere freuen sich der schönen Mondhelle, sie feiern den Vollmond«. Mir schien die Scene ein zufällig entstandener, lang fortgesetzter, sich steigernd entwickelnder Thierkampf. Der Jaguar verfolgt die Nabelschweine und Tapirs, die dicht an einander gedrängt das baumartige Strauchwerk durchbrechen, welches ihre Flucht behindert. Davon erschreckt, mischen von dem Gipfel der Bäume herab die Affen ihr Geschrei in das der größeren Thiere. Sie erwecken die gesellig horstenden Vogelgeschlechter, und so kommt allmählich die ganze Thierwelt in Aufregung. Eine längere Erfahrung hat uns gelehrt, daß es keineswegs immer »die gefeierte Mondhelle« ist, welche die Ruhe der Wälder stört. Die Stimmen waren am lautesten bei heftigem Regengusse, oder wenn bei krachendem Donner der Blitz das Innere des Waldes erleuchtet. Der gutmüthige, viele Monate schon fieberkranke Franciscaner-Mönch, der uns durch die Cataracten von Atures und Maypures nach San Carlos des Rio Negro, bis an die brasilianische Grenze, begleitete, pflegte zu sagen, wenn bei einbrechender Nacht er ein Gewitter fürchtete: »möge der Himmel, wie uns selbst, so auch den wilden Bestien des Waldes eine ruhige Nacht gewähren!«

Mit den Naturscenen, die ich hier schildere und die sich oft für uns wiederholten, contrastirt wundersam die Stille, welche unter den Tropen an einem ungewöhnlich heißen Tage in der Mittagsstunde herrscht. Ich entlehne demselben Tagebuch eine Erinnerung an die Flußenge des Baraguan. Hier bahnt sich der Orinoco einen Weg durch den westlichen Theil des Gebirges Parime. Was man an diesem merkwürdigen Paß eine Flußenge (Angostura del Baraguan) nennt, ist ein Wasserbecken von noch 890 Toisen (5340 Fuß) Breite. Außer einem alten dürren Stamme der Aubletia (Apeiba Tiburbu) und einer neuen Apocinee, Allamanda salicifolia, waren an dem nackten Felsen kaum einige silberglänzende Croton-Sträucher zu finden. Ein Thermometer im Schatten beobachtet, aber bis auf einige Zolle der Granitmasse thurmartiger Felsen genähert, stieg auf mehr als 40° Réaumur. Alle ferne Gegenstände hatten wellenförmig wogende Umrisse, eine Folge der Spiegelung oder optischen Kimmung (mirage). Kein Lüftchen bewegte den staubartigen Sand des Bodens. Die Sonne stand im Zenith; und die Lichtmasse, die sie auf den Strom ergoß und die von diesem, wegen einer schwachen Wellenbewegung funkelnd, zurückstrahlt, machte bemerkbarer noch die nebelartige Röthe, welche die Ferne umhüllte. Alle Felsblöcke und nackten Steingerölle waren mit einer Unzahl von großen, dickschuppigen Iguanen, Gecko-Eidechsen und buntgefleckten Salamandern bedeckt. Unbeweglich, den Kopf erhebend, den Mund weit geöffnet, scheinen sie mit Wonne die heiße Luft einzuathmen. Die größeren Thiere verbergen sich dann in das Dickicht der Wälder, die Vögel unter das Laub der Bäume oder in die Klüfte der Felsen; aber lauscht man bei dieser scheinbaren Stille der Natur auf die schwächsten Töne, die uns zukommen, so vernimmt man ein dumpfes Geräusch, ein Schwirren und Sumsen der Insecten, dem Boden nahe und in den unteren Schichten des Luftkreises. Alles verkündigt eine Welt thätiger, organischer Kräfte. In jedem Strauche, in der gespaltenen Rinde des Baumes, in der von Hymenoptern bewohnten, aufgelockerten Erde regt sich hörbar das Leben. Es ist wie eine der vielen Stimmen der Natur, vernehmbar dem frommen, empfänglichen Gemüthe des Menschen.

FRIEDRICH ENGELS

Die Slums von Manchester

Manchester liegt am Fuße des südlichen Abhanges einer Hügelkette, die sich von Oldham her zwischen die Täler des Irwell und des Medlock drängt und deren letzte Spitze *Kersall-Moor,* die Rennbahn und zugleich der Mons sacer von Manchester, bildet. Das eigentliche Manchester liegt auf dem linken Ufer des Irwell, zwischen diesem Flusse und den beiden kleineren, Irk und Medlock, die sich hier in den Irwell ergießen. Auf dem rechten Irwellufer und eingefaßt von einer starken Biegung des Flusses, liegt *Salford,* weiter westlich Pendleton; nördlich vom Irwell liegen Higher und Lower *Broughton,* nördlich vom Irk *Cheetham Hill;* südlich vom Medlock liegt *Hulme,* weiter östlich *Chorlton-on-Medlock,* noch weiter, ziemlich im Osten von Manchester, *Ardwick.* Der ganze Häuserkomplex wird im gewöhnlichen Leben Manchester genannt und faßt eher über als unter viermalhunderttausend Menschen. Die Stadt selbst ist eigentümlich gebaut, so daß man jahrelang in ihr wohnen und täglich hinein- und herausgehen kann, ohne je in ein Arbeiterviertel oder nur mit Arbeitern in Berührung zu kommen – solange man nämlich eben nur seinen Geschäften nach- oder spazierengeht. Das kommt aber hauptsächlich daher, daß durch unbewußte, stillschweigende Übereinkunft wie durch bewußte ausgesprochene Absicht die Arbeiterbezirke von den der Mittelklasse überlassenen Stadtteilen aufs schärfste getrennt oder, wo dies nicht geht, mit dem Mantel der Liebe verhüllt werden. Manchester enthält in seinem Zentrum einen ziemlich ausgedehnten kommerziellen Bezirk, etwa eine halbe Meile lang und ebenso breit, der fast nur aus Kontoren und Warenlagern (warehouses) besteht. Fast der ganze Bezirk ist unbewohnt und während der Nacht einsam und öde – nur wachthabende Polizeidiener streichen mit ihren Blendlaternen durch die engen, dunklen Gassen. Diese Gegend wird von einigen Hauptstraßen durchschnitten, auf denen sich der ungeheure Verkehr drängt und in denen die Erdgeschosse mit brillanten Läden besetzt sind; in diesen Straßen finden sich hier und da bewohnte Oberräume, und hier ist auch bis spät abends ziemlich viel Leben auf der Straße. Mit Ausnahme dieses kommerziellen Distriks ist das ganze eigentliche Manchester, ganz Salford und Hulme, ein bedeutender Teil von Pendleton und Chorlton, zwei Drittel von Ardwick und einzelne Striche von Cheetham Hill und Broughton – alles lauter Arbeiterbezirke, der sich wie ein durchschnittlich anderthalb Meilen breiter Gürtel um das kommerzielle Viertel zieht. Draußen, jenseits dieses Gürtels, wohnt die höhere und mittlere Bourgeoisie – die mittlere in regelmäßigen Straßen in der Nähe der Arbeiterviertel, namentlich in Chorlton und den tieferliegenden Gegenden von Cheetham Hill, die höhere in den entfernteren villenartigen Gartenhäusern von Chorlton und Ardwick oder auf den luftigen Höhen von Cheetham Hill, Broughton und Pendleton – in einer freien, gesunden Landluft, in prächtigen, bequemen Wohnungen, an denen halbstündlich oder viertelstündlich die nach der Stadt fahrenden Omnibusse vorbeikommen. Und das schönste bei der Sache ist, daß diese reichen Geldaristokraten mitten durch die sämtlichen Arbeiterviertel auf dem nächsten Wege nach ihren Geschäftslokalen in der Mitte der Stadt kommen können, ohne auch nur zu merken, daß sie in die Nähe des schmutzigsten Elends geraten, das rechts und links zu finden ist. Die Hauptstraßen nämlich, die von der Börse nach allen Richtungen aus der Stadt hinausführen, sind an beiden Seiten mit einer fast ununterbrochenen Reihe von Läden besetzt und so in den Händen der mittleren und kleineren Bourgeoisie, die schon um ihres Vorteils willen auf anständigeres und reinliches Aussehen hält und halten kann. Allerdings haben diese Läden immerhin einige Verwandtschaft mit den Distrikten, die hinter ihnen liegen, sind also im kommerziellen Viertel und der Nähe der Bourgeoisiebezirke eleganter als da, wo sie schmutzige Arbeitercottages verdecken; aber sie sind immerhin hinreichend, um vor den Augen der reichen Herren und Damen mit starkem Magen und schwachen Nerven das Elend und den Schmutz zu verbergen, die das ergänzende Moment zu ihrem Reichtum und Luxus bilden. So ist z. B. Deansgate, das von der alten Kirche in gerader Richtung nach Süden führt, anfangs mit Warenlagern und Fabriken, dann mit Läden zweiten Ranges und einigen Bierhäusern, weiter südlich, wo es das kommerzielle Viertel verläßt, mit unansehnlicheren Läden, die, je weiter man kommt, desto schmutziger und mehr und mehr von Schenken und Schnapshäusern unterbrochen werden, bebaut, bis am südlichen Ende das Aussehen der Läden keinen Zweifel darüber läßt, daß Arbeiter und nur Arbeiter ihre Kunden sind. So Market-Street, von der Börse südöstlich laufend; anfangs brillante Läden ersten Ranges und in den höheren Stockwerken Kontore und Warenlager; weiterhin in der Fortsetzung (Piccadilly) kolossale Hotels und Warenlager; in der weiteren Fortsetzung (London Road) in der Gegend des Medlock Fabriken, Schenken, Läden für niedere Bourgeoisie und Arbeiter, dann an Ardwick Green Wohnungen für höhere und mittlere Bourgeoisie, und von da an große Gärten und Landhäuser für die reicheren Fabrikanten und Kaufleute. Auf diese Weise kann man wohl, wenn man Manchester kennt, von den Hauptstraßen aus auf die anschließenden Bezirke *schließen,* aber man ist sehr selten imstande, von ihnen aus die *wirklichen* Arbeiterbezirke selbst zu Gesicht zu bekommen. Ich weiß sehr wohl, daß diese heuchlerische Bauart mehr oder weniger allen großen Städten gemein ist; ich weiß ebenfalls, daß die Detailhändler schon wegen der Natur ihres Geschäfts die großen durchführenden Straßen für sich in Beschlag nehmen müssen; ich weiß, daß man überall an solchen Straßen mehr gute als schlechte Häuser hat und daß in ihrer Nähe der Grundwert höher ist als in abgelegnen Gegenden; aber ich habe zugleich eine so systematische Absperrung der Arbeiterklasse von den Hauptstraßen, eine so zartfühlende Verhüllung alles dessen, was das Auge und die Nerven der Bourgeoisie beleidigen könnte, nirgends gefunden als in Manchester. Und doch ist gerade Manchester sonst weniger planmäßig oder nach Polizeivorschriften und dagegen mehr durch den Zufall gebaut als irgendeine andre Stadt; und wenn ich die eifrigen Beteuerungen der Mittelklasse, daß es den Arbeitern ganz vortrefflich gehe, dabei erwäge, so will es mich doch dünken, als seien die liberalen Fabrikanten, die »big whigs« von Manchester, nicht so ganz unschuldig an dieser schamhaften Bauart.

Ich erwähne noch eben, daß die Fabrikanlagen sich fast alle dem Lauf der drei Flüsse oder der verschiedenen Kanäle, die sich durch die Stadt verzweigen, anschließen, und gehe dann zur Schilderung der Arbeiterbezirke selbst über. Da ist zuerst die Altstadt von Manchester, die zwischen der Nordgrenze des kommerziellen Viertels und dem Irk liegt. Hier sind die Straßen, selbst die besseren, eng und krumm – wie Todd-Street, Long Millgate, Withy Grove und Shude Hill –, die Häuser schmutzig, alt und baufällig und die Bauart der Nebenstraßen vollends abscheulich. Wenn man von der alten Kirche in Long Millgate hineingeht, so hat man gleich rechts eine Reihe altmodischer Häuser, an denen keine einzige Frontmauer senkrecht geblieben ist; es sind die Reste des alten, vorindustriellen Manchester, deren frühere Einwohner sich mit ihren Nachkommen in besser gebaute Bezirke gezogen und die Häuser, die ihnen zu schlecht waren, einer stark mit irischem Blut vermischten Arbeiterrasse überlassen haben. Man ist hier wirklich in einem fast unverhüllten Arbeiterviertel, denn selbst die Läden und Kneipen der Straße nehmen sich nicht die Mühe, etwas reinlich auszusehen. Aber das ist all noch nichts gegen die Gassen und Höfe, die dahinter liegen und zu denen man nur durch enge, überbaute Zugänge gelangt, in denen keine zwei Menschen aneinander vorbeikönnen. Von der unordentlichen, aller vernünftigen Baukunst hohnsprechenden Zusammenwürfelung der Häuser, von der Gedrängtheit, mit der sie hier förmlich aneinandergepackt sind, kann man sich keine Vorstellung machen. Und es sind nicht nur die aus der alten Zeit Manchesters hinterlassenen Gebäude, die die Schuld daran tragen; die Verwirrung ist in neuerer Zeit erst auf die Spitze getrieben worden, indem überall, wo die ganze Bauart der früheren Epoche noch ein Fleckchen Raum ließ, später nachgebaut und angeflickt wurde, bis endlich zwischen den Häusern kein Zoll breit Platz blieb, der sich noch hätte verbauen lassen. Zur Bestätigung zeichne ich ein kleines Fleckchen aus dem Plane von Manchester hier ab – es ist nicht das schlimmste Stück und nicht der zehnte Teil der ganzen Altstadt.

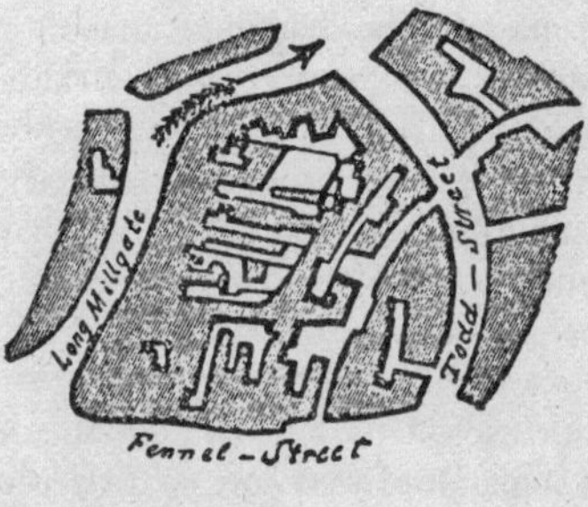

Diese Zeichnung wird hinreichen, um die wahnsinnige Bauart des ganzen Bezirks, namentlich des in der Nähe des Irk, zu charakterisieren. Das Ufer des Irk ist hier auf der Südseite sehr steil und zwischen fünfzehn und dreißig Fuß hoch; an diese abschüssige Bergwand sind meist noch drei Reihen Häuser hingepflanzt, deren niedrigste sich unmittelbar aus dem Flusse erhebt, während die Vorderwand der höchsten auf dem Niveau der Hügelkrone in Long Millgate steht. Dazwischen stehen noch Fabriken am Flusse – kurz die Bauart ist hier ebenso eng und unordentlich wie im untern Teil von Long Millgate. Rechts und links führen eine Menge überbauter Zugänge von der Hauptstraße in die vielen Höfe ab, und wenn man hineingeht, so gerät man in einen Schmutz und eine ekelhafte Unsauberkeit, die ihresgleichen nicht hat – namentlich in den Höfen, die nach dem Irk hinabführen und die unbedingt die scheußlichsten Wohnungen enthalten, welche mir bis jetzt vorgekommen sind. In einem dieser Höfe steht gleich am Eingange, wo der bedeckte Gang aufhört, ein Abtritt, der keine Tür hat und so schmutzig ist, daß die Einwohner nur durch eine stagnierende Pfütze von faulem Urin und Exkrementen, die ihn umgibt, in den Hof oder heraus können; es ist der erste Hof am Irk oberhalb Ducie Bridge, wenn jemand Lust haben sollte, nachzusehen; unten am Flusse stehen mehrere Gerbereien, die die ganze Umgegend mit animalischem Verwesungsgeruch erfüllen. In die Höfe unterhalb Ducie Bridge steigt man meist auf engen, schmutzigen Treppen hinab und gelangt nur über Haufen von Schutt und Unrat an die Häuser. Der erste Hof unterhalb Ducie Bridge heißt Allen's Court und war zur Cholerazeit in einem solchen Zustande, daß die Gesundheitspolizei ihn ausräumen, fegen und mit Chlor ausräuchern ließ; Dr. Kay gibt in einer Broschüre[1] eine schreckenerregende Beschreibung von der damaligen Lage dieses Hofes. Seitdem scheint er teilweise abgebrochen und neu erbaut worden zu sein – von Ducie Bridge herab sieht man wenigstens noch mehrere Mauerruinen und hohe Schutthaufen neben einigen Häusern neuern Baues. Die Aussicht von dieser Brücke – zartfühlenderweise von einer mannshohen gemauerten Brustwehr den kleinern Sterblichen verhüllt – ist überhaupt charakteristisch für den ganzen Bezirk. In der Tiefe fließt oder vielmehr stagniert der Irk, ein schmaler, pechschwarzer, stinkender Fluß, voll Unrat und Abfall, den er ans rechte, flachere Ufer anspült; bei trocknem Wetter bleibt an diesem Ufer eine lange Reihe der ekelhaftesten schwarzgrünen Schlammpfützen stehn, aus deren Tiefe fortwährend Blasen miasmatischer Gase aufsteigen und einen Geruch entwickeln, der selbst oben auf der Brücke, vierzig oder fünfzig Fuß über dem Wasserspiegel, noch unerträglich ist. Der Fluß selbst wird dazu noch alle fingerlang durch hohe Wehre aufgehalten, hinter denen sich der Schlamm und Abfall in dicken Massen absetzt und verfault. Oberhalb der Brücke stehen hohe Gerbe-

1 The Moral and Physical Condition of the Working Classes, employed in the Cotton Manufacture in Manchester [Die sittliche und physische Lage der in der Baumwollfabrikation in Manchester beschäftigten arbeitenden Klassen]. By *James Ph. Kay*, Dr. Med. 2nd edit. 1832. – Verwechselt die Arbeiterklasse im allgemeinen mit der Fabrikarbeiterklasse, sonst vortrefflich.

reien, weiter hinauf Färbereien, Knochenmühlen und Gaswerke, deren Abflüsse und Abfälle samt und sonders in den Irk wandern, der außerdem noch den Inhalt der anschließenden Kloaken und Abtritte aufnimmt. Man kann sich also denken, welcher Beschaffenheit die Residuen sind, die der Fluß hinterläßt. Unterhalb der Brücke sieht man in die Schutthaufen, den Unrat, Schmutz und Verfall der Höfe auf dem linken, steilen Ufer; ein Haus steht immer dicht hinter dem andern, und wegen der Steigerung des Ufers sieht man von jedem ein Stück – alle schwarzgeraucht, bröckelig, alt, mit zerbrochnen Fensterscheiben und Fensterrahmen. Den Hintergrund bilden kasernenartige, alte Fabrikgebäude. Auf dem rechten, flachern Ufer steht eine lange Reihe Häuser und Fabriken – gleich das zweite Haus ist eine Ruine ohne Dach, mit Schutt angefüllt, und das dritte steht so niedrig, daß das unterste Stockwerk unbewohnbar und infolgedessen ohne Fenster und Türen ist. Den Hintergrund bildet hier der Armenkirchhof, die Bahnhöfe der Liverpooler und Leedser Eisenbahnen und dahinter das Arbeitshaus, die »Armengesetz-Bastille« von Manchester, das wie eine Zitadelle von einem Hügel hinter hohen Mauern und Zinnen drohend auf das gegenüberliegende Arbeiterviertel herabschaut.
Oberhalb Ducie Bridge wird das linke Ufer flacher und das rechte dagegen steiler, der Zustand der Wohnungen auf beiden Seiten des Irk indessen eher schlimmer als besser. Wenn man hier von der Hauptstraße – noch immer Long Millgate – links abgeht, so ist man verloren; man gerät aus einem Hof in den andern, das geht um lauter Ecken, durch lauter enge schmutzige Winkel und Gänge, bis man nach wenig Minuten alle Richtung verloren hat und gar nicht mehr weiß, wohin man sich wenden soll. Überall halb oder ganz verfallene Gebäude – einzelne sind wirklich unbewohnt, und das will hier viel heißen – in den Häusern selten ein bretterner oder steinerner Fußboden, dagegen fast immer zerbrochene, schlecht passende Fenster und Türen, und ein Schmutz! – Schutthaufen, Abfall und Unflat überall; stehende Pfützen statt der Rinnsteine, und ein Geruch, der es allein jedem einigermaßen zivilisierten Menschen unerträglich machen würde, in einem solchen Distrikt zu wohnen. Die neuerbaute Verlängerung der Leedser Eisenbahn, welche hier den Irk überschreitet, hat einen Teil dieser Höfe und Gäßchen weggefegt, dagegen andre wieder erst recht dem Blicke offengelegt. So ist unmittelbar unterhalb der Eisenbahnbrücke ein Hof, der an Schmutz und Scheußlichkeit alle andern weit übertrifft, eben weil er bisher so abgeschlossen, so zurückgezogen war,

daß man nur mit Mühe hineingelangen konnte; ich selbst hätte ihn ohne die durch den Eisenbahnviadukt geschaffne Lücke nie gefunden, obwohl ich diese ganze Gegend genau zu kennen glaubte. Man gelangt über ein holpriges Ufer, zwischen Pfählen und Waschleinen hindurch in dies Chaos kleiner, einstöckiger und einstubiger Hütten, von denen die meisten ohne allen künstlichen Fußboden sind – Küche, Wohn- und Schlafzimmer, alles vereinigt. In einem solchen Loche, das kaum sechs Fuß lang und fünf breit war, sah ich zwei Betten – und was für Bettstellen und Betten – die nebst einer Treppe und einem Herd gerade hinreichten, um das ganze Zimmer zu füllen. In mehreren andern sah ich *gar nichts*, obwohl die Tür weit offenstand und die Einwohner an ihr lehnten. Vor den Türen überall Schutt und Unrat; daß eine Art von Pflaster darunter sei, war nicht zu sehn, sondern bloß hie und da mit den Füßen herauszufühlen. Der ganze Haufen menschenbewohnter Viehställe war auf zwei Seiten von Häusern und einer Fabrik, auf der dritten vom Fluß begrenzt, und außer dem schmalen Ufersteig führte nur noch ein enger Torweg hinaus – in ein andres, fast ebenso schlecht gebautes und gehaltnes Labyrinth von Wohnungen.

Genug davon! In dieser Weise ist die ganze Irkseite bebaut, ein planlos zusammengewürfeltes Chaos von Häusern, die der Unbewohnbarkeit mehr oder weniger nahestehen und deren unreinliches Innere der unflätigen Umgebung vollkommen entspricht. Wie sollen die Leute auch reinlich sein! Nicht einmal für die Befriedigung der allernatürlichsten und alltäglichsten Bedürfnisse gibt es geeignete Gelegenheit. Die Abtritte sind hier so rar, daß sie entweder alle Tage voll werden oder den meisten zu entlegen sind. Wie sollten sich die Leute waschen, wo sie nur das schmutzige Irkwasser nahebei haben und Wasserleitungen und Pumpen erst in honetten Stadtteilen vorkommen! Wahrhaftig, man kann es diesen Heloten der modernen Gesellschaft nicht zurechnen, wenn ihre Wohnungen nicht reinlicher sind als die Schweineställe, die hier und da mitten dazwischen stehn! Schämen sich doch die Hausbesitzer nicht, Wohnungen zu vermieten wie die sechs oder sieben Keller am Kai, gleich unterhalb Scotland Bridge, deren Fußboden mindestens zwei Fuß unter dem Wasserspiegel – bei niedrigem Wasser – des nicht sechs Fuß davon fließenden Irk liegt, oder wie das obere Stock im Eckhaus auf dem entgegengesetzten Ufer gleich oberhalb der Brücke, dessen Erdgeschoß unbewohnbar, ohne alle Ausfüllung für Tür- und Fensterlöcher – doch das ist ja ein Fall, der in dieser ganzen Gegend nicht selten vorkommt,

wobei dann gewöhnlich dies offene untre Stockwerk von der ganzen Nachbarschaft aus Mangel an andern Lokalitäten als Abtritt benutzt wird!
Verlassen wir den Irk, um auf der entgegengesetzten Seite von Long Millgate wieder in die Mitte der Arbeiterwohnungen zu dringen, so kommen wir in ein etwas neueres Viertel, das sich von der St.-Michaelis-Kirche bis Withy Grove und Shudehill erstreckt. Hier ist wenigstens etwas mehr Ordnung; statt der chaotischen Bauart finden wir hier wenigstens lange, gerade Gassen und Sackgassen oder absichtlich gebaute, meist viereckige Höfe; aber wenn früher jedes einzelne Haus, so ist hier wenigstens jede Gasse und jeder Hof willkürlich und ohne alle Rücksicht auf die Lage der übrigen angebaut. Bald läuft eine Gasse in dieser, bald in jener Richtung, alle fingerlang gerät man in einen Sack oder um eine zugebaute Ecke, die gerade wieder dahin führt, von wo man ausgegangen ist – wer nicht in diesem Labyrinth eine gute Zeit lang gewohnt hat, findet sich gewiß nicht hindurch. Die Ventilation der Straßen – wenn ich das Wort von diesem Distrikt gebrauchen darf – und Höfe wird dadurch ebenso unvollkommen wie die der Irkgegend; und wenn dennoch dieser Bezirk etwas vor dem Irktale voraus haben sollte – die Häuser sind allerdings neuer, die Straßen haben wenigstens zuweilen Rinnsteine – so hat er dagegen auch wieder fast unter jedem Hause eine Kellerwohnung, was sich im Irktale eben wegen des größern Alters und der nachlässigern Bauart der Häuser selten findet. Im übrigen ist der Schmutz, die Schutt- und Aschenhaufen, die Pfützen auf den Straßen beiden Vierteln gemeinsam, und in dem Distrikt, von dem wir jetzt reden, finden wir außerdem noch einen andern Umstand, der für die Reinlichkeit der Einwohner sehr nachteilig ist, nämlich die Masse Schweine, die hier überall auf den Gassen umherspazieren, den Unrat durchschnüffeln oder in den Höfen in kleinen Ställen eingesperrt sind. Die Schweinemäster mieten sich hier, wie in den meisten Arbeiterbezirken von Manchester, die Höfe und setzen Schweineställe hinein; fast in jedem Hofe ist ein solcher abgesperrter Winkel oder gar mehrere, in welche die Bewohner des Hofs allen Abfall und Unrat hineinwerfen – dabei werden die Schweine fett, und die ohnehin in diesen nach allen vier Seiten verbauten Höfen eingesperrte Luft vollends schlecht von den verwesenden vegetabilischen und animalischen Stoffen. Man hat durch diesen Bezirk eine breite, ziemlich honette Straße – Millers Street – gebrochen und den Hintergrund mit ziemlichem Erfolge verdeckt; wenn man sich aber von der Neugier in einen der

zahlreichen Gänge, die in die Höfe führen, verleiten läßt, so kann man diese buchstäbliche Schweinerei alle zwanzig Schritt wiederholt sehn.

Das ist die Altstadt von Manchester – und wenn ich meine Schilderung noch einmal durchlese, so muß ich bekennen, daß sie, statt übertrieben zu sein, noch lange nicht grell genug ist, um den Schmutz, die Verkommenheit und Unwohnlichkeit, die allen Rücksichten auf Reinlichkeit, Ventilation und Gesundheit hohnsprechende Bauart dieses mindestens zwanzig- bis dreißigtausend Einwohner fassenden Bezirks anschaulich zu machen. Und ein solches Viertel existiert im Zentrum der zweiten Stadt Englands, der ersten Fabrikstadt der Welt! Wenn man sehen will, wie wenig Raum der Mensch zum Bewegen, wie wenig Luft – und welche Luft! – er zum Atmen im Notfall zu haben braucht, mit wie wenig Zivilistation er existieren kann, dann hat man nur hierher zu kommen. Es ist freilich die *Alt*stadt – und darauf berufen sich die Leute hier, wenn man ihnen von dem scheußlichen Zustande dieser Hölle auf Erden spricht – aber was will das sagen? Alles, was unsren Abscheu und unsre Indignation hier am heftigsten erregt, ist neuern Ursprungs, gehört der *industriellen Epoche* an. Die paar Hundert Häuser, die dem alten Manchester angehören, sind von ihren ursprünglichen Bewohnern längst verlassen; nur die Industrie hat sie mit den Scharen von Arbeitern vollgepfropft, die jetzt in ihnen beherbergt werden; nur die Industrie hat jedes Fleckchen zwischen diesen alten Häusern verbaut, um Obdach zu gewinnen für die Massen, die sie sich aus den Ackerbaugegenden und aus Irland verschrieb; nur die Industrie gestattet es den Besitzern dieser Viehställe, sie an Menschen für hohe Miete zur Wohnung zu überlassen, die Armut der Arbeiter auszubeuten, die Gesundheit von Tausenden zu untergraben, damit nur *sie* sich bereichern; nur die Industrie hat es möglich gemacht, daß der kaum aus der Leibeigenschaft befreite Arbeiter wieder als ein bloßes Material, als *Sache* gebraucht werden konnte, daß er sich in eine Wohnung sperren lassen muß, die jedem andern zu schlecht und die er nun für sein teures Geld das Recht hat vollends verfallen zu lassen. Das hat nur die Industrie getan, die ohne diese Arbeiter, ohne die Armut und Knechtschaft dieser Arbeiter, nicht hätte leben können. Es ist wahr, die ursprüngliche Anlage dieses Viertels war schlecht, man konnte nicht viel Gutes daraus machen – aber haben die Grundbesitzer, hat die Verwaltung etwas getan, um das beim Nachbau zu verbessern? Im Gegenteil, wo noch ein Winkelchen frei war, ist ein Haus hingesetzt, wo noch ein überflüssiger

Ausgang, ist er zugebaut worden; der Grundwert stieg mit dem Aufblühen der Industrie, und je mehr er stieg, desto toller wurde darauf losgebaut, ohne Rücksicht auf die Gesundheit und Bequemlichkeit der Einwohner – *es ist keine Baracke so schlecht, es findet sich immer ein Armer, der keine bessere bezahlen kann* – nur mit Rücksicht auf den größtmöglichen Gewinn. Doch es ist einmal die Altstadt, und damit beruhigt sich die Bourgeoisie; sehen wir denn, wie die *Neustadt* (the new town) sich anläßt.

Die *Neustadt*, auch die Irische Stadt (the Irish town) genannt, zieht sich jenseits der Altstadt einen Lehmhügel zwischen dem Irk und St. George's Road hinauf. Hier hört alles städtische Aussehen auf; einzelne Reihen Häuser oder Straßenkomplexe stehn wie kleine Dörfer hier und da auf dem nackten, nicht einmal mit Gras bewachsenen Lehmboden; die Häuser oder vielmehr Cottages sind in schlechtem Zustande, nie repariert, schmutzig, mit feuchten und unreinen Kellerwohnungen versehn; die Gassen sind weder gepflastert, noch haben sie Abzüge, dagegen zahlreiche Kolonien von Schweinen, die in kleinen Höfen und Ställen abgesperrt sind oder ungeniert an der Halde spazierengehn. Der Kot auf den Wegen ist hier so groß, daß man nur bei äußerst trocknem Wetter Aussicht hat durchzukommen, ohne bei jedem Schritt bis über die Knöchel zu versinken. In der Nähe von St. George's Road schließen sich die einzelnen bebauten Flecken dichter aneinander, man gerät in eine fortlaufende Reihe Gassen, Sackgassen, Hintergassen und Höfe, die je gedrängter und unordentlicher werden, je näher man dem Zentrum der Stadt kommt. Dafür sind sie freilich auch öfter gepflastert oder wenigstens mit gepflasterten Fußwegen und Rinnsteinen versehn; der Schmutz, die schlechte Beschaffenheit der Häuser und besonders der Keller bleibt aber derselbe.

Es wird am Orte sein, hier einige allgemeine Bemerkungen über die in Manchester übliche Bauart der Arbeiterviertel zu machen. Wir haben gesehn, wie in der Altstadt meist der reine Zufall über die Gruppierung der Häuser verfügte. Jedes Haus ist ohne Rücksicht auf die übrigen gebaut, und die winkligen Zwischenräume der einzelnen Wohnungen werden in Ermanglung eines andern Namens Höfe (courts) genannt. In den etwas neueren Teilen desselben Viertels und in andern Arbeitervierteln, die aus den ersten Zeiten der aufblühenden Industrie herrühren, finden wir ein etwas planmäßigeres Arrangement. Der Zwischenraum zwischen zwei Straßen wird in regelmäßigere, meist viereckige Höfe geteilt, etwa so:

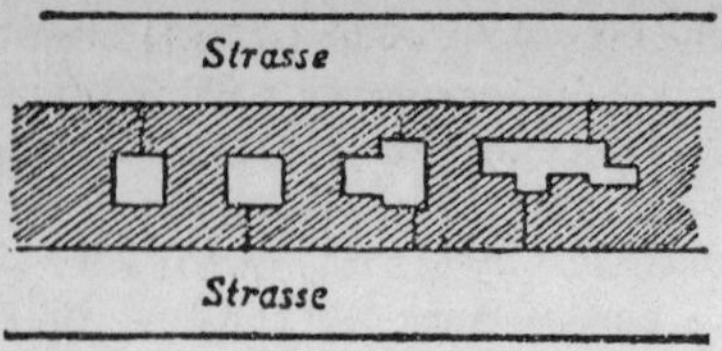

die von vornherein so angelegt wurden und zu denen verdeckte Gänge von den Straßen führen. Wenn die ganz planlose Bauart der Gesundheit der Bewohner durch Verhinderung der Ventilation schon sehr nachteilig war, so ist es diese Art, die Arbeiter in Höfe einzusperren, die nach allen Seiten von Gebäuden umschlossen sind, noch viel mehr. Die Luft kann hier platterdings nicht heraus; die Schornsteine der Häuser selbst sind, solange Feuer angehalten wird, die einzigen Abzüge für die eingesperrte Luft des Hofes.[1] Dazu kommt noch, daß die Häuser um solche Höfe meist doppelt, je zwei mit der Rückwand zusammengebaut sind, und schon das ist hinreichend, um alle gute, durchgehende Ventilation zu verhindern. Und da die Straßenpolizei sich nicht um den Zustand dieser Höfe bekümmert, da alles ruhig liegenbleibt, was hineingeworfen wird, so darf man sich nicht über den Schmutz und die Haufen von Asche und Unrat wundern, die man hier findet. Bin ich doch in Höfen gewesen – sie liegen an Millers Street – die mindestens einen halben Fuß tiefer lagen als die Hauptstraße und die auch nicht den mindesten Abfluß für das bei Regenwetter sich in ihnen ansammelnde Wasser hatten! In späterer Zeit hat man eine andre Bauart angefangen, die jetzt die allgemeine ist. Die Arbeitercottages werden jetzt nämlich fast nie einzeln, sondern immer dutzend-, ja schockweise gebaut – ein einziger Unternehmer baut gleich eine oder ein paar Straßen. Diese werden dann auf folgende Weise angelegt: Die eine Front – vgl. die Zeichnung unten – bilden Cottages ersten Ranges, die so glücklich sind, eine Hintertür und einen kleinen Hof zu besitzen, und die die höchste Miete bringen. Hinter den Hofmauern dieser Cottages ist eine schmale Gasse, die Hintergasse (back-street), die an beiden Enden

1 Und doch behauptet einmal ein weiser englischer Liberaler – im Bericht der Children's Empl. Comm. –, diese Höfe seien das Meisterstück der Städtebaukunst, weil sie, gleich einer Anzahl kleiner öffentlicher Plätze, die Ventilation und den Luftzug verbesserten! Freilich, wenn jeder Hof zwei oder vier breite, oben offene, gegenüberstehende Zugänge hätte, wodurch die Luft streichen könnte – aber sie haben *nie* zwei, sehr selten einen offnen, und fast alle nur schmale, überbaute Einlässe.

zugebaut ist und in die entweder ein schmaler Weg oder ein bedeckter Gang von der Seite herführt. Die Cottages, die auf diese Gasse führen, bezahlen am wenigsten Miete und sind überhaupt am meisten vernachlässigt. Sie haben die Rückwand gemeinsam mit der dritten Reihe Cottages, die nach der entgegengesetzten Seite hin auf die Straße gehen und weniger Miete als die erste, dagegen mehr als die zweite Reihe tragen. Die Anlage der Straßen ist also etwa so:

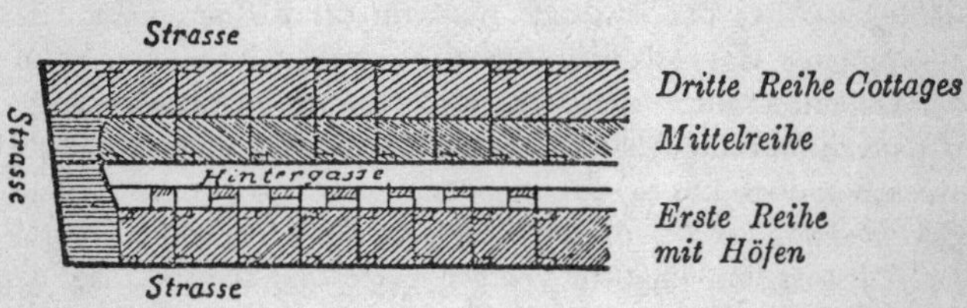

Durch diese Bauart wird zwar für die erste Reihe Cottages eine ziemlich gute Ventilation gewonnen und die der dritten Reihe wenigstens nicht gegen die der entsprechenden in der frühern Bauart verschlechtert; dagegen ist die Mittelreihe mindestens ebenso schlecht ventiliert, wie die Häuser in den Höfen und die Hintergasse selbst stets in demselben schmutzigen und unansehnlichen Zustande wie jene. Die Unternehmer ziehen diese Bauart vor, weil sie ihnen Raum spart und Gelegenheit gibt, die besser bezahlten Arbeiter durch höhere Miete in den Cottages der ersten und dritten Reihe desto erfolgreicher auszubeuten. Diese dreierlei Formen des Cottagebaues findet man in ganz Manchester, ja in ganz Lancashire und Yorkshire wieder, oft vermengt, aber meist hinreichend geschieden, um hieraus schon auf das verhältnismäßige Alter der einzelnen Stadtteile schließen zu können. Das dritte System, das der Hintergassen, ist das in dem großen Arbeiterbezirk östlich von St. George's Road, zu beiden Seiten von Oldham Road und Great Ancoats Street, entschieden vorherrschende und findet sich auch in den übrigen Arbeiterbezirken von Manchester und seinen Vorstädten am häufigsten.

In dem erwähnten großen Bezirk, den man unter dem Namen Ancoats begreift, sind die meisten und größten Fabriken von Manchester an den Kanälen angelegt – kolossale sechs- bis siebenstöckige Gebäude, die mit ihren schlanken Rauchfängen hoch über die niedrigen Arbeitercottages emporragen. Die Bevölkerung des Bezirks sind daher hauptsächlich Fabrikarbeiter und, in den schlechtesten Straßen, Handweber. Die Straßen, die dem

Zentrum der Stadt am nächsten liegen, sind die ältesten und daher die schlechtesten, doch sind sie gepflastert und mit Abzügen versehn; ich rechne hierzu die nächsten Parallelstraßen von Oldham Road und Great Ancoats Street. Weiterhin nach Nordosten findet man manche neugebaute Straße; hier sehen die Cottages nett und reinlich aus, die Türen und Fenster sind neu und frisch angestrichen, die inneren Räume rein geweißt; die Straßen selbst sind luftiger, die leeren Bauplätze zwischen ihnen größer und häufiger. Aber das läßt sich nur von der kleineren Zahl der Wohnungen sagen; dazu kommt dann noch, daß Kellerwohnungen fast unter jeder Cottage eingerichtet, daß viele Straßen ungepflastert und ohne Abzüge sind, und vor allem, daß dieses nette Aussehen doch nur Schein ist, Schein, der nach den ersten zehn Jahren schon verschwunden ist. Die Bauart der einzelnen Cottages selbst ist nämlich nicht weniger verwerflich als die Anlage der Straßen. Solche Cottages sehen alle anfangs nett und solide aus, die massiven Ziegelmauern bestechen das Auge, und wenn man durch eine *neugebaute* Arbeiterstraße geht, ohne sich um die Hintergassen oder die Bauart der Häuser selbst näher zu bekümmern, so stimmt man in die Behauptung der liberalen Fabrikanten ein, daß nirgends die Arbeiter so gut wohnen wie in England. Aber wenn man näher zusieht, so findet man, daß die Mauern dieser Cottages so dünn sind, wie es nur möglich ist, sie zu machen. Die äußeren Mauern, die das Kellerstockwerk, das Erdgeschoß und das Dach tragen, sind höchstens einen ganzen Ziegel dick – so daß in jeder waagerechten Schicht die Ziegel mit der langen Seite aneinandergefugt werden (); ich habe aber manche Cottage von derselben Höhe – einige sogar noch im Bau – gesehn, bei denen die äußern Mauern nur einen halben Ziegel dick waren und die Ziegel also nicht der Breite, sondern der Länge nach gelegt waren, so daß sie mit der schmalen Seite aneinanderstießen (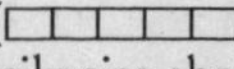). Dies geschieht teilweise, um Material zu sparen, teilweise aber auch, weil die Bauunternehmer nie die Eigentümer des Bodens sind, sondern ihn nach englischer Sitte nur auf zwanzig, dreißig, vierzig, fünfzig oder neunundneunzig Jahre gemietet haben, nach welcher Zeit er mit allem, was darauf ist, dem ursprünglichen Besitzer wieder zufällt, ohne daß dieser für gemachte Anlagen etwas zu vergüten hätte. Die Anlagen werden also vom Pächter darauf berechnet, daß sie nach Ablauf der kontraktlichen Zeit so wertlos wie möglich sind; und da solche Cottages oft nur zwanzig oder dreißig Jahre vor diesem Zeitpunkte errichtet werden, so ist es leicht zu begreifen, daß die Unternehmer nicht zuviel darauf verwenden werden. Dazu kommt noch, daß diese Unternehmer, meist Maurer und Zimmerleute oder Fabrikanten, teils um den Mietertrag nicht zu verringern, teils wegen herannahenden Rückfalls des Bauplatzes, wenig oder gar nichts auf Reparaturen verwenden, daß wegen Handelskrisen und der darauffolgenden Brotlosigkeit oft ganze Straßen leerstehn und daß infolge hiervon die Cottages sehr rasch verfallen und in unbewohnbaren Zustand geraten. Man rechnet wirklich allgemein, daß Arbeiterwohnungen durchschnittlich nur vierzig Jahre bewohnbar bleiben; das klingt wunderbar genug, wenn man die schönen, massiven Mauern neuerbauter Cottages dabei sieht, die eine Dauer von ein paar Jahrhunderten zu versprechen scheinen – aber es ist dennoch so, die Knickerei der ursprünglichen Anlage, die Vernachlässigung aller Reparaturen, das häufige Leerstehn, der fortwährende schnelle Wechsel der Bewohner und dazu die Verwüstungen, die die Einwohner während der letzten zehn Jahre der Bewohnbarkeit, meist Irländer, anrichten, indem sie das Holzwerk oft genug aufbrechen und zur Heizung gebrauchen – alles das macht diese Cottages nach vierzig Jahren zu Ruinen. Daher kommt es denn auch, daß der Distrikt von Ancoats, der erst seit dem Aufblühen der Industrie, ja meist erst in diesem Jahrhundert erbaut wurde, dennoch eine Menge alter und verfallender Häuser zählt, ja daß die größere Zahl der Häuser schon jetzt in dem letzten Stadium der Bewohnbarkeit sich befindet. Ich will nicht davon reden, wieviel Kapital auf diese Weise verschwendet wird, mit wiewenig mehr ursprünglicher Anlage und späterer Reparatur dieser ganze Bezirk lange Jahre hindurch reinlich, anständig und wohnlich gehalten werden könnte – mich geht hier nur die Lage der Häuser und ihrer Bewohner an, und da muß allerdings gesagt werden, daß es kein schädlicheres und demoralisierenderes System, die Arbeiter unterzubringen, gibt, als gerade dieses. Der Arbeiter ist gezwungen, solche verkommene Cottages zu bewohnen, weil er keine bessern bezahlen kann oder weil keine bessern in der Nähe seiner Fabrik liegen, vielleicht auch gar, weil sie dem Fabrikanten gehören und dieser ihn nur dann in Arbeit nimmt, wenn er eine solche Wohnung bezieht. Natürlich wird es mit den vierzig Jahren so genau nicht gehalten, denn wenn die Wohnungen in einem stark bebauten Stadtteil liegen und also bei teurer Grundpacht viel Aussicht da ist, stets Mieter für jene zu finden, tun die Unternehmer auch wohl etwas, um sie über vierzig Jahre hinaus einigermaßen in bewohnbarem Zustande zu erhalten; aber auch gewiß nicht mehr als das Allernötigste, und diese reparierten Wohnungen sind dann gerade die allerschlechtesten. Zuweilen, bei drohenden Epidemien, wird das sonst sehr schläfrige Gewissen der Gesundheitspolizei etwas aufgeregt, und dann unternimmt sie Streifzüge in die Arbeiterdistrikte, schließt ganze Reihen von Kellern und Cottages, wie dies z. B. mit mehreren Gassen in der Nähe von Oldham Road geschehen ist; aber das dauert nicht lange, die geächteten Wohnungen finden bald wieder Insassen, und die Eigentümer stehn sich besser dabei, wenn sie sich wieder Mieter suchen – man weiß ja, daß die Gesundheitspolizei so bald nicht wiederkommt!

Diese östliche und nordöstliche Seite von Manchester ist die einzige, an welcher sich die Bourgeoisie nicht angebaut hat – aus dem Grunde, weil der hier zehn oder elf Monate im Jahr herrschende West- und Südwestwind den Rauch aller Fabriken – und der ist nicht gering – stets nach dieser Seite hinübertreibt. Den können die Arbeiter allein einatmen.

Südlich von Great Ancoats Street liegt ein großer halbbebauter Arbeiterbezirk – ein hügeliger, nackter Strich Landes, mit einzelnen unordentlich angelegten Häuserreihen oder Karrees besetzt. Dazwischen leere Bauplätze, uneben, lehmig, ohne Gras und daher bei feuchtem Wetter kaum zu passieren. Die Cottages sind alle schmutzig und alt, liegen oft in tiefen Löchern und erinnern überhaupt an die Neustadt. Die von der Birminghamer Eisenbahn durchschnittene Strecke ist die am dichtesten bebaute, also auch die schlechteste. Hier fließt in unzähligen Krümmungen der Medlock durch ein Tal, das stellenweise mit dem des Irk auf gleicher Stufe steht. Zu beiden Seiten des wieder pechschwarzen, stagnierenden und stinkenden Flusses, von seinem Eintritt in die Stadt bis zu seiner Vereinigung mit dem Irwell, zieht sich ein breiter Gürtel von Fabriken und Arbeiterwohnungen, welche letzteren alle in dem schlechtesten Zustande sind. Das Ufer ist meist abschüssig und bis in den Fluß hinein bebaut, gerade wie wir es am Irk gesehn haben, und die Anlage der Häuser und Straßen ist gleich schlecht, ob sie auf der Seite von Manchester oder der von Ardwick, Chorlton oder Hulme angelegt sind. Der abscheulichste Fleck – wenn ich alle die einzelnen Flecke detaillieren wollte, würde ich nicht zu Ende kommen – liegt aber auf der Manchester-Seite, gleich südwestlich von Oxford Road und heißt Klein-Irland (Little Ireland). In einem ziemlich tiefen Loche, das in einem Halbkreis vom Medlock und an allen vier Seiten von hohen Fabriken, hohen bebauten Ufern oder Aufschüttungen umgeben ist, liegen in zwei Gruppen etwa 200 Cottages, meist mit gemeinschaftlichen Rückwänden für je zwei Wohnungen, worin zusammen an 4000 Menschen, fast lauter Irländer, wohnen. Die Cottages sind alt, schmutzig und von der kleinsten Sorte, die Straßen uneben, holperig und zum Teil ungepflastert und ohne Abflüsse; eine Unmasse Unrat, Abfall und ekelhafter Kot liegt zwischen stehenden Lachen überall herum, die Atmosphäre ist durch die Ausdünstungen derselben verpestet und durch den Rauch von einem Dutzend Fabrikschornsteinen verfinstert und schwer gemacht – eine Menge zerlumpter Kinder und Weiber treibt sich hier umher, ebenso schmutzig wie die Schweine, die sich auf den Aschenhaufen und in den Pfützen wohl sein lassen – kurz, das ganze Nest gewährt einen so unangenehmen, so zurückstoßenden Anblick wie kaum die schlechtesten Höfe am Irk. Das Geschlecht, das in diesen verfallenden Cottages, hinter den zerbrochenen und mit Ölleinwand verklebten Fenstern, den rissigen Türen und abfaulenden Pfosten oder gar in den finstern nassen Kellern, zwischen diesem grenzenlosen Schmutz und Gestank in dieser wie absichtlich eingesperrten Atmosphäre lebt – das Geschlecht muß wirklich auf der niedrigsten Stufe der Menschheit stehn – das ist der Eindruck und die Schlußfolgerung, die einem bloß die Außenseite dieses Bezirks aufdrängt. Aber was soll man sagen, wenn man hört[1], daß in jedem dieser Häuschen, das allerhöchstens zwei Zimmer und den Dachraum, vielleicht noch einen Keller hat, durchschnittlich zwanzig Menschen wohnen, daß in dem ganzen Bezirk nur auf etwa 120 Menschen ein – natürlich meist ganz unzugänglicher – Abtritt kommt und daß trotz alles Predigens der Ärzte, trotz der Aufregung, in die zur Cholerazeit die Gesundheitspolizei über den Zustand von Klein-Irland geriet, dennoch alles heute im Jahr der Gnade 1844 fast in demselben Zustande ist wie 1831? Dr. Kay erzählt, daß nicht nur die Keller, sondern sogar die Erdgeschosse aller Häuser in diesem Bezirk feucht seien; daß früher eine Anzahl Keller mit Erde aufgefüllt worden, allmählich aber wieder ausgeleert und jetzt von Irländern bewohnt würden – daß in einem Keller das Wasser – da der Boden des Kellers tiefer lag als der Fluß – fortwährend aus einem mit Lehm verstopften Versenkloch herausgequollen sei, so daß der Bewohner, ein Handweber, jeden Morgen seinen Keller habe trocken schöpfen und das Wasser auf die Straße gießen müssen!

Weiter abwärts liegt auf der linken Seite des Medlock Hulme, das eigentlich nur ein großes Arbeiterviertel ist und dessen Zustand

1 *Dr. Kay*, a.a.O.

fast ganz mit dem des Bezirks von Ancoats übereinstimmt. Die dichter bebauten Bezirke meist schlecht und dem Verfall nahend, die weniger bevölkerten von neuerer Bauart, luftiger, aber meist im Kot versunken. Feuchte Lage der Cottages allgemein, ebenso die Bauart mit Hintergassen und Kellerwohnungen. Auf der gegenüberliegenden Seite des Medlock, im eigentlichen Manchester, liegt ein zweiter großer Arbeiterdistrikt, der sich zu beiden Seiten von Deansgate bis an das kommerzielle Viertel erstreckt und teilweise der Altstadt nichts nachgibt. Namentlich in der unmittelbaren Nähe des kommerziellen Viertels, zwischen Bridge-Street und Quay-Street, Princess-Street und Peter-Street, übertrifft die Gedrängtheit der Bauart stellenweise die engsten Höfe der Altstadt. Hier findet man lange schmale Gassen, zwischen denen enge, winklige Höfe und Passagen sich befinden, deren Aus- und Eingänge so unordentlich angelegt sind, daß man in diesem Labyrinth alle Augenblicke in einem Sack festrennt oder an der ganz verkehrten Stelle herauskommt, wenn man nicht jede Passage und jeden Hof genau kennt. In diesen engen, verfallenen und schmutzigen Gegenden wohnt nach Dr. Kay die demoralisierteste Klasse von ganz Manchester, deren Handwerk Diebstahl oder Prostitution ist, und allem Anscheine nach hat er, auch jetzt noch, darin recht.

HERMANN VON BARTH

Der Öfelekopf im Berglentale

Vom äußersten Westen des Wetterstein-Gebirges, von den Eisgefilden des Schneeferners und den Schlünden des Höllentals habe ich den Leser nach einem dem Herzen der ganzen Gruppe näher gelegenen Gipfel, dem Hochblassen des Reintaler Kammes geführt. Nunmehr wolle er mich in die östlichen Grenzregionen dieses Bergrevieres, in ihnen abermals auf einen Spitz begleiten, der vor mir wohl kaum betreten wurde – der aber *nach* mir auch schwerlich bald wieder betreten werden wird. Warum, das werde ich in der Folge ihm erzählen.

Nach dem Osten des Wetterstein-Gebirges geht diesmal die Wanderung, wo in starrer, langgestreckter Wandmasse von neuem der Name »Wetterstein« uns entgegentritt, wie drüben im fernen Ehrwald und Lermoos.

Andere Berge, andere Täler, andere Menschen. Dem turistenüberschwemmten Partenkirchen, seinem widerlich geschraubten Hotel- und Führerwesen stellt sich in wenig Stunden Entfernung das minder stark frequentierte, darum anspruchslosere, gemütlichere *Mittenwald* gegenüber. Statt des weiten, gerundeten, geschlossenen Talbeckens des Loisach-Ursprunges haben wir hier, im Osten, das langgedehnte *Leutaschtal* als Gebirgsgrenze vor uns.

Der Saumpfad führt von Mittenwald am Gehänge des Burgberges hinan, dem Rande der Leutasch-Klamm zu. Es ist die einzige direkte Verbindungsstraße – wenn der mit schmalen Alpkarren mühsam fahrbare Weg so genannt werden darf – von Mittenwald nach den volkreichen Orten der Leutasch. Blau-weiße und schwarz-gelbe Grenzpfähle und Weiser nach den beiderseitigen Zollämtern sind so ziemlich die einzigen Dinge, welche an einen höheren Rang dieses holperigen, steilen Weges erinnern. Ist die waldige Höhe der Bergterrasse erstiegen, der Rückblick auf die Zacken des Karwendel, auf die Dolomitspitzen der Erlspitz-Kreuzjoch-Gruppe, die Felsenhäupter des Solstein entschwunden, so überrascht den Wanderer bald ein Handweiser mit der Aufschrift »Gefährlicher Weg«. Nur dem unverbesserlichen Schwindelmenschen sei er ein rechtzeitiger Warner; jedem anderen gegenteils der Führer nach der schönsten, genußreichsten Strecke der Leutasch-Wanderung. Bald zieht an steilen Schuttgehängen, um schrofige Riffe sich schlingend, über Felsenecken, von den Wurzeln der Tannen umklammert, dahin ein schmaler, aber gut angelegter, durchaus gefahrloser Pfad. Tief unten braust in dunklem Spalte die Leutasch. Ein einzelner Punkt am Wege – wo dieser am weitesten an die Kante der Wand hinaustritt – eröffnet dem Auge eine lange Strecke der fast geradlinigen Klamm; in leichten Biegungen sieht man das hellgrünlichblaue Bergwasser zwischen den schwarzen Wänden hindurch seinen Tallauf verfolgen und vermag sich der Überzeugung kaum zu verschließen, daß man es hier nicht so fast mit einem vom Wasser ausgenagten, erzwungenen Ausbruchstore, als vielmehr mit einer fertig gebildet vorgefundenen, von ihm zum Laufe nur benützten Talspalte zu tun habe.

Die Herrlichkeiten des Weges sind nun bald zu Ende. Man mag das Unglückszeichen sich noch betrachten an der Stelle, wo ein Unvorsichtiger, von heftigem Schwindel plötzlich befallen, in die Schlucht hinunterstürzte. Dann windet der Pfad sich durch Tannengebüsch und überbrückt die Leutasch, welche – eben noch in unergründlicher Tiefe gesehen – plötzlich nahe der Oberfläche der Talterrasse sich zeigt. In einem schwarzen Kessel dröhnt die schäumende Wasserwucht und eilt in sprühenden Sätzen hinunter zum düsteren Grunde. *Hier* nagt und sägt das Wasser, *hier* arbeitet es, seinen Klammlauf zu verlängern und in späteren Jahrtausenden vielleicht das Leutaschtal, andern Gebirgstälern gleich, in zwei schmale, an den beiderseitigen Bergflanken hängende Raine zu trennen. Zur Rechten erscheint der Wetterstein, zunächst sein Vorläufer, der niedrige Horizontalrücken des sogenannten *Grünkopfs*, über welchen, an der *Weißen Wand*, der *»Franzosensteig«* zum *Ferchensee* hinüberführt. Die Kriegsgeschichte des ersten Dezenniums unseres Jahrhunderts hat hier ihre Monumente in den zerfallenen Schanzen der Scharnitz, in den Wällen, dem alten Mauerbollwerke des Leutaschtals. Jetzt dient es friedlicheren Zwecken, wenngleich auch diese noch an alte Zeit erinnern, – allerdings nur in verwischten Zügen. Unter dem dunklen, hallenden Torbogen sieht der Wanderer sich einem gemütlichen, pfeifenschmauchenden österreichischen Grenzwächter gegenüber, der ihm den Bescheid »Nichts Zollbares!« gerne auf sein ehrliches Gesicht hin glaubt. Jenseits der Leutasch-Schanze erst öffnet sich völlig das Tal.

Wir stehen am Fuße des Wetterstein-Gebirges – und doch, wie

wenig Eindruck erhalten wir von den gewaltigen Felsmassen, die dort im nahen Westen uns überragen! Welch ein Abstand gegen das Talbecken von Lermoos mit seiner himmelhohen Ummauerung! – Da liegt vor uns das breite Tal, und breit und formlos setzen auf seine Sohle begrünte Bergrücken ihren Fuß. Die Wettersteinwand nur, die inzwischen hervorgetreten, macht in kahlem Gewände etwas Figur. Dann kommt das gedehnte, mit Busch und Wald bekleidete Fundament des »Berglenspitzes«, dann der völlig gleiche Absenkungsrücken des Gehrenspitzes, im Duft des Hintergrundes verschwimmend die nicht weniger eintönige Ostkante der Hohen Munde; drei schräge, wie mit dem Lineal nebeneinander gezogene Berglinien in kulissenartigen Abständen. – Nur der Hintergrund des Tales reizt das Auge. Da erheben sich schöngeformte Gipfel, deren grünes Unterkleid allmählich ins Violettgrau düsterer Felsenhänge sich verliert; grell zeichnet der Schnee, der ihre Furchen erfüllt, aus der tiefen Färbung ihres Gesteines sich ab. Doch nicht auf dem Leutascher Boden wurzeln jene Gebirge, nicht der Isar spenden sie ihre Gewässer. Wo das Tal am Bergfuße zu enden scheint, da endet es in Wahrheit an kantigem Rande, am Absturze zu neuer, gewaltigerer Tiefe. Dort unten liegt das Inntal, liegt Telfs am Südfuß der Hohen Munde. Und die Berge da drüben, sie gehören unsern Gebieten nicht mehr an; südlich der großen Grenzlinie der Kalkalpen erheben sie ihre Häupter; kristallinische Schiefer fügen ihre Körpermasse zusammen. Vorläufer sind sie mächtigerer Höhen, der firnverhüllten Weiten des Ötztaler Gebirges, der wasserscheidenden Zentralalpen.

In eineinhalb Stunden ist von Mittenwald aus *Unter-Leutasch*, zunächst das Brucker-Wirtshaus, erreicht. Hier beginnt die eigentlich fahrbare Straße, welche die drei Hauptortschaften des Leutaschtals miteinander verbindet; Abzweigungen von ihr münden durch die Täler des »Boden« und der »Leutascher Mähder« auf die Zirl-Seefelder Straße aus. Wie der Fahrweg begonnen, so endet er im Leutaschtale: über das Kirchviertel hinaus wird aus ihm ein holperiger Karrenweg, und nur dem unverwüstlichsten Alpenfuhrwerk mehr passierbar, fällt er über Buchen steil hinunter nach Telfs. Die einzige leidliche Straßenverbindung in dieser Gegend besteht zwischen Telfs und Seefeld über Mösern; diese vermeidet jedoch das Leutaschtal gänzlich. –

Am 27. August war ich bei Regenwetter durch das Leutaschtal nach Mittenwald hinausgezogen; am folgenden Nachmittage bereits befand ich mich wieder auf Wanderung nach dem Brucker-wirt, in Gesellschaft des bekannten und beliebten Alpenschriftstellers Heinrich Noë. Der Aufforderung am Schilde des Brucker-Wirtshauses:

Ich heiß' Andreas Reindl,
Hab' wohl a gut's Weinl
Und auch a gut's Bier.
Ob'st hergehst zu mir!

leisteten wir getreulich Folge. Gegen Abend erst trennten wir uns. Dr. Noë ging nach Mittenwald zurück, ich verblieb in der Leutasch.

Der morgige Berggang war nicht geeignet, Begleitung für denselben mir zu erwerben. Ein oft gesehener, lange gemiedener, aufgeschobener Gipfel sollte morgen gezwungen werden. Gelang's – dann mochte ich nichts mehr für unmöglich halten.

Ein dunkler Flecken war er geblieben in der Erinnerung eines sonst unvergeßlich schönen Tages. Der Dreitorspitze entgegenwandernd, hatte ich ihn entdeckt: ein verkleinertes Abbild des Tribulaun im Stubaier Gebirge; eine Schere, aufklappend, und wie bereit, zermalmend über dem zusammenzuschlagen, der frevelnd ihr nahe zu treten wagte. So hatte ich vom Platt aus sie gesehen, ihr Gehänge auf den Schutt- und Hügelboden herab als äußerst steil, doch möglicherweise nicht völlig ungangbar beurteilt; die Gipfelzinnen aber schienen jede Hoffnung auszuschließen. Ich erwartete Besseres von der Südseite, die aus dem Puitentale emporstrebt, und fand hier erst völlig unangreifbare Steilwand. Es war und blieb beschlossen, vom Dreitorspitzplatt aus die Ersteigung zu versuchen; und da letzteres zugleich meinen Ausgangspunkt für die Ersteigung der Wettersteinwand zu bilden hatte, so konnten – günstigen Erfolg vorausgesetzt – beide Hochturen am gleichen Tage zur Ausführung gelangen.

Als die Knechte des Bruckerwirtes zum Abendimbiß heimkehrten, erkundigte ich mich bei ihnen nach dem *Öfelekopf*, der ihnen bekannter unter dem Namen *»Berglenspitz«* ist. Ob er ersteigbar? – O ja, ganz gut. – Von welcher Seite? – Vom Plattert herauf, oder auch geradenwegs vom Tale aus über den absinkenden Rücken, – vom Söller her (Westseite) ginge es ebenfalls, – ich glaube, einer wollte auch vom Puitentale hinaufgegangen sein. – Ob man von dem einen der Gipfelköpfe auf den andern hinübergehen könne? – O ja, ganz leicht. – Ich wußte genug, das heißt ich wußte nichts, ausgenommen, daß meine Auskunftgeber noch weniger wußten vom Öfelekopf, als mir im vorneherein schon bekannt war.

Ich gab Auftrag, mich zeitig zu wecken und begab mich zur Ruhe –

nicht allzu zuversichtlich dem kommenden Morgen entgegensehend. –
Früher noch, als im Wirtshause irgend jemand lebendig geworden, war ich auf den Beinen, und da eine Bereitung des Frühstücks mit allzuviel Zeitverlust verknüpft erschien, die Zeche für den gestrigen Verzehr aber vorsorglich schon des Abends berichtigt worden war, so hielt mich nichts weiter fest; von der Tenne, auf welche die Türe meiner Schlafkammer sich öffnete, gelangte ich unbehindert hinaus ins Freie. Dunkle Nacht deckte noch das Tal, ein Heer von Sternen funkelte über den schwarzen Bergmassen. Es war 3 Uhr 35 Min. morgens.
Raschen Schrittes wanderte ich die schnurgerade, die Wiesenebene des Tales durchziehende Fahrstraße dahin, erreichte nach einer halben Stunde die Einzelhöfe von *Lochten* und bog hier auf einem Waldwege rechts ab, den ich mehr fühlte, als sah. Nach einer Viertelstunde trat ich aus dem Walddunkel, wo – wie mir schien – die Pfade mehrfach sich teilten, auf einen breiten, weißen Schuttstrom aus. Ich wußte, daß ich die Ausmündung des *Berglentales* vor mir hatte und verfolgte die deutlich vorgezeichnete, freilich nicht allzu bequeme Straße des Trockenbettes.
Allgemach zog nun auch der Morgen herauf, die Gegenstände in meiner Umgebung wurden deutlich erkennbar. Aus der Höhe des Berglentales herunter leuchtete ein isolierter Felsturm – ich hielt ihn anfänglich für die Leutascher Dreitorspitze, überzeugte mich jedoch in der Folge, daß es der Musterstein gewesen, ein Gipfel zweiten Ranges zwischen Wettersteinwand und Dreitorspitze, welchem eine beherrschende Stellung, wie er hier sie einzunehmen scheint, in Wirklichkeit gar nicht zukommt.
Am schlundartigen Eingange des Berglentales angelangt, sah ich Pfadspuren nach der rechten Seite sich hinaufziehen und hielt mich an sie, mangels eines besseren Objektes, obgleich zweifelnd, daß der Talweg an der Wettersteinwand-Seite hinaufführte. Bald stand ich denn auch auf waldiger Terrassenstufe über der Klamm, und der damit gewonnene Einblick überzeugte mich zur Genüge, daß ich von einem weiteren Verfolgen dieser Richtung nichts zu hoffen hatte. Hinunter ging's wieder zum Schuttbette, an den Eingang der Schlucht, in welcher der Bach lebendig floß und schäumte, um eine kurze Strecke weiter spurlos im Gerölle sich zu verlieren. Ich suchte an seinem Ufer, am jenseitigen Gehänge nach dem Pfad – alles vergebens; kletterte ein Stück aufwärts und hierauf wieder gegen die Schlucht hinunter, die inzwischen zur unnahbaren Klamm sich gestaltet hatte, konnte aber nirgends die

Spur eines Pfades entdecken. Und die Leute im Reindl-Wirtshause hatten mir doch gesagt, der Berglen-Weg entferne sich nicht weit von der Talsohle.

Endlich kehrte ich wieder um und stieg vom Eingange der Schlucht in gerader Linie gegen den Öfelekopf an. Nach einer Viertelstunde raschen Aufsteigens, wohl 400 Fuß hoch über dem Bache, traf ich auf den breit angelegten, sogar fahrbaren Weg, welcher – die Bergflanke querend – offenbar im oberen Leutaschtale ausmündet. Wieder ein Pröbchen tiroler Wegweisekunst. So lange der Weg nicht über den Grat der Wettersteinwand oder des Öfelekopfes führt, ist er »nicht weit vom Bach«.

Eine halbe Stunde war mit diesen Kreuz- und Querzügen verloren gegangen. Kaum die Höhe erreicht, sehe ich den Weg taleinwärts sich senken, einer kleinen Wiesenebene zu, auf welcher lange Holzstöße aufgeklaftert liegen. Hier allein – auf eine Strecke von wenigen hundert Schritten – fließt der Berglenbach frei über die Talsohle in seichtem Geröllbette dahin; sein ganzer übriger Lauf ist von Steilmauern eingekastet, trennt Nord- und Südseite des Berglentales mit unüberschreitbarer Kluft. Der Talboden hebt sich steil in terrassierten, krummholzbehangenen Felsstöcken; sein Hintergrund und Abschluß ist dem Auge vollständig entrückt.

Das Berglental – das erste Hochtal an der Südseite des Wetterstein-Gebirges – läuft, wie ein Blick auf die Karte zeigt, nicht rechtwinkelig zur Linie des Hauptkammes, sondern parallel demselben, von einem seitlichen Parallelkamme begleitet. Wir finden in ihm, wie in dem ihm nächstbenachbarten Puitentale, wieder unverkennbare Spuren der durchgreifenden ostwestlichen Parallelstruktur der nordtiroler Kalkalpen. Die Dreitorspitz-Gruppe stellt auf dem Hauptgrate des Wetterstein-Gebirges sich quer, von Nord gegen Süden; von ihrem südlichen Gipfel, der Leutascher Dreitorspitze, setzt der Wetterstein-Kamm wieder in westlicher, der Ausläufer nicht (wie man erwarten sollte) in südlicher, sondern in östlicher Richtung sich fort; er sinkt, zunächst als bloße Umrandung des Dreitorspitz-Platts, zum *Söller* herab, der Übergangsstelle ins Puitental und schwingt sich hierauf zum doppelzahnigen Öfelekopf empor, von dessen Scheitel er – anfänglich steil, von der Waldregion ab gemäßigt – auf den Boden der Leutasch sich niedersenkt. Ganz ähnlich verläuft die zweite Südverzweigung des Wetterstein-Kammes: vom Fuße der Scharnitzspitze löst ein hohes, flaches Joch gegen Süden sich ab, kehrt aber seinen Rücken alsbald gegen Osten und erhebt denselben zum

Gehrenspitz, der bei Ober-Leutasch absetzt. Das Tal zwischen ihm und dem Öfelekopf, Puitental genannt, wird dadurch wieder zum Paralleltale. Auch die weiter westlich noch folgenden Verzweigungen des Wetterstein-Gebirges, der Roßberg, Schönberg und Predigtstuhl zeigen in Erhebung ihrer Kulminationspunkte in einiger Entfernung vom Hauptkamme und östlicher Verbreiterung derselben ähnliche Neigungen, die jedoch durch die nahe Längstalung des von der Pestkapelle herabkommenden Gaistales rasch abgeschnitten werden; und die Zweigtäler des letzteren – Scharnitz-, Sulzbach-, Leitenbach- und Kothbachtal – stellen als wahre, rasch fallende Quertäler des Haupt-Gebirgskammes sich dar. –

Der Pfad des Berglentales wendet sich links, schlängelt einen kleinen Rasenabhang sich hinauf und durch Krummholz und Laubgebüsche bergan, nicht selten steile Felsabsätze erklimmend. Nach einer Viertelstunde hatte ich wieder eine kleine Wiesenterrasse – wiewohl sehr beschränkten Raumes – erreicht und fand mich hart am Rande der Berglenbach-Klamm. Auf einen Vorsprung ihres Randes hinaustretend, sah ich in den Felsenspalt hinunter, welcher, ohne sonderlich tief zu sein, in solch bizarren Formen ausgenagt sich zeigt, daß man eher einen Gletscherschrund denn eine Kluft des Felsgebirges vor sich zu haben glaubt. Wieder wandte der herzlich schlechte, holperige Steig sich der Linken zu und tauchte abermals ins Dickicht der breiten Gebüschfelder, welche – von einzelnen Geröllrießen durchstrichen – das Fundament des Öfelekopfes umkleiden. Von letzterem sah ich nicht mehr als die Felspartien seines Fußes; sie schienen nicht ganz unangreifbar, jedenfalls boten sie in den mannigfachsten Rippen und Runsen eine sehr ausgedehnte Wahl.

Das Krummholz blieb allmählich zurück; Geröllschütten querend, lief der Steig hart ans Gemäuer des Öfelekopfes hin, einige plattige Felsabsätze wurden überstiegen, ich nahte mich dem Höhenrande, welcher bisher den Ausblick mir verdeckt gehalten hatte. Meine Erwartung, mich nun bereits im Berglen-Plattach zu sehen, fand sich getäuscht. Langgestreckte, steinige Rasenhänge dehnten vor mir sich hin, auf freiem Boden verlor allmählich sich der Pfad. Trümmerfelder spitzten sich links hinauf zwischen die Strebepfeiler der *»Plattacher Wand«*.

Ich hatte Muße, zu überlegen, was ich zunächst im Berglentale beginnen wolle. Den Öfelekopf unmittelbar, wie er vor mir stand, anzugreifen, erschien sehr wohl tunlich, doch wußte ich wenig davon, wie über dem untersten Sockel seines Baues die Verhält-

nisse sich gestalten mochten. Die Wettersteinwand dagegen vermochte mir den ausführlichsten Aufschluß hierüber zu gewähren, von ihrem Scheitel aus mochte ich die Anstiegslinie bis in ihre kleinsten Details feststellen. Und nicht dieser Grund allein war es, welcher mich bewog, die schwierige Tur in die zweite Linie zurückzustellen. Ich habe stets die Erfahrung gemacht, daß derartige Wagestücke weit besser und sicherer vonstatten gehen, wenn mehrstündige Bewegung auf kahlem Gefels bereits einige Stumpfheit gegen seine Erscheinungen bewirkt hat und mit einem gewissen – selbstverständlich nicht zu hohem, Kraft und Gewandtheit nicht beeinträchtigendem – Grade von Ermüdung Ruhe des Planens und Handelns eingetreten ist, welche die Frische und die aufgeregte Spannung der Morgenstunden nicht selten vermissen läßt.
Die *Wettersteinwand* also sollte der Erstling dieses Tages sein – ich hatte während des Aufsteigens durch das Berglental Gelegenheit genug gehabt, mir ihre Südflanke zu betrachten. Durch mäßig hohe Bergrücken geschieden, senken ihre Kare vom Gratscheitel sich herunter, während die Tiefzone steil zum Berglen- und unteren Leutaschtale stürzt. Im inneren Berglental trennt ein an Höhe fortwährend abnehmender Steilwandabsatz das mehr verflachte, rippige Gehänge von den Sandreißen der linken Berglental-Seite. Ich hatte zunächst das Berglental zu kreuzen, jenseits einen ersten Anstieg zu suchen, sodann in langem, schwach gehobenen Quergange in die Kare unterhalb des Gipfels und dadurch auf diesen selbst zu gelangen. Der Weg versprach wenig Schwierigkeit.
Eine starke Stunde war seit Verlassen der kleinen Talwiese, zweieinhalb Stunden seit Aufbruch vom Brucker-Wirt verflossen. Die letzten, ausblicksperrenden Höhengrenzen waren endlich überwunden und vor mir breitete die hügelige Plattenfläche sich aus, nach der Höhe in die blendenden Gehänge des Firnkars übergehend, von der zackigen Mauer des Dreitorspitz-Stockes gekrönt. Regelloses Hügelgewelle breitet sich nach allen Seiten. Am jenseitigen Talrande ersah ich günstige Gelegenheit, nach den Grasplätzen der Wettersteinwand emporzusteigen; ihren Gipfel hatte ich bereits weit im Rücken. Ich schwenkte rechts ab und querte den Hügelboden, fand jedoch ein unerwartetes Hindernis in Gestalt einer Trockenklamm, welche – ganz ähnlich dem sogenannten Brunntal im Platt an der Zugspitze, nur viel enger und steiler geschlossen – das Plateau des oberen Berglentales mitten durchschneidet. Ich sah mich noch zu einigem Ansteigen genötigt, um

eine den Übergang ermöglichende Stelle anzutreffen. Von der grasbewachsenen, 6 bis 10 Schritte breiten Sohle der Kluft stieg ich jenseits auf Hügelboden wieder empor. Bald verlor sich dieser in Sandreißen und ich stand am Fuße der Wettersteinwand. Genau über mir befand sich ihre tiefste Einsenkung, welche mit dem Musterstein sie verbindet; eine dunkle Kaminspalte streckt zum zähnestarrenden Grate sich empor; die Südflanke des Musterstein setzt aus stufenlosen Steilwänden sich zusammen. Ich wandte diesem unwirtlichen Felsenbau alsbald den Rücken und begann in nordöstlicher Richtung den Anstieg zur Wettersteinwand.
Die erste Strecke desselben gestaltete sich steil, doch waren ihre Schwierigkeiten bald überwältigt, und zusehends verflachte sich der Boden; auch das Krummholz, auf welches ich – nachdem ich im Berglentale es längst unter mir gelassen – hier wieder getroffen war, verschwand und lag bald in der Tiefe zu meiner Rechten; über steiniges, durchfurchtes Grasgehänge leiteten mich quere Pfadspuren der Schafhirten und ihrer Pflegebefohlenen. Nicht lange währte es, so meldeten die letzteren mit widerlichem Geplärre auch ihre Anwesenheit und den dringenden Wunsch an, nähere Bekanntschaft mit mir zu machen. Sie befanden sich zu gutem Glück *unter* mir. Einige Steine flogen hinab und im Galopp entfernte sich die ungebetene Gesellschaft.
Mein Weg hielt sich nun in völlig östlicher Richtung; die Strecken des Berglentales, die ich in den Frühstunden durchwandert, zogen in umgekehrter Ordnung zu meinen Füßen wieder vorüber. Mir gegenüber stand jetzt der Öfelekopf; er hatte sich gereckt und ich übersah allmählich alle Verhältnisse seines Baues. Ein Anstieg war möglich und bis zu beträchtlicher Höhe – ja wahrscheinlich bis in unmittelbare Nähe des Gipfels – so gut wie gesichert; dieser selbst nur erregte Bedenken. Das krumme Horn, in wiederholtem Steilabsatze sich emporschwingend, schien jede Annäherung zurückweisen zu wollen; eine Schuttlage zwar spitzte in seinen mittleren und schroffsten Mauergürtel sich hinein, endete jedoch in einem Felsenwinkel, welcher stark den Verdacht senkrechten Absturzes erweckte.
Kommt Zeit, kommt Rat! Vorerst hatte ich mit der Wettersteinwand zu schaffen.
Auch diese gab einige Nüsse zu knacken auf. Nicht daß ihre Ersteigung an sich eine schwierige wäre, sie zählt im Gegenteile unter die leichtesten des ganzen Wetterstein-Gebirges. Aber ich hatte zu wenig Geduld, stieg zu rasch und entschieden gegen den Grat an, sah die grünen Plätze auf dem Scheitel einer stärker aus

der Flanke sich heraushebenden Bergrippe enden und jenseits Steilmauer, durchklüftet ins Kar niedersetzend. Ich wählte eine passend erscheinende Stelle zum geraden Abstieg, hatte aber viel Mühe, damit zurecht zu kommen, und jetzt bereits gab es – unnötigerweise – einige bedenkliche Situationen. Den endlich glücklich erreichten, von plattigen Trockengräben vielfach durchfurchten Kesselboden kreuzte ich wieder gegen Osten und stieg über eine hohe – von den vorragenden, massigen Schichtköpfen gebildete – Felstreppe zu neuem Zweigkamme hinan. Bequemer als die erste, leitete diese mich in das nächstöstliche Kar hinüber, eine flache, teilweise noch begrünte Mulde. In ihrer Sohle und auf dem Scheitel der sie einschließenden Rücken behielt jedoch bald der Schutt und verwittertes Getrümmer die Oberhand. In der Höhe zeigte der Grat sich ziemlich formlos, aus zerteilten Schrofenmassen aufgebaut; ich vermochte nicht zu entscheiden, ob ich den Gipfel der Wettersteinwand noch *vor* mir oder vielleicht schon im Rücken habe. Da voreiliges Ansteigen soeben eine unangenehme Erfahrung mir eingetragen hatte, so setzte ich den Quergang vorläufig noch fort bis nach dem Firste der nächsten Rippe des Berggehänges. Dort sah ich in neue, ziemlich ausgedehnte und meist wandgeschlossene Kare hinunter, sah den Gratscheitel der Wettersteinwand allmählich sich absenken und erkannte die stumpfe Ecke desselben, welche ich als Anschlußpunkt des betretenen Zweigrückens an den Hauptkamm gerade über mir wahrnahm, als die Schulter östlich des Wettersteinwand-Gipfels. Ich wußte nunmehr, daß ich den letzteren im Rücken, sogar schon ziemlich weit im Rücken hatte.
Der Anstieg nach dem Grate bot keine Schwierigkeiten, ebensowenig das Verfolgen seiner rauhfelsigen, verwitterten Schneide. Bald stieg ich auf wüstem Getrümmer zum Gipfel selbst hinan, schüttere Plattengehänge, zu beiden Seiten nordwärts ziemlich steil abschießend, zu flacher Bucht sich ausweitend, welche nach der Kämi-Alpe sich hinabsenkt; auch von dort aus wäre ein (wiewohl steilerer und mühsamerer) Anstieg möglich.
Der Gipfel bildet einen langgestreckten, nicht sehr breiten Schuttrücken und trägt die Reste eines trigonometrischen Signals. Seine Höhe beträgt der Grenzbeschreibungskarte zufolge 7622 Fuß = 2476 m.
Um 7 Uhr 5 Min. hatte mein Anstieg aus dem Berglen-Plattach begonnen, um 9 Uhr 40 Min. war ich auf dem Gipfel. Die Ersteigung von Unter-Leutasch aus hatte sonach mehr als sechs Stunden gewährt. Ein nicht unbeträchtlicher Teil dieser Zeit

entfällt auf die mehrfachen Irrgänge, auch war mein Schritt – in der letzten Stunde namentlich – nicht eben ein rascher mehr zu nennen. Fünf Stunden werden unter normalen Umständen zur Ersteigung ausreichend genügen.

Die Witterung war nicht ganz so günstig, als der klare, kalte Morgen sie versprochen hatte. Bedeutende Nebelmassen flogen zwischen den Bergen umher und nur stückweise erhaschte ich die Details des Aussichtsbildes. Da war es vor allem der zu meinen Füßen gelegene Norden, die breite Vorlage des Wetterstein-Gebirges, welche meine Aufmerksamkeit in Anspruch nahm. Aus dem Felsmassive der Wettersteinwand treten kurze Verzweigungen, Zirmes- [Zirbel-] und Kämikopf, plateauartig heraus, um nordwärts steil aufs tiefere Waldgehänge niederzustürzen. Ihre Scheitel, die kurzen Sättel, welche sie mit dem Fuße des Hauptkammes verbinden, tragen engbegrenzte Weideflecke, auch einzelne Alphütten sind auf ihnen sichtbar. Der dritte, westlichste dieser kurzen, nördlichen Ausläufer ist jener, welcher den Talkessel der Wetterstein-Alpe gegen Osten begrenzt, und welchem westlich wieder in völlig gleichartiger Struktur der Schachen[tor]-kopf sich gegenüberstellt. Tiefe Täler schneiden zwischen diesen Köpfen hinunter und münden teils in den vom Ferchensee (der Wasserscheide gegen die Isar) herabkommenden Ferchenbach, teils in das Ellmauer Tal, welches – ostwärts gewendet – den Blick zur sonnigen Talebene der Ellmau hinausleitet. Weiter links liegt die düstere Hochfläche des Wetterstein-Waldes, und darüber weg trifft das Auge gerade in die schwarze Enge der Grasecker Klamm hinein. Weiter hinaus schweift es über die Talbucht von Partenkirchen-Garmisch, über das bayerische Vorgebirge hinaus ins Flachland, welchem jene breitschulterige östliche Endkuppe des Wetterstein-Gebirges eine der bekanntesten Berggestalten ist. Im Nordwesten erblickt man in naher Tiefe vor sich die zerteilten Kare ober der Wetterstein-Alpe, in welche der Frauenalpelkopf und seine Nebenzacken ihre Steilabstürze massig hineinspreizen; hart an ihre Wände gereiht, erscheint etwas ferner das wald- und wiesenreiche Schachen-Plateau mit dem Königshause auf seinem unvergleichlichen Aussichtspunkte. Im Westen ein prächtiges Paar weitgespannter, von den hervorragendsten Häuptern des Wetterstein-Gebirges ummauerter Hochkessel: in naher Nachbarschaft das Platt, die Schneefelder am Fuße der Dreitorspitz-Gruppe, rechts davon das vier- bis fünfmal weiter entfernte Platt des Schneeferners, mit den Plattspitzen, dem Schneefernerkopf und der riesig erhobenen Zugspitze, an deren breiter Hinter-

grundsmasse die Häupter des Reintaler Kammes fast ungesehen sich verlieren. Im Osten die Arnspitzen und – über diese hinweg – das endlose Zackenmeer der Karwendel-Gruppe; im Süden Ausblick auf die Gebirge jenseits des Inn, auf die Gletscher-Gruppen von Hinter-Tux und Stubai, die Ötztaler Ferner, im Südwesten die Hohe Munde und ihre Nachfolger in der Mieminger Kette; unterbrochen wird dies Aussichtsbild durch den nahestehenden, wiewohl merkbar niedrigeren Öfelekopf.
Die bedenkenerregenden Einzelheiten seiner Gestaltung hatten sich – leider – nicht als Schein, sondern als höchst unerwünschte Wahrheit herausgestellt. An der Steilstufe namentlich unterhalb des Gipfelhornes vermochte das Fernglas auch nicht die Spur einer Rauhigkeit, eines Absatzes zu entdecken. Es kam aufs Experiment an – und zwar auf ein gewagtes Experiment.
Punkt 12 Uhr verließ ich die Wettersteinwand. Durch die Erfahrungen des Anstieges belehrt, schlug ich eine passendere Wegelinie als die vormittägige nach dem Berglen-Plattach zurück ein und hatte bis dorthin auch keine Schwierigkeiten zu bestehen. Da ich den Hügelboden geradlinig nach dem Fuße des Öfelekopfes hinüber kreuzen sollte, so hielt ich mich an den Grasgehängen der Wettersteinwand möglichst lange über den Reißen des Berglentals und betrat – einige plattige Runsen quer durch- und abwärtskletternd – seine Sohle erst in unmittelbarer Nähe der Wände des Mustersteins.
Um ½2 Uhr langte ich auf dem Talboden an, eine Viertelstunde darauf stand ich an dessen südlichem Saume in unmittelbarer Fühlung mit den Strebepfeilern des Öfelekopfes. Auf den Hügeln des Plattachs war ich noch mit zwei Schafhirten zusammengetroffen, welche ich ebenfalls über den Gipfel befragte. Sie antworteten ziemlich unbestimmt, hinauf komme man schon, aber es sei »schiech«. Ich hatte nicht viel Besseres erwartet, verließ mich überhaupt auf weiter nichts mehr als meine guten Eisen.
Zum ersten Anstiege hatte ich einen der östlichsten, vom Massive des Öfelekopfes ins Kar sich herabstreckenden Strebepfeiler zu wählen. Die Entfernung, welche alsdann bis zum Gipfel zu ersteigen übrig blieb, war allerdings in diesem Falle weit beträchtlicher, als wenn ich mitten in der Plattacher Wand angestiegen wäre, dort aber zeigten die Mauersockel sich allzu schroff und unangreifbar. Ich war bereits wieder an die ersten Spuren des Berglental-Steiges angelangt, als ich die erlesene Stelle erreichte, rechts ablenkte, eine Trümmerhalde und einen alten, in eine Kluft sich ausspitzenden Schneefleck kreuzte und wenige Minuten

darauf mit dem Felsen in Kontakt trat. Vereinzelte Grasschöpfe haften an seinem steilen Aufbaue, sie erleichtern das Emporklimmen, das gleichwohl bald ziemlich enge und luftig sich gestaltet. Alles Gepäck zurückzulassen, war im voraus beschlossene Sache gewesen, da ich jedoch eben mit den Hirten zusammengetroffen war und ihre Blicke mich jedenfalls verfolgten, so hielt ich es für vorsichtiger, den Rucksack nicht allzu sichtlich dem Schutze ihrer Ehrlichkeit zu unterstellen; trug ihn daher noch ein Stück weit aufwärts und barg ihn in einer Runse, wo ich zugleich die Eisen anlegte, einen letzten, kräftigen Zug aus der Wasserflasche tat und einigen Schnee in dieselbe nachfüllte, um bei der Rückkehr neue Labung vorzufinden.
Fühlbar erleichtert nahm ich den Anstieg wieder auf; die Rinne, in welcher ich das Gepäck zurückgelassen und welche ich, da sie verhältnismäßig gut gangbaren Boden wies, ihrer ganzen Länge nach verfolgte, leitete mich auf ein Sättelchen hinaus, von welchem der Anstieg sich wieder etwas nach der linken Seite kehrte. Ich nahte dadurch der Ostkante des Öfelekopfes und gewann auch häufig rechter Hand den Einblick in die tiefe, zum Kamine sich verengende Kluft, welche den Strebepfeiler an seiner Westseite begleitet. Bald über spärlich begrünte Plattfelsen, bald im seichten Geschiebe enger Rinnen, bald wieder auf der zackigen Schneide niedriger Felsrippen verfolgte ich eine ziemlich gerade Anstiegsrichtung. Der Gang war steil, schwierig, bot aber durchaus nichts Ungewöhnliches und mein Vertrauen begann zu wachsen. Nach zwanzig Minuten weitete und verflachte sich das Terrain zu einem gewölbten Schuttplatze, wenige Schritte gegen links brachten mich an den Rand der Terrasse; ein Schritt weiter in dieser Richtung wäre unmöglich gewesen – senkrecht stürzen die Wände hinunter auf die tiefen, bewaldeten Bergrücken, welche als Fundament des Öfelekopfes ins Leutaschtal sich hineinbreiten.
Ich wußte, daß ich dort nichts zu suchen hatte. Meine Aufgabe bestand darin, die Ostkante des Berges zu verfolgen; ihren Hindernissen und Unterbrechungen auszuweichen, mußte auf der Nordwestflanke mir gelingen. Ich bog daher schwach rechts ab und begann am plattigen Gehänge weiter zu klettern. Die Vegetation erreicht bald ihr völliges Ende, in verhältnismäßig geringer absoluter Höhe. Der rastlos sich überschiebende Schotter läßt Leben hier nicht mehr gedeihen. Kahler Fels starrt von allen Seiten mir entgegen, bald als jähes Trümmerfeld, bald als durchfurchte Plattenmasse sich gestaltend, bald scharfzackige Mauerrippen, bald bauchige Wandstufen bildend, welche zu weitergreifenden

Umgehungen nötigen. Die Wände, welche mir nun bereits zu Füßen lagen, wurden infolge der beträchtlichen Ausdehnung des steilschrofigen Gehänges niemals sichtbar, selten nur die zerspaltenen Zacken, die Mauerauftürmungen der Gratkante über meinem Haupte.

Ein massiger Felsbau des Grates nötigte mich zuerst zu einer längeren Umgehung nach der Mitte der Bergflanke hinein. Auf ziemlich engen, abschüssigen Plattengesimsen bewegte ich mich 20 bis 30 Schritte weit in die Quere; vorspringende Rippen und Zacken sperrten oft genug den Weg und erforderten tüchtiges Zugreifen mit den Händen.

Während ich vorsichtig meinen Pfad aussuche und verfolge, jenseits der äußersten Mauerecke bereits wieder besser gangbares Terrain wahrnehme, entgleitet – anscheinend ohne alle Ursache – der Hand plötzlich der Bergstock, anfangs fährt er gemächlich hinab über das Geschröf und Geschiebe – aber anhalten will er nicht, so viel ich auch scheltend ihm nachrufe. Einige steile Absätze bringen ihn bald in rascheren Lauf – und da klappert er die Wände hinunter ... weiß der Himmel wohin, wie weit.

Den bekomme ich nicht mehr zu sehen!

Nun stehe ich mitten im Gewände mit leeren Händen; vor mir noch himmelhoch der Öfelekopf und drunten in der Tiefe der Bergstock. »Wie reimt sich das zusammen?« mochte da gefragt werden.

Umkehren mochte ich nicht mehr. Ich besann mich, daß ich ja zuweilen wohl bei ausnahmsweise scharfen Kletterturen den Stock geflissentlich zurückgelassen – warum sollte sein zufälliger Verlust ein Hindernis der Ersteigung sein? Auf den schuttbedeckten Platten freilich war er schwer zu entbehren; doch nicht unentbehrlich.

Vorwärts also; will der *Stock* nicht auf den Öfelekopf, sein *Herr* kommt auch ohne ihn hinauf!

Über formloses Geplätt und Geschiebe ging's geradlinig aufwärts, lange und ermüdend. Ich glaubte, dem Gipfel bereits ziemlich nahe zu sein, als eine scharfe Felsenrippe mir den Weg und Ausblick sperrte; nach einigem Hin- und Hersuchen und dem Befunde, daß es hier wenig zu wählen gebe, arbeitete ich mich in einer schrägen Runse zum Zackenscheitel hinauf, markierte den Punkt mit einer Daube und sah mich weiter um. Von einer Gipfelnähe war noch keine Rede. Weithin dehnte sich das Gefels und seine breiten Massen deuteten noch keineswegs auf einen baldigen Zusammenschluß zum Kulminationspunkte. Aber seine

Gangbarkeitsverhältnisse blieben die gleichen. Geschütt, Plattenbänder, gerundete Wandstufen, ausgewaschene Rinnen in endloser Abwechselung. Die Gratkante, von welcher ich niemals weit mich entfernte, wies mir Reihen der seltsamsten Höcker und Zacken, fremdartig anzusehen, als gehörten sie einer Hunderte von Meilen weit entfernten Gebirgsgruppe an. Ein schmaler Gratsattel, den ich betrat, zeigte mir wieder die wilden Südwände, und alsbald drängte ein steiler Aufschwung der Kante mich neuerdings hinaus ins Gebreite; hier unverändert die grießbedeckten Plattenlagen, die ich bei Mangel des Stockes nur in gebückter Stellung überschreiten durfte, um die Hände zur Nachhilfe rasch bereit zu haben, verlor etwa einmal das Eisen seinen Halt. Sobald es mir gestattet war, lenkte ich wieder zum Grate hinauf. Ich fand ihn mäßig geneigt, auf ziemlich weite Strecke gangbar. Vom Gipfel noch immer keine Spur zu sehen. Ein breiter, schräger Schuttrücken, sogar wieder etwas Graswuchs zeigend, hebt sich vor mir empor und wird in wenig Minuten erstiegen; große Blöcke setzen seinen westwärts gestreckten Scheitel zusammen. Vom letzten Kammhöcker erst eröffnet sich der Ausblick – ein wildgewaltiges, erschreckendes und doch so mächtig anziehendes Bild: Ein kurzer, stufiger Grat senkt zu flachem Geröllsattel sich nieder, von welchem nordwärts ein tiefer Tobel zum Berglen-Plattach hinunterschneidet. Gen Süden lagert in geringer Tiefe unter dem Grat ein kleines Schuttkar sich ein, an Steilwände anrandend, von Steilwänden überragt. Und jenseits der Scharte erhebt sich die Gipfelspitze in ihrer ganzen Größe, der ganzen Schärfe ihres dem Angriffe trotzenden Baues. So mühsam und teilweise schwierig bis hieher der Anstieg gewesen – die weitaus schwerste Arbeit steht noch bevor; das erkannte ich auf den ersten Blick. In drei außerordentlich massigen, horizontal liegenden Schichten türmt der Gipfel sich empor, deren scharf abgerissene Köpfe seinen Körper mit halbrunden, die Ost- und Nordseite umfangenden Mauergürteln umgeben, während seine Gegenseite ohnehin völlig steilwandig abstürzt. Zwischen dem untersten und dem mittleren dieser Mauergürtel zieht eine breite, stark abschüssige Schutterrasse sich hin, welche von Osten her in einen Einbruch der oberen Wandstufe sich hineinspitzt, bis zu deren Höhenrande aber noch einen senkrechten, stufenlosen Zwischenraum von 12 bis 15 Fuß Höhe läßt. Ich hatte bereits von der Wettersteinwand aus ihn beobachtet, in seine Ersteigbarkeit Zweifel gesetzt, und was ich hier – aus unmittelbarer Nähe – wahrnahm, zeigte sich um nichts tröstlicher.

Mit wenigen Schritten war ich unten im Sattel. Es galt den direkten Versuch.
Die obere Ausflachung der nördlichen Felsschlucht kreuzend, begann ich wieder an der Nordseite des Berges in die Quere zu lavieren, um über den ersten Terrassenabsturz einen Aufstieg zu entdecken. Nach 30 bis 40 Schritten gelang dies auch; eine engstufige Treppe – leitersteil und nur dank der vielen Grübchen im Gestein, welche den Händen festen Halt geben, zu erklimmen – führte mich auf die obere Schuttlage. Ein dunkler Streif herabsikkernden Wassers kennzeichnet die Stelle; in den Aushöhlungen des Felsens hatte etwas Flüssigkeit sich angesammelt und wurde von mir gierig ausgeschlürft.
Das schräge Trümmerfeld, welches ich nun betrat, stieß unmittelbar an den Fuß der Gipfelmauern. Ich hielt mich alsbald wieder links, den Einbruch an der Ostseite zu untersuchen. Wie ich mit Grund befürchtet, so fand ich es in der Tat. Im innersten Winkel stehend, sah ich den oberen Terrassenrand kaum zimmerhoch über mir – aber in senkrechter Höhe, nicht zu fassen. Eine Leiter, ein Steigbaum von 5 bis 6 Stufen wäre genügend, hier Rat zu schaffen. Aber ich, allein wie ich bin und hilflos, muß umkehren . . . Es gibt eben doch Unmögliches!
Sehr herabgestimmt, umkreise ich vor Beginn des Abstieges noch einmal den Felsenturm, dessen höchste Zinne mein Ziel gewesen. Von dreierlei Seiten wollen die Leute da hinaufkommen! Ich möchte sie wohl hier haben, auf diesem engen Schuttfleck, die Sprecher von gestern!
Die Wände, welche vom Gipfel mich trennen, gewinnen in dem Maße, als ich mich von der natürlichen, aber unerzwingbaren Anstiegsstelle entferne, rasch an Höhe. Die Kante der zweiten Terrasse zieht sich aufwärts, – ich selbst steige auf dem Schuttfelde ab. Völlig auf die Nordseite übergetreten, nahe ich mich dem Punkte, an welchem die Suche überhaupt ein Ende hat – bald findet das Eisen keinen Boden mehr.
Da öffnet sich links eine Spalte in der Mauer.
Ihre untere Weitung zeigt ersteigbare Stufen, dann schnürt sie sich finster zusammen. . . . Untersucht muß sie doch werden! . . . Zimmerhoch geht's ziemlich leicht und sicher, dann folgen ein paar steile, enge Absätze. An einer vorgespreizten Klippe gabelt die Kluft, aber die Wahl ist eine schwere. Der senkrechte Fels erlaubt keine Bewegung mehr, greifbare Haltpunkte fehlen. Ich versuche es rechts: – unmöglich! Wie ich mich krümmen und wenden mag, hinauf komme ich nicht . . . Links: – das gleiche

Resultat! – Noch auf der linken Seite, auf einzelnem Tritte fußend, kehre ich mich nochmals rechts ab – (die vereinigte Kluft ist so schmal, daß sie mit einem Schritte völlig beherrscht wird) – fühle an der trennenden Klippe herum und entdecke jenseits ihrer Kante plötzlich einen einzeln vorragenden Steinzacken. Er scheint fest gefügt, ich fasse ihn mit der linken Hand, lege den Körper schräg durch die Kluft, stoße den linken Fuß vom Felsen ab, stemme rechts Knie und Ellenbogen gegen die Wand – und oben bin ich, zwischen den Spitztürmchen und Nadeln, durch welche in einem kurzen Zickzack, einer eingehauenen Gasse gleich, der Spalt zur Höhe hinauf sich fortsetzt! Das obere Schuttband erreicht, rechts ab über hohe Blockstufen, durch eine eingesunkene Trümmergasse hinauf – – der *Öfelekopf* liegt mir zu Füßen! . . . Nein, es ist *nichts* unmöglich!! . . .

Der Gipfel (dessen absolute Höhe die »Geognostische Karte von Tirol« zu 7545 Fuß = 2451 m angibt) bildet einen ebenen, etwa sechs Fuß ins Gevierte haltenden Platz. Die Struktur des ganzen Gipfelhornes aus horizontal übereinander gelagerten Schichten macht sich auch auf dem höchsten Kopfe in überraschender Weise bemerkbar: sein Scheitel ist fast trümmerleer und zeigt die harte Platte der Schichtfläche. West- und südwärts stürzen Steilwände ab, kein Schritt kann über die Kante hinaus getan werden.

Wie es mit der Ersteigung des westlichen – übrigens bedeutend niedrigeren – Kopfes bestellt wäre, darüber will ich ein apodiktisches Urteil nicht fällen; wohl möglich, daß Ersteigungslinien gleich problematischer Art wie auf das östliche Horn, auch auf jenen leiten. Wer aber behauptet, man komme von dem einen auf den andern so ohne weiteres hinüber, der war sicherlich auf keinem von beiden.

Ob vor mir der Öfelekopf bereits betreten worden, bezweifle ich, und welche Aussichten sein künftiger Besuch habe, erscheint mir nicht minder fraglich.

Um ½ 4 Uhr nachmittags, nach fast zweistündigem Anstiege aus dem Berglen-Plattach, hatte ich seinen Scheitel gewonnen. Seine Aussicht bot mir des Neuen nicht viel, nur der Anblick ins Puitental, das östliche und südöstliche Panorama der Leutascher, Seefelder und Inntaler Berge war interessant. Ein Stündchen rastete ich auf der Gipfelplatte. Die Mühe, einen Steinmann zu bauen, überließ ich einem etwaigen Nachfolger. Aber ein Steinchen steckte ich in die Tasche, die große Gesellschaft zu mehren, die von den Gipfelhöhen vom Königs- bis zum Bodensee in meinem Schranke sich zusammengefunden hat. –

Um $^1/_2 5$ Uhr begann ich den Abstieg. Die Kluft, welche ich forciert hatte, machte mir etwas Sorge, doch nicht allzuviel; ein Fragezeichen auf meinem Rückwege zu wissen, war mir nichts Neues mehr. Ich dachte zwar daran, in den Einbruch an der Ostseite des Gipfels hinunterzuspringen, ging auch bis an die Kante vor, fand jedoch die Situation etwas zu problematisch und kehrte in meine Kluft zurück. Ohne Schwierigkeit schob ich durch ihre Windung mich hinunter bis vor die kritische Stelle.
Dort sah es freilich übel genug aus. Nirgends ein Halt noch Tritt, – was ich im Anstiege nicht hatte finden können, war natürlich nicht nachgewachsen, während ich auf dem Gipfel saß. Die Steinmasse, an welche ich mich festgeklammert hatte, erkannte ich wieder; sie lag just vor dem ausgestreckten Fuße. Jenseits der sperrenden Klippe konnte ich nichts mehr sehen. Wie hinauf – so hinab, lautete das Gebot der Notwendigkeit. Ich kehrte das Gesicht gegen die Wand, stemmte mich wieder gegen die rechtsseitige Mauer und rutschte hinab. Die Füße hingen bereits in der Luft, als ich endlich den Steinzacken zu fassen bekam und, diesen Halt einmal in Händen, behutsam mich weiter hinunterließ. Aber ich fand keinen Boden. Den Tritt drüben, von welchem aus ich mich schräg in die Kluft gelegt, konnte ich nicht mehr erreichen, und einen andern ertastete ich nicht. Schließlich hing ich mit ausgestrecktem linken Arme am Zacken, die Füße tappten in der Leere herum. Die Muskelkraft begann nachzulassen, die nächste Viertelsminute mußte mir die Notwendigkeit aufdrängen, freiwillig meinen Halt preiszugeben . . . Der peinliche Entschluß wurde mir erspart: – ein leises Kricken – der Stein reißt aus der Wand – – und dahin geht der Sturz!
Zweimal schlage ich auf Stufen der Kluft auf, noch aufrecht, Gesicht gegen die Mauer, das drittemal werde ich gedreht, der Breite nach auf den Trümmergürtel hinuntergeschmettert, überschlage mich dort ein- oder zweimal, komme aber wieder auf den Rücken zu liegen und – Hände und Füße alsbald spreizend – noch rechtzeitig zum Aufhalt:
Zwei Schritte weiter – und ein neuer Steilwandsturz hätte mich unfehlbar ins Berglen-Plattach hinunterbefördert!
Das Ganze war das Werk von ein paar Sekunden; gefühlt hatte ich von der ganzen Sache wenig und stimme in dieser Hinsicht vollkommen mit Herrn Whympers Bemerkungen überein; ich glaube nicht, daß ein tödlicher Sturz viel mehr Empfindung hervorrufe. Die Besinnung hatte ich keinen Augenblick verloren, wußte genau, wo ich mich befand und woran meine letzte – durch

ein glückliches Geschick auch realisierte – Hoffnung hänge. Die Sturzhöhe schätze ich auf etwa 30 Fuß.
Da saß ich auf dem Schuttfelde und rieb mir die Stirn.
Schon dagewesen, aber lange nicht mehr vorgekommen!
Der Hut hatte merkwürdigerweise festgehalten und zu allem Glück auch die Brille. Ein Eisen aber hatte in der Gewalt des Sturzes den inneren Vorderzacken und das Ringglied verloren und hing locker am Fuße. Um einen Bergstock, der jedenfalls verloren gegangen wäre, hatte ich mich nicht mehr zu sorgen, der hatte sich früher schon empfohlen. Blutstropfen färbten den Felsboden rings um mich herum und befleckten meine Kleider, wo nur eine Fingerspitze ihnen nahe kam. Die Hände, welche während des Sturzes – nach Halt haschend – am Felsen heruntergefahren waren, auf dem Geröll und Geschröf als Bremse hatten dienen müssen, waren in der übelsten Art zerschnitten und aufgeschunden, am rechten Mittelfinger sogar der Nagel ausgeschlitzt.
Das wäre noch das Geringste gewesen. Ich erhob mich und reckte die Gelenke – es schien alles noch ziemlich in Ordnung zu sein. Wenige Minuten später aber verspürte ich bereits eine Spannung im rechten Knie; nicht lange dauerte es, so ging ich krumm und konnte auf diesen einen Fuß nur wenig mehr mich verlassen. Er hatte offenbar die stärksten Prellungen erhalten, an ihm war auch das Eisen zerbrochen.
Und ich brauchte beide Füße und beide Hände noch höchst notwendig; die zweite Terrassenstufe befand sich noch unter mir und das weitere Gehänge der Plattacher Wand war, wenngleich nicht allzu schwierig, doch gerade nicht für einen Lahmen geeignet. Ich hinkte den Terrassenrand entlang und kam wieder an die kleine Runse, die mir den Heraufweg gebahnt hatte. Ebenfalls senkrecht stürzt die Wand dort hinunter, ihre schmalen Haltpunkte zu fassen, gehört die volle frische Muskelkraft, und nun sollte ich – zerschlagen und zitternd wie ich nach dem Sturze war – mit halb lahmem Knie und wunden Händen diese Klettertur bestehen! Ein zweiter Sturz mußte, abgesehen davon, daß ich dieses Mal viel weniger elastisch und weit ungeschickter fallen würde, mit aller Gewißheit zum Verderben führen; denn unterhalb der Wandstufe begannen die Plattenlagen, an welchen ich wohl keinen Halt mehr gewinnen konnte.
Ich machte das gebrochene Eisen notdürftig wieder fest, indem ich den langen Riemen unter der Sohle durchzog, und suchte Entlassung aus der gefährlichen Felsenburg. Dreimal ließ ich auf den

Rand der Terrasse mich nieder und streckte den Fuß hinunter, den ersten Tritt zu fassen – dreimal kehrte ich mich entsetzt wieder ab, stemmte auf die Kante mich zurück – ich *kann* nicht hinunter! ...

Und wieder suchte ich auf der ganzen Schutterrasse umher nach einem besseren Auswege.

Umsonst! Der steile Spalt des Aufstieges ist – wenn nicht der einzig mögliche, doch jedenfalls der relativ beste Weg ins breite Gehänge hinunter; und dieser *eine* Weg ist mir versperrt. Der Öfelekopf hält seinen Bezwinger, der nun sein Opfer geworden, gefangen.

Hochauf ragen rings die Gebirge, goldener Abendschein erleuchtet ihre Gipfel, die Schatten der Dämmerung ziehen bereits in die Täler ein. Aus ihrem weiten Schneezirkus winken ernst die Zinnen der Dreitorspitze herunter – jawohl, jetzt, heute, wird sie, die Gewaltige, von einem Kleineren gerächt! – O jener Tag, der mich auf ihren sagenumwobenen Scheitel führte – Vorurteil brechend und Hindernisse besiegend, ein kühner, unwiderstehlicher Beherrscher der Gebirge! – dieser Tag hatte mir auch zum ersten Male den Öfelekopf gezeigt. War's mir doch immer wie eine Ahnung zurückgeblieben, das Bild dieser verwünschten Zangenschere – wie eine Mahnung durch die ganze Kette meiner Erfolge: »Dort ist das Ende!« ...

Besser ein rascher Sturz, als langsames Verschmachten! ...

Ich trat zum vierten Male vor die Wand, kauerte wieder nieder und taub gegen die Stimme der Angst, die wieder mich zurücktrieb, ließ ich mich hinunter und faßte glücklich den ersten Tritt. Und langsam, behutsam, suchte ich die folgenden. Zum Abstiege über nicht viel mehr als Zimmerhöhe bedurfte ich nahezu eine Viertelstunde. Die Grübchen im Gestein haben während meiner Abwesenheit sich wieder mit Sickerwasser gefüllt; längst schon vom Durste gequält, schlürfe ich mit Heißgier die willkommene Labung, und momentan kümmert mich der letzte Tropfen, der auszusaugen bleibt, mehr, als meine ganze Situation zwischen Himmel und Erde; die Fabel vom »Manne im Syrerland« in praktischer Illustrierung!

Und wohlbehalten komme ich hinunter auf die Plattengürtel und verfolge längs der Gratkante die Linie meines Anstiegs zurück – langsam und lahm. Kein Stock, schmerzender Fuß, defektes Eisen – was ist mehr zu verlangen auf schlüpfrigem Felsgetäfel?

Alle weiteren Rücksichten traten vor der einen, möglichst bald und sicher zu Tal zu gelangen. Ganze Strecken weit bewegte ich mich rutschend über den Boden hin, Hände und Füße gleichzeitig gebrauchend. Endlich zeigte sich wieder etwas Graswuchs, ich nahte dem furchigen Terrain, über welches ich meinen ersten Anstieg genommen, und da lag im Schrofenwinkel noch ungestört der Bergsack, neben ihm die Wasserflasche. Der Schnee in ihr war zerschmolzen – ich leerte sie auf einen einzigen Zug.

Dann ging's völlig hinab. Den Stock, der irgendwo in diesen Klüften stecken mochte, zu suchen, fiel mir natürlich nicht mehr ein; ich hatte Eile, den letzten Rest des Tageslichtes zu nützen, um den steilen Zickzackpfad des Berglentales hinab bis auf den breiten Weg zu verfolgen.

Ein glücklicher Fund – ein Hirtenstock im Gebüsche, den ich unter der Rechtfertigung des Notstandes sofort mit Beschlag belegte, erleichterte mir die Wanderung, welche immerhin mühsam genug vonstatten ging; das geprellte Knie schwoll immer stärker an und mit Sorgen dachte ich an die kommenden Tage.

Bei völliger Dunkelheit bereits erreichte ich die kleine Wiesenebene des Tales, und hielt mich nun an den breiten Holzfahrweg, welchen ich des Morgens entdeckt hatte; er wendet sich nach kurzem Anstiege quer und umkreist den Endabfall des Öfelekopf-Kammes im Viertelsbogen; senkt sich dann schräge ab, kreuzt ein paar wasserführende Gräben und erreicht bei den Häusern *»Am Reidl«* die Straße des Leutaschtals.

Auf diese Weise dem oberen Leutaschtale nahezukommen, war mir nicht unangenehm, denn dort lagen die Ziele meiner weiter beabsichtigten Bergturen. Und da auch – sobald ich wieder guten Weg unter den Füßen hatte – die Schmerzen im Knie sich minderten, so hoffte ich doch wieder, eine Unterbrechung meiner Wanderungen vermeiden zu können. Bei hellem Mondschein verfolgte ich die Talstraße; das felsenkahle Massiv des Öfelekopfes sah gespenstisch drohend aus seiner Höhe mir nach.

Gegen ½10 Uhr, fünf Stunden nach Aufbruch von dem verwünschten Gipfel, erreichte ich die ersten Häuser der *»Gasse«*, eines nahezu eine halbe Stunde langen Ortes im oberen Leutaschtal. Das Wirtshaus befindet sich an seinem obersten Ende. Ich fand dort gute Unterkunft und freundliche Leute, die teilnehmend den Bericht meines Unfalles vernahmen, was – beiläufig gesagt – bei den Einheimischen nicht allzu häufig ist. In der Regel erregt der verunglückte Bergwanderer, soferne er nur noch auf seinen beiden Beinen steht, mit Erzählung übler Abenteuer und deren augenfälligen Spuren an seinem Körper eine Heiterkeit, welche zwischen Stupidität oder Bosheit ihrer Veranlassung eine unbestimmte Wahl läßt.

Ich stellte mit Speis und Trank meinen innern Menschen so gut wie möglich wieder her und begab mich baldigst zur Ruhe, nachdem ich noch einen kalten Umschlag um das verletzte, hochgeschwollene und etwas blau unterlaufene Knie gelegt.

Der folgende Morgen fand mich ziemlich schwach, matt und steif, doch nicht absolut marschunfähig; und da ich meinen Zustand durch langsame Wiedereinübung der Gelenke am besten zu heben dachte, ein Krankenlager in Ober-Leutasch auch nicht zu den beneidenswertesten Süßigkeiten des Lebens gehören möchte, so brach ich in den Vormittagsstunden wieder auf. Ein Bergstock war unter den gegebenen Verhältnissen unbedingteste Notwendigkeit; da in der *»Gasse«* ein solcher nicht aufzutreiben war, so begnügte ich mich mit einem Rechenstiele.

Mit diesem stieg ich ins wiesenreiche Puitental hinauf und auf den *Gehrenspitz*, ein leichter und aussichtsreicher Spaziergang, so recht geeignet für einen Halb-Invaliden, wie mich. Alle halben Stunden eine Viertelstunde Rast; aber hinauf kam ich schließlich doch.

Ich stieg gegen Westen ab, zur *Wang-Alpe*, und durch das Scharnitztal zu den *Oberen Häusern* hinunter, welche an der Ausmündung des Gaistales ins Leutaschtal gelegen sind.

Mein Zustand hatte gegen Abend sich erheblich gebessert, und ich sah mich an dem neuen Orte sogleich nach einem Bergstocke um. Hier erhielt ich denn auch einen solchen von gewünschter Stärke und Länge. Er steht noch in meinem Zimmer und hat mittlerweile auch einiges gesehen und gelernt. Wer weiß, wann *seine* Stunde schlägt! –

Tags darauf ging's auf die *Hohe Munde,* und über ihren zackigen Scheitelgrat hinweg auf den Niedermundesattel und zur Tillfuß-Alpe im Gaistal.

Andern Vormittags machte ich am *Hinterreintaler Schrofen* bereits wieder meine Sprünge.

Am 2. September kehrte ich nach *Mittenwald* zurück. Für einige Tage wechselt die Szene meiner Bergwanderungen. Ein Freundes-Telegramm aus Bellinzona berief mich zu einer längst verabredeten Tur ins Allgäu, als Führer auf den *Hochvogel.*

JOSEPH CONRAD

Spinnweben und Marienfäden

Vom Großtopp eines Schiffes durchschnittlicher Größe aus gesehen, beschreibt der Horizont einen Kreis von vielen Meilen, in dem jedes andere Schiff bis zu seiner Wasserlinie sichtbar ist; und es waren dieselben Augen, die diesen Schriftzeichen folgen, die früher einmal bei den Azoren über einhundert mehr oder weniger große Segelschiffe zählten; innerhalb dieses Kreises wie von einem Zauber gebannt in völliger Windstille treibend. Kaum zwei von ihnen lagen auf gleichem Kurs; es war, als ob ein jedes die Absicht hätte, in einer anderen Kompaßrichtung aus diesem Bannkreis auszubrechen. Doch die Bannkraft einer Windstille ist von magischer Gewalt. Auch der folgende Tag sah die Schiffe immer noch in Sichtweite voneinander verstreut auf verschiedenen Kursen daliegen. Aber als schließlich Brise aufkam und die dunkle Kräuselung des Wassers wie ein blauer Schimmer über die fahle See hinlief, steuerten sie allesamt denselben Kurs. Sie kamen aus den entferntesten Gegenden der Welt und befanden sich jetzt auf der Heimreise. Ein Fruchtschoner aus Falmouth, es war das kleinste Schiff von allen, führte den Schwarm an. Man konnte sich vorstellen, daß es ein sehr schönes, wenn auch nicht imponierend großes Schiff war, über dessen Kielwasser ein Duft von Zitronen und Orangen schwebte.

Am nächsten Tag konnten wir von unseren Toppen aus nur noch sehr wenige Schiffe sehen; mit einigen weiter entfernten, deren Rumpf schon jenseits des magischen Ringes unter dem Horizont lag, waren es zusammen höchstens sieben. Der Zauber einer frischen Brise hat die Macht, eine ganze Gesellschaft weißbeschwingter Schiffe, die mit einem Stirnband aus quirlendem Schaum unterm Bug in gleicher Richtung dahinstürmen, mit sanfter Gewalt auseinanderzutreiben. Die Windstille führt die Schiffe auf geheimnisvolle Weise zusammen; der Wind ist der große Trennende.

Je größer das Schiff, um so weiter ist es sichtbar. Zuerst künden seine vom Wind geschwellten weißen Segel von seinen Maßen. Die hohen Masten halten das weiße Segeltuch empor, das, weit ausgespannt, die unsichtbare Kraft der Lüfte wie eine Schlinge einfängt. Stück für Stück taucht es über dem Wasser auf, Segel um Segel, Rah um Rah, immer größer werdend, bis unter dem turmhohen Aufbau dieses Triebwerks der Schiffsrumpf wie ein nichtssagender, winziger Fleck zum Vorschein kommt.

Die hochaufragenden Masten sind die Stützen der ausgewogenen Flächen, die regungslos und stumm aus der Luft die Antriebskraft für das Schiff schöpfen, als sei es eine Gabe des Himmels, die kühnen Männern gewährt wird. Und es sind die selben Masten und Rahen, die ihrer weißen Pracht entblößt und beraubt, sich tief vor dem Zorn des bewölkten Himmels neigen.

Wenn sie so, mager und nackt, in Ergebenheit einer Sturmbö ausgeliefert sind, dann wird sich sogar der Seemann am eindringlichsten ihrer Höhe bewußt. Wer es einmal gesehen hat, wie sich sein Schiff zu weit überlegte, der weiß, wie widernatürlich groß Masten und Rahen sind. Es erscheint einem ausgeschlossen, daß diese vergoldeten Flaggenknöpfe, die man sonst nur mit zurückgelehntem Kopf sehen konnte, dann, wenn sie in die Ebene unseres Gesichtsfeldes geraten, nicht mit Gewalt auf die Kante des Horizonts schlagen. Solch ein Erlebnis vermittelt einen besseren Eindruck von der Höhe der Takelage, als es durch noch so vieles Aufentern möglich wäre. Dabei waren zu meiner Zeit die Royalrahen eines durchschnittlichen Handelsschiffes ein gehöriges Ende über dem Deck.

Zweifellos gibt es auch auf den eisernen Leitern im Maschinenraum eines Schiffes allerhand zu klettern, dennoch erinnere ich mich gewisser Augenblicke, in denen mir das Triebwerk eines Segelschiffes trotz meiner körperlichen Behendigkeit bis zu den Sternen hinauf zu reichen schien.

Denn ein Triebwerk ist es in der Tat, ein Triebwerk, das seine Arbeit in vollkommener Stille mit regungsloser Anmut verrichtet und in dem eine launenhafte, nicht immer zu zügelnde Kraft verborgen ist, die nichts von den stofflichen Vorräten der Erde verbraucht. Es besitzt zwar nicht die unfehlbare Präzision des Stahls, der, vom weißen Dampf getrieben, vom roten Feuer lebt und mit schwarzer Kohle genährt wird. Jenes Triebwerk gewinnt seine Kraft aus dem eigentlichen Innern der Welt, von seinem mächtigsten Verbündeten, der nur durch schwächste Bande unter Gehorsam gehalten wird, wie ein stürmischer Geist, der in einer Schlinge, feiner als gesponnene Seide, gefangen ist. Was sonst wäre dieses Aufgebot der stärksten Trossen, der höchsten Masten und des kräftigsten Segeltuches gegen den mächtigen Atem des

Unendlichen anderes als Distelstiele, Spinnweben und Sommerfäden?
Ja, es ist tatsächlich weniger als nichts, und so sah ich einmal, als sich die große Weltseele mit einem tiefen Seufzer umdrehte, wie eine nagelneue Fock aus extrastarkem Tuch dahinschwand, als wär es hauchdünner Stoff, leichter noch als Sommerfäden. Hierauf war es an den hohen Masten, in diesem großartigen Aufruhr standzuhalten. Das Triebwerk muß seine Arbeit verrichten, selbst wenn die Weltseele toll geworden ist.
Mit vibrierenden Spanten verfolgt das moderne Dampfschiff in der ruhigen, düsteren See seinen Kurs; ein metallischer Ton klingt hin und wieder aus der Tiefe seines Inneren auf, als hätte es ein eisernes Herz in seinem eisernen Leibe; der dumpf dröhnende Rhythmus seiner Fahrt und der gleichmäßige Schlag seiner Schraube sind weithin in der Nacht mit ehernem, unverdrossen pochendem Schall wie der Lauf einer unentrinnbaren Zukunft vernehmbar. Das stumme Triebwerk eines Segelschiffs hingegen fängt im Sturm nicht nur die Kraft, sondern auch die wilde, triumphierende Stimme der Weltseele ein. Gleich, ob sich seine hohen Masten beim Dahinstürmen hin- und herschwangen oder ob sie hart überliegend dem Sturm Trotz boten – immer war dabei dieser wilde Gesang, inbrünstig wie Kirchenmusik, denn zum schrillen Pfeifen des Windes spielte die See den Baß, der hin und wieder vom Krachen einer Sturzsee bekräftigt wurde. Die schicksalhaften Auswirkungen dieses unsichtbaren Orchesters gingen einem mitunter so auf die Nerven, daß man sich wünschte, taub zu sein.
Diese Erinnerung an einen persönlichen Wunsch, den ich auf verschiedenen Ozeanen verspürte, wo die Weltseele Raum genug hat, sich mit einem mächtigen Aufseufzen umzudrehen, veranlaßt mich zu der Bemerkung, ein Seemann brauche schon gute Ohren, um auf alles aufzupassen, was in der Takelage vor sich geht. Der Seemann lebte früher so vertraut mit seinem Schiff, daß seine Sinne gleichsam auch die seines Schiffes waren, daß er an der Beanspruchung, der sein Körper ausgesetzt war, die Belastung der Masten zu beurteilen vermochte.
Ich fuhr schon eine ganze Zeit zur See, ehe ich gewahr wurde, daß das Gehör eine besondere Rolle bei der Beurteilung der Windstärke spielt. Es geschah eines Nachts. Das Schiff war einer der eisernen Wollklipper, die im siebten Jahrzehnt des letzten Jahrhunderts in Schwärmen von der Clyde hinaus in die Welt gingen. Eine großartige Periode des Schiffbaus war das, und ich kann wohl

sagen, auch eine Zeit der übertakelten Schiffe. Es waren wirklich unglaublich große Masten, die man damals auf die schmalen Schiffsrümpfe setzte, und das Schiff, an das ich jetzt denke, dessen bunt verglastes Oberlicht den Wahlspruch trug: »Glasgow blühe«, war bestimmt eines der am schwersten übertakelten Exemplare. Es war für hartes Segeln gebaut, und man hatte fraglos alles aus ihm herausgeholt, was es vertragen konnte. Unser Kapitän war ein Mann, der für seine raschen Reisen bekannt war, die er mit der alten ›Tweed‹ gemacht hatte, einem Schiff, das wegen seiner Schnelligkeit in der ganzen Welt berühmt war. Die ›Tweed‹ war ein Holzschiff gewesen, und er brachte nun die Tradition der schnellen Reisen mit auf den Eisenklipper.

Ich war der jüngste Offizier an Bord und ging als Dritter Steuermann zusammen mit dem Ersten Offizier Wache. Während einer der Nachtwachen, wir segelten mit hartem auffrischendem Wind, hörte ich, wie zwei Leute in einer geschützten Ecke an Oberdeck folgende aufschlußreiche Worte wechselten. Sagte der eine:

»Glaub', es ist Zeit, paar von den leichten Segeln wegzunehmen.« Mürrisch gab der andere, ein älterer Mann, von sich: »Keine Angst, nicht so lange der Erste an Deck ist. Der ist so taub, daß er gar nicht merkt, wie es weht.«

Und tatsächlich, der arme P. hörte sehr schlecht, obwohl er noch ganz jung und ein tüchtiger Seemann war. Gleichzeitig hatte er den Ruf, geradezu ein Draufgänger zu sein, wenn es um das Stehenlassen von Segeln ging. Er verstand es, sehr geschickt seine Schwerhörigkeit zu verheimlichen, und wenn er auch ein Mann ohne Furcht war, so glaube ich doch nicht, daß er je die Absicht hatte, unnötige Risiken einzugehen. Niemals werde ich sein treuherziges Erstaunen vergessen, als er einmal wegen einer Sache zur Rede gestellt wurde, die sehr waghalsig ausgesehen hatte. Natürlich konnte das mit durchschlagender Wirkung nur unser Kapitän tun, der selbst ein Mann waghalsiger Tradition war. Für mich, der ich wußte, unter wem ich fuhr, waren das eindrucksvolle Szenen. Kapitän S. war wegen seiner außerordentlichen seemännischen Befähigung sehr berühmt – eine Berühmtheit, die meine ganze jugendliche Bewunderung erregte. Das Andenken an ihn habe ich mir bis zum heutigen Tage bewahrt, weil er es tatsächlich war, der im gewissen Sinne meine Ausbildung erst vervollständigte. Das war oft eine sehr stürmische Methode, aber reden wir nicht mehr davon. Ich bin sicher, er meinte es gut, und ich bin davon überzeugt, daß ich ihm niemals, nicht einmal zur damaligen

Zeit, seine schneidende Kritik übelgenommen habe. Und ihn, gerade ihn, Lärm schlagen zu hören, weil man zuviel Segel stehen ließ, dies schien ein so unglaubliches Erlebnis, wie es sonst nur in Träumen vorkommt. Gewöhnlich ging das so vor sich: Am nächtlichen Himmel fegen über uns die Wolken hinweg, der Wind heult, die Royals sind gesetzt, und das Schiff stürmt in der Dunkelheit dahin, eine ungeheure weiße Schaumfläche in gleicher Höhe mit der Leereling. Steuermann P., der die Wache hat, steht seelenruhig in Luv, die Arme im Kreuzwant eingehakt, ich selbst, der Dritte Steuermann, habe mich auch irgendwo in Luv der schrägliegenden Poop festgeklammert, aufs äußerste gespannt, um beim ersten Anzeichen irgendeines Befehls sofort loszujagen; im übrigen bin ich innerlich jedoch ganz ruhig und ergeben. Plötzlich erscheint im Niedergang eine große, dunkle Gestalt, sie ist barhäuptig und hat einen rechtwinklig geschnittenen, weißen Bart, der in der Dunkelheit sehr gut zu erkennen ist – Kapitän S. –, der unten in seiner Kammer durch das furchtbare Stampfen und schwere Schlingern des Schiffes beim Lesen gestört worden ist. Er hält den Körper stark gegen das schrägliegende Deck geneigt, geht gewöhnlich ein oder zweimal stumm auf und ab, bleibt eine Zeitlang beim Kompaß stehen, geht noch ein paarmal hin und her, und dann bricht es aus ihm heraus: »Was haben Sie denn mit dem Schiff vor?«

Und der Erste, der nicht verstanden hat, was in den Wind gerufen wurde, antwortet fragend: »Ja, Herr Kapitän?«

Hierauf beginnt in dem zunehmenden Sturm ein kleiner privater Schiffssturm, in dem einige in leidenschaftlichem Ton fallende rauhe Worte zu hören sind, sowie Rechtfertigungsversuche, die in jeder nur denkbaren Klangfarbe beleidigter Unschuld vorgebracht werden.

»Du lieber Himmel, Herr P.! Ich habe früher auch Segel stehen lassen, aber –«

Und der Rest geht für mich in einer Sturmbö verloren. Dann läßt sich während eines vorübergehenden Abflauens des Windes die protestierende Unschuld wieder hören:

»Das Schiff kann es anscheinend recht gut vertragen.« Darauf ein erneuter Ausbruch der wütenden Stimme:

»Jeder Idiot kann Segel stehen lassen –«

Und so weiter, und so weiter, während das Schiff mit noch größerer Schlagseite, noch lauterem Getöse und noch bedrohlicherem Zischen der weißen, beinah blendenden Schaumfläche in Lee weiterstürmt. Denn das Beste an der ganzen Sache war, daß

Kapitän S. seiner ganzen Veranlagung nach anscheinend gar nicht imstande war, seinen Offizieren den eindeutigen Befehl zum Segelbergen zu geben, so daß dieses seltsame Hin und Her so lange weiterging, bis es schließlich beiden in einer besonders alarmierenden Bö klar wurde, daß es nun an der Zeit sei, etwas zu unternehmen. Es gibt nichts, was einen tauben Mann und einen zornigen eher zur Vernunft bringt als der furchterregende Neigungswinkel ihrer mit Segeltuch überladenen Masten.

So wurden sogar auf diesem Schiff meist noch zur rechten Zeit Segel weggenommen, und solange ich dort war, sind seine hohen Masten nicht einmal über Bord gegangen. Indes kamen Kapitän S. und Steuermann P. während der ganzen Zeit, die ich mit ihnen fuhr, nicht gerade gut miteinander aus. Wenn P. »wie der wahre Teufel« drauflossegelte, weil er zu schwerhörig war, um zu merken, wie sehr es wehte, ärgerte sich Kapitän S. (der, wie ich schon sagte, seiner ganzen Veranlagung nach außerstande schien, einem seiner Offiziere den Befehl zum Segelbergen zu geben) über die Zwangslage, in der er immer wieder durch das tollkühne Treiben seines Ersten geriet. Zu Kapitän S.'s überlieferten Grundsätzen paßte es eher, seinen Offizieren Vorwürfe zu machen, wenn sie nicht genug Segel stehen ließen oder, um mit seinen Worten zu sprechen: »wenn sie nicht jede, auch noch so kleine Chance eines günstigen Windes« ausnutzten! Aber es gab auch noch einen psychologischen Grund, warum es so außerordentlich schwierig war, mit ihm an Bord dieses eisernen Klippers gut auszukommen. Sein letztes Schiff war die wunderbare ›Tweed‹ gewesen, die, wie ich hörte, sehr schwerfällig aussah, aber unglaublich schnell war. Um die Mitte der sechziger Jahre hatte sie den Postdampfer von Hongkong nach Singapur um anderthalb Tage geschlagen. Vielleicht war es eine besonders glückliche Verteilung ihrer Masten – wer weiß? Immer wieder kamen Offiziere der Kriegsmarine an Bord, um sich die genauen Maße ihres Segelrisses zu holen. Vielleicht hat so etwas wie Genialität oder viel Glück bei der Gestaltung der Bug- und Hecklinien seine Hand im Spiel gehabt. Niemand kann es sagen. Sie war irgendwo in Indien gebaut worden, und zwar bis auf das Deck ganz aus Teakholz. Das Schiff hatte einen starken Sprung, ein hohes Vorschiff und ein plumpes Heck. Leute, die es gesehen hatten, beschrieben es mir als ein Schiff, »an dem nicht viel zu sehen ist«. Aber in der großen indischen Hungersnot der siebziger Jahre

machte es, obwohl damals schon sehr alt, einige erstaunlich schnelle Reisen im Golf von Bengalen mit Reisladungen von Rangun nach Madras.
Die ›Tweed‹ hat das Geheimnis ihrer Schnelligkeit für sich behalten, und wie unansehnlich das Schiff auch war, so hat sein Bild doch seinen ruhmreichen Platz im Spiegel der alten See.
Wie dem auch sei, der springende Punkt war, daß Kapitän S., dessen stehende Redensart war, »seit ich nicht mehr an Bord bin, hat sie keine anständige Reise mehr gemacht«, jedenfalls zu glauben schien, das ganze Geheimnis ihrer Schnelligkeit liege in ihrem berühmten Kommandanten. Zweifellos liegt das Geheimnis so manchen vortrefflichen Schiffes wirklich nur in dem Mann, der es führt; aber für Kapitän S. war es ein hoffnungsloses Unterfangen, mit seinem neuen eisernen Klipper ähnliche Bravourstücke zu vollbringen, wie mit der alten ›Tweed‹, deren Name im Munde aller englischsprechenden Seeleute war. Es lag etwas Rührendes in diesem Unterfangen, das dem Bemühen eines Künstlers glich, der noch im hohen Alter die Meisterleistungen seiner Jugend zu erreichen versucht, denn Meisterleistungen waren es tatsächlich, diese berühmten Reisen der ›Tweed‹ unter Kapitän S. Es war in der Tat rührend, was er jetzt noch versuchte, aber auch nicht ganz ungefährlich. Auf jeden Fall bin ich froh, durch Kapitän S.'s Sucht nach alten Triumphen und durch P.'s Schwerhörigkeit allerlei denkwürdige Erfahrungen im Segelpressen gemacht zu haben. Und ich habe dann selbst oft genug alle Segel an den hohen Masten dieses Meisterwerks der Schiffbauer vom Clyde so lange stehen lassen, wie ich es weder vorher noch nachher jemals auf einem anderen Schiff getan habe.
Weil der Zweite Offizier während der Reise erkrankte, wurde ich zum Wachoffizier befördert und durfte meine Wache alleine gehen. So wurde die ungeheure Hebelkraft der hohen Masten dieses Schiffes zu einer sehr persönlichen Angelegenheit für mich. Für einen jungen Mann war es wohl so etwas wie ein Kompliment, daß ihm offenbar ohne jegliche Beaufsichtigung von einem Kommandanten wie Kapitän S. dieses Vertrauen geschenkt wurde; obgleich, soweit ich mich erinnern kann, weder der Ton noch die Art und ebensowenig die Tendenz seiner Äußerungen mir gegenüber auch nur im mindesten auf eine günstige Meinung von meinen Fähigkeiten schließen ließen. Und ich muß sagen, er war schon ein recht unbequemer Kapitän, wenn man sich nachts seine Befehle von ihm holen mußte. Wenn ich die Wache von acht bis Mitternacht hatte, verließ er gewöhnlich gegen neun Uhr das

Deck mit den Worten: »Nehmen Sie keine Segel weg«, und ehe er ganz im Niedergang verschwand, pflegte er dann noch kurz hinzuzufügen: »Aber lassen Sie nichts wegfliegen.« Zu meiner Freude kann ich sagen, daß mir das nie passiert ist; aber eines Nachts wurde ich ziemlich unvorbereitet vom plötzlichen Umspringen des Windes überrascht.

Dabei gab es natürlich viel Lärm an Deck. Das Umherrennen und Aussingen der Leute, das Schlagen der Segel hätten genügt, einen Toten aufzuwecken. Doch der Alte kam nicht an Deck. Als ich aber eine Stunde später vom Ersten abgelöst wurde, ließ er mich rufen. Ich ging zu ihm in den Salon, wo er in eine Decke gehüllt mit einem Kissen unterm Kopf auf dem Sofa lag.

»Was war denn eben mit Ihnen da oben los?« fragte er.

»Der Wind sprang um und kam plötzlich von Lee achtern ein«, sagte ich.

»Konnten Sie das nicht rechtzeitig merken?«

»Doch, Herr Kapitän, ich dachte nur, es würde noch etwas dauern.«

»Warum haben Sie dann nicht sofort die Untersegel aufgeien lassen?« fragte er mich hierauf in einem Ton, der einem das Blut in den Adern erstarren lassen konnte.

Aber ich sah meine Chance, und ich ließ sie mir nicht entgehen. »Jawohl«, sagte ich wie zu meiner Rechtfertigung, »wir liefen gut elf Knoten, und ich dachte, eine halbe Stunde etwa könnte ich noch alles stehen lassen.«

Einen Augenblick lag er wie erstarrt auf seinem weißen Kissen, dann warf er mir einen finsteren Blick zu:

»So, so, noch eine halbe Stunde. Auf diese Weise werden Schiffe entmastet.« Das war die ganze Standpauke, die er mir hielt. Ich wartete noch eine Weile, dann ging ich hinaus und machte die Salontür ganz vorsichtig hinter mir zu.

Nun, ich habe die See geliebt, ich habe lange mit ihr gelebt, und schließlich habe ich sie verlassen, ohne jemals erlebt zu haben, wie dieses hochaufragende Gefüge eines Segelschiffes, das aus Reisern, Spinnweben und Sommerfäden besteht, über Bord ging. Reine Glücksache, ohne Zweifel. Doch was den armen P. betrifft, so bin ich sicher, daß er nicht unbeschadet davongekommen wäre, wenn ihn der Gott der Stürme nicht so früh von dieser Welt abberufen hätte, von dieser Welt, die zu Dreivierteln aus Meeren besteht und daher eine so passende Stätte für Seeleute ist. Ich traf einige Jahre später in einem indischen Hafen einen Mann, der auf Schiffen derselben Reederei gefahren hatte. In unserm Gespräch

kamen wir auch auf verschiedene Namen zu sprechen, Namen von Kollegen im gleichen Dienstverhältnis, und so erkundigte ich mich natürlich auch nach P. Hatte er schon ein Schiff als Kapitän? Die Antwort des andern klang sehr unbekümmert: »Nein, aber er ist gut versorgt. Eine schwere See holte ihn auf der Reise zwischen Neuseeland und der Hoorn von der Poop.«
So verschwand P. aus der Mitte der hohen Schiffsmasten, die er bei so manchem stürmischen Wetter bis zum äußersten überlastet hatte. Mir hatte er gezeigt, was Knüppeln heißt, aber er war nicht der Mann, von dem man Besonnenheit lernen konnte. Er war nicht schuld an seiner Schwerhörigkeit. Nun blieb uns die Erinnerung an sein heiteres Gemüt, an seine Bewunderung für die Witze im ›Punch‹, an seine kleinen Eigenarten wie die merkwürdige Leidenschaft, sich Spiegel auszuleihen. Jede Kammer hatte ihren eigenen Spiegel, der am Schott festgeschraubt war. Was er mit mehr als einem wollte, haben wir nie herausbekommen. Er tat immer sehr geheimnisvoll dabei. Warum? Ein Rätsel. Wir stellten die verschiedensten Vermutungen an. Nun wird es niemand mehr erfahren. Auf jeden Fall war es eine harmlose Absonderlichkeit, und der Gott der Stürme, der ihn so jäh zwischen Neuseeland und der Hoorn von Bord holte, möge seine Seele in ein Paradies wahrer Seeleute eingehen lassen, wo kein noch so hartes Knüppeln jemals ein Schiff entmasten kann!

Übertragung von Ernst Wagner

ERNEST HEMINGWAY

Großer doppelherziger Strom

I

Der Zug fuhr weiter, das Geleise entlang, außer Sicht, um einen von den Hügeln mit verkohltem Baumbestand. Nick setzte sich auf den Packen Zeltbahn und Bettzeug, den der Packmeister aus der Tür des Gepäckwagens herausgeworfen hatte. Es war keine Stadt da, nichts als die Schienen und das versengte Land. Die dreizehn Kneipen, die früher die einzige Straße Seneys einsäumten, hatten keine Spur hinterlassen. Die Grundmauern des Mansion House Hotels ragten aus dem Boden hervor. Der Stein war vom Feuer geborsten und gespalten. Das war alles, was von der Stadt Seney übrig war. Selbst die Oberfläche des Bodens war weggebrannt.

Nick blickte den abgesengten Teil des Berghanges hinauf, wo er erwartet hatte, die verstreut liegenden Häuser der Stadt zu finden, und ging dann die Bahngeleise entlang zu der Brücke, die über den Fluß führte. Der Fluß war da. Er wirbelte gegen die Holzpfeiler der Brücke. Nick sah hinunter in das klare, durch den kieselsteinernen Grund braunfarbige Wasser und beobachtete die Forellen, die sich mit fächelnden Flossen in der Strömung hielten. Während er sie beobachtete, änderten sie durch schnelle Wendungen ihre Stellung, nur um sich in dem reißenden Wasser an ihrem Platz zu halten. Nick beobachtete sie lange Zeit.

Er beobachtete, wie sie sich mit den Mäulern gegen die Strömung hielten, viele Forellen im tiefen, schnellströmenden Wasser leicht verzerrt, als er sie tief unten durch die gläserne konvexe Oberfläche beobachtete, die Oberfläche, die glatt gegen den Widerstand der eingerammten Holzpfeiler der Brücke drängte und anschwoll. Auf dem Grund der Tiefe waren die großen Forellen. Nick sah sie zuerst nicht; dann erblickte er sie auf dem Grund der Vertiefung, große Forellen, die sich auf dem kiesigen Grund in einem wechselnden Schleier von Kies und Sand, der durch die Strömung emporgewirbelt wurde, zu halten suchten.

Nick sah von der Brücke hinunter in die Tiefe. Es war ein heißer Tag. Ein Eisvogel flog stromaufwärts. Es war lange her, seit Nick in einen Strom geblickt und Forellen gesehen hatte. Sie waren ganz, wie sie sein sollten. Als der Schatten des Eisvogels sich den

Strom hinaufbewegte, schoß eine große Forelle in einem weiten Winkel stromaufwärts; nur ihr Schatten gab den Winkel an; dann verlor sie ihren Schatten, als sie durch die Oberfläche des Wassers brach, funkelte in der Sonne und dann, als sie wieder in den Strom unter die Oberfläche tauchte, schien ihr Schatten mit der Strömung den Fluß hinunterzuschwimmen, widerstandslos dem Platz unter der Brücke zu, wo sich sich steifte und gegen die Strömung stellte.

Nicks Herz zog sich zusammen, als die Forelle sich bewegte. Er empfand all die alten Gefühle.

Er wandte sich um und sah den Strom hinunter. Er dehnte sich in die Ferne kieselsteingründig mit Sandbänken, großen Felsblökken und einer Vertiefung dort, wo er um den Fuß einer Klippe wegbog.

Nick ging zurück, die Schleifen hinauf dorthin, wo seine Sachen in den Schlacken neben den Bahngeleisen lagen. Er war glücklich. Er richtete die Traggurte an seinem Packen, zog die Riemen fest, schwang den Packen auf den Rücken, zwängte die Arme durch die Schulterriemen und verringerte den Druck auf den Schultern, indem er seine Stirn gegen das breite Band des Kopfriemens stemmte. Immer noch war es zu schwer. Es war viel zu schwer. Er hatte sein ledernes Angelfutteral in der Hand und legte sich vornüber, um das Gewicht des Packens hoch auf den Schultern zu halten, und ging den Weg entlang, der den Schienensträngen parallel lief, ließ die verbrannte Stadt hinter sich in der Hitze und bog dann ab um einen Hügel – zu beiden Seiten einen hohen, brandnarbigen Hügel – und in einen Weg ein, der ins offene Land zurückführte. Er ging den Weg entlang, und das Zerren des schweren Packens tat ihm weh. Der Weg stieg beständig. Es war mühsam, bergan zu gehen. Seine Muskeln schmerzten, und der Tag war heiß, aber Nick fühlte sich glücklich. Er fühlte, er hatte alles hinter sich gelassen, das Denken-Müssen, das Schreiben-Müssen und noch manches andere Muß. Alles das lag hinter ihm.

Von dem Augenblick an, als er den Zug verlassen hatte und der Packmeister seinen Packen aus der offenen Wagentür herausgeworfen hatte, war alles anders gewesen. Seney war niedergebrannt; das Land war verbrannt und verändert, aber das machte nichts. Es konnte nicht alles verbrannt sein. Er wußte das. Er stapfte den Weg entlang und stieg schwitzend in der Sonne aufwärts, um die Hügelkette zu überschreiten, die die Eisenbahn von den Kieferebenen trennte.

Der Weg senkte sich dann und wann, führte aber immer bergan. Nick stieg weiter. Schließlich erreichte der Weg, nachdem er der verkohlten Bergseite parallel gelaufen war, die Höhe. Nick lehnte sich gegen einen Baumstumpf und schlupfte aus den Traggurten seines Packens. Vor ihm, so weit er sehen konnte, lag die Kiefernebene. Das verbrannte Land hörte links mit der Hügelkette auf. Vor ihm erhoben sich Inseln von dunklen Kiefern aus der Ebene. Weit entfernt, zur Linken, war die Flußlinie. Nick folgte ihr mit den Augen und sah das Wasser in der Sonne glitzern.

Vor ihm war nichts als die Kiefernebene bis zu den fernen, blauen Hügeln, die die Hochebene des Lake Superior andeuteten. Er konnte sie kaum sehen, verschwommen und weit entfernt im Flimmern über der Ebene. Wenn er sie zu stark fixierte, waren sie weg. Wenn er aber nur hinblinzelte, waren sie da, die weit entfernten Hügel der Hochebene.

Nick setzte sich gegen den verkohlten Baumstumpf und rauchte eine Zigarette. Sein Packen balancierte auf der Spitze des Baumstumpfes mit fertig gerichteten Traggurten und einer von seinem Rücken eingedrückten Vertiefung. Nick saß da, rauchte und sah über das Land hin. Er brauchte die Karte nicht herauszunehmen. Er wußte der Lage des Flusses nach, wo er war.

Während er rauchte – die Beine von sich gestreckt – bemerkte er einen Grashüpfer, der auf dem Boden entlang und dann seinen wollenen Strumpf hinauf kroch. Der Grashüpfer war schwarz. Während des Aufstiegs hatte Nick viele Grashüpfer aus dem Staub aufgejagt. Sie waren alle schwarz. Es waren nicht jene großen Grashüpfer mit gelben und schwarzen oder roten und schwarzen Flügeln, die beim Auffliegen aus ihren schwarzen Flügeldecken emporschwirren. Es waren ganz gewöhnliche Grashüpfer, aber alle von rußschwarzer Farbe. Nick war es schon beim Gehen aufgefallen, ohne daß er wirklich drüber nachgedacht hatte. Als er jetzt den schwarzen Grashüpfer beobachtete, der mit vierlappiger Lippe an der Wolle seiner Socke nagte, wurde ihm klar, daß sie alle schwarz geworden waren, weil sie auf der verkohlten Erde lebten. Ihm war klar, daß der Brand im vergangenen Jahr gewesen sein mußte, aber die Grashüpfer waren alle jetzt schwarz. Wie lange sie wohl so bleiben würden?

Vorsichtig langte er mit der Hand hinab und ergriff den Grashüpfer bei den Flügeln. Er drehte ihn um – alle seine Beine strampelten in der Luft – und besah sich seinen gegliederten Leib. Ja, auch der war schwarz und schillerte da, wo Rücken und Kopf staubig waren.

»Mach weiter, Grashüpfer!« sagte Nick und sprach zum erstenmal. »Flieg irgendwohin.«

Er schnellte den Grashüpfer in die Luft und beobachtete, wie er über den Weg zu einem verkohlten Baumstumpf hinübersegelte.

Nick stand auf. Er lehnte den Rücken gegen das Gewicht seines Packens da, wo er senkrecht auf dem Stumpf auflag, und zwängte die Arme durch die Tragriemen. Er stand mit dem Packen auf dem Rücken auf der Kuppe des Hügels und sah über das Land hinweg dem fernen Strom zu und dann stieg er abseits vom Weg die Böschung hinunter. Der Boden unter seinen Füßen war angenehm zum Gehen. Zweihundert Meter weiter unten hörte der Brandbezirk auf. Dann mußte man durch knöchelhoch wachsende Farne gehen und durch Gruppen von Jackfichten, ein langgewelltes Land mit vielen Anhöhen und Hängen und sandigem Boden, und wieder lebendiges Land.

Nick hielt seine Richtung nach der Sonne. Er wußte, wo er auf den Fluß stoßen wollte, und er ging weiter durch die Kiefernebene, stieg kleine Anhöhen hinauf, sah neue Anhöhen vor sich und manchmal von der Spitze einer solchen Anhöhe eine große, dichte Kieferninsel zur Rechten oder zur Linken. Er brach ein paar Büschel heideartigen Farns ab und steckte sie unter die Tragriemen. Das Scheuern zerrieb es, und er roch es im Gehen.

Er war müde und ihm war sehr heiß, als er durch die holperige, schattenlose Kiefernebene wanderte. Er wußte, daß er jederzeit, wenn er links abbog, auf den Fluß stoßen konnte. Er war höchstens eine Meile entfernt. Aber er hielt weiter nach Norden zu, um so weit aufwärts, wie er in einem Tagesmarsch kommen konnte, auf den Fluß zu stoßen.

Schon geraume Zeit hatte Nick, als er ging, eine der großen Kieferninseln vor sich gehabt, die sich über der welligen Hochebene, die er durchschritt, erhob. Es ging bergab, und als er dann langsam zum Kammgrat heraufkam, bog er ab und steuerte auf die Kiefern zu.

Es gab kein Unterholz in der Insel von Kiefernbäumen. Die Stämme der Bäume ragten schlank in die Luft oder neigten sich gegeneinander. Die Stämme waren gerade und braun, ohne Äste. Die Äste saßen hoch oben. Manche griffen ineinander und warfen einen dichten Schatten auf dem braunen Waldboden. Um das Wäldchen war eine kahle Fläche. Der Boden unter Nicks Füßen war weich und braun. Der Kiefernadelboden griff hier über und breitete sich noch jenseits der Reichweite der hohen Äste aus. Die

Bäume waren in die Höhe gewachsen, und die Äste saßen hoch oben und ließen den kahlen Raum, den sie einst beschattet hatten, in der Sonne. Hart am Rande dieser Ausbreitung des Waldbodens begann das Farnkraut.

Nick ließ seinen Packen heruntergleiten und legte sich in den Schatten. Er lag auf dem Rücken und sah hinauf in die Kiefernbäume. Sein Hals, sein Rücken und sein Kreuz ruhten aus, als er sich streckte. Wohltuend fühlte er die Erde gegen seinen Rücken. Er sah durch die Äste hinauf zum Himmel und schloß dann die Augen. Er öffnete sie und sah von neuem hinauf. Hoch oben in den Ästen ging ein Wind. Er schloß die Augen wieder und schlief ein.

Nick erwachte steif und verkrampft. Die Sonne war beinahe untergegangen. Sein Packen war schwer, und die Riemen schmerzten, als er ihn auf den Rücken hob. Er legte sich mit dem Packen vornüber und nahm das lederne Angelfutteral auf und begann seinen Marsch von den Fichtenbäumen über die Farnkrautlichtung dem Flusse zu. Er wußte, er konnte nicht mehr als eine Meile entfernt sein.

Er kam eine mit Baumstümpfen bedeckte Böschung hinunter auf eine Wiese. Am Rande der Wiese strömte der Fluß. Nick war froh, an den Fluß zu kommen. Er ging durch die Wiese stromaufwärts. Seine Hosen waren vom Tau durchnäßt, als er so ging. Nach dem heißen Tag war früher, schwerer Tau gefallen. Der Strom machte kein Geräusch. Er floß zu schnell und glatt dahin. Bevor Nick zu einem hoch gelegenen Platz hinaufstieg, um sein Lager aufzuschlagen, sah er am Rande der Wiese den Strom hinab die Forellen springen. Sie kamen an die Oberfläche nach den Insekten, die aus dem Sumpf am andern Ufer des Stromes kamen, wenn die Sonne unterging. Die Forellen sprangen aus dem Wasser, um sie zu schnappen. Während Nick durch das schmale Stück Wiese den Strom entlang ging, waren die Forellen hoch aus dem Wasser emporgeschnellt. Als er jetzt den Strom abwärts blickte, hatten sich die Insekten wohl auf der Wasseroberfläche niedergelassen, denn die Forellen fraßen gleichmäßig den ganzen Strom hinunter. Auf der ganzen Wasseroberfläche, so weit, wie er sehen konnte, stiegen die Forellen auf und machten Kreise, so, als wenn es zu regnen anfinge.

Der bewaldete, sandige Boden stieg an und man übersah die Wiese, ein Stück Fluß und den Sumpf. Nick ließ seinen Packen und das Angelfutteral zu Boden gleiten und sah sich nach einem ebenen Stück Erde um. Er war sehr hungrig, und er wollte sein

Lager aufschlagen, bevor er abkochte. Zwischen zwei Jackfichten war der Boden ganz eben. Er nahm die Axt aus dem Packen und hackte zwei hervorstehende Wurzeln weg. Das ebnete ein Stück Erde, groß genug zum Schlafen. Er glättete den sandigen Boden mit der Hand und riß alle Farnbüschel mit den Wurzeln aus. Seine Hände rochen gut nach den Farnen. Er glättete die aufgewühlte Erde. Er wollte nicht, daß nachher irgend etwas Beulen unter den Decken machen würde. Als er den Boden glatt hatte, breitete er seine drei Decken aus. Eine legte er doppelt direkt auf die Erde. Die andern beiden breitete er darüber.

Mit der Axt spaltete er ein helles Fichtenscheit von einem der Stümpfe ab und schnitt daraus Pflöcke für sein Zelt. Er brauchte lange, starke, die in der Erde feststaken. Nachdem er das Zelt ausgepackt und auf der Erde ausgelegt hatte, sah sein Packen, der gegen eine Jackfichte lehnte, viel kleiner aus. Nick band das Seil, das dem Zelt als Dachgestänge diente, an den Stamm eines der Fichtenbäume, zog das Zelt mit dem andern Seilende vom Boden hoch und band es an der zweiten Fichte fest. Das Zelt hing auf dem Seil wie eine Decke auf einer Wäscheleine. Nick steckte einen Pfahl, den er zurechtgeschnitten hatte, unter die hintere Spitze der Zeltbahn und machte ein Zelt daraus, indem er die Seiten auspflöckte. Er pflöckte die Seiten straff aus und schlug die Pflöcke mit der flachen Axt tief in den Boden, bis die Schlingen mit Erde bedeckt waren, und die Zeltbahn wie ein Trommelfell war.

Vor die Öffnung des Zeltes spannte Nick Gaze, um die Moskitos auszusperren. Er kroch unter der Latte des Moskitoschutzes mit einer Reihe von Dingen aus seinem Packen durch, um sie ans Kopfende seines Lagers unter die abgeschrägte Zeltbahn zu legen. Drinnen drang das Licht durch die braune Zeltbahn. Es roch angenehm nach Leinwand. Schon hatte es etwas Geheimnisvolles und Gemütliches. Nick war glücklich, als er ins Zelt hineinkroch. Er war tagsüber nicht unglücklich gewesen. Dies jedoch war anders. Jetzt war alles getan. Das war zu tun gewesen. Jetzt war es getan. Es war eine anstrengende Tour gewesen. Er war sehr müde. Das war geschafft. Er hatte sein Lager aufgeschlagen. Er war unter Dach. Nichts konnte ihm etwas anhaben. Es war der richtige Platz zum Lagern. Und er war da an dem richtigen Platz. Er war in seinem Heim, wo er es gemacht hatte. Jetzt war er hungrig.

Er kam heraus, kroch unter der Fliegengaze durch. Draußen war es ganz dunkel. Im Zelt war es heller.

Nick ging hinüber zu seinem Packen und kramte mit den Fingern einen lagen Nagel aus einer papierenen Nageltüte zu unterst in seinem Packen hervor. Er trieb ihn in den Fichtenstamm, hielt ihn knapp und schlug ihn behutsam mit der flachen Axt ein. Er hing seinen Packen an dem Nagel auf. All seine Vorräte waren in dem Packen. Sie waren jetzt vom Boden weg und geschützt.

Nick hatte Hunger. Er glaubte nicht, daß er je hungriger gewesen war. Er öffnete und leerte eine Büchse Schweinefleisch mit Bohnen und eine Büchse Spaghetti in die Bratpfanne.

»Es ist mein gutes Recht, solche Art Zeugs zu essen, wenn ich bereit bin, es zu tragen«, sagte Nick. Seine Stimme klang fremd in dem dunkelnden Wald. Er redete nicht wieder.

Er machte ein Feuer mit ein paar Scheiten Fichtenholz, die er mit der Axt von einem Baumstumpf abschlug. Über das Feuer stellte er einen Drahtrost und drückte die vier Füße mit seinem Stiefel fest in den Boden. Nick setzte die Bratpfanne auf den Rost über die Flammen. Er war jetzt noch hungriger. Die Bohnen und Spaghetti wurden warm. Nick rührte sie um und mischte sie durcheinander. Sie fingen an, zu schmurgeln und machten kleine Blasen, die nur langsam an die Oberfläche stiegen. Es roch gut. Nick holte eine Flasche Tomatencatchup heraus und schnitt vier Scheiben Brot. Die kleinen Blasen kamen jetzt schneller. Nick setzte sich neben das Feuer und nahm die Bratpfanne ab. Er goß ungefähr die Hälfte des Inhalts auf einen Blechteller. Es breitete sich langsam auf dem Teller aus. Nick wußte, es war zu heiß. Er goß etwas Tomatencatchup drüber. Er wußte, die Bohnen und die Spaghetti waren noch zu heiß. Er blickte auf das Feuer, dann auf das Zelt; er würde sich nicht, indem er sich die Zunge verbrannte, alles verderben. Seit Jahren hatte er keine gebackenen Bananen mit Genuß essen können, weil er nie abwarten konnte, bis sie abgekühlt waren. Seine Zunge war sehr empfindlich. Er war sehr hungrig. Jenseits des Flusses im Sumpf, im Dämmerdunkel, sah er Nebel aufsteigen. Er sah noch einmal auf sein Zelt. Gut! Er nahm einen vollen Löffel von seinem Teller.

»Herrgott«, sagte Nick. »Herrgottsakra!« sagte er glücklich.

Er leerte den ganzen Teller, bevor er an das Brot dachte. Nick aß den zweiten Teller voll mit dem Brot und wischte den Teller blank. Er hatte seit einer Tasse Kaffee und einem Schinkenbrot in der Bahnhofswirtschaft in St. Ignace nichts gegessen. Das war ein famoses Erlebnis gewesen. So hungrig war er schon früher mal gewesen, aber er hatte seinen Hunger nicht stillen können. Er hätte schon vor vielen Stunden sein Lager aufschlagen können, wenn er gewollt hätte. Es gab am Fluß genug Plätze zum Lagern. Aber hier war es richtig.

Nick schob zwei große Fichtenscheite unter den Rost. Das Feuer flackerte auf. Er hatte vergessen, Wasser für den Kaffee zu holen. Aus seinem Packen nahm er einen zusammenlegbaren Leinwandeimer heraus und ging den Hügel hinunter, über den Wiesenrand zum Fluß. Das andere Ufer lag in weißem Nebel. Das Gras war naß und kalt, als er am Ufer kniete und den Leinwandeimer in den Strom tauchte. Er bauschte sich und zerrte heftig in der Strömung. Das Wasser war eiskalt. Nick spülte den Eimer aus und trug ihn voll zum Lager zurück. Oben, weiter weg vom Fluß war es nicht so kalt.

Nick schlug einen zweiten großen Nagel ein und hing den Eimer mit Wasser daran. Er schöpfte den Kaffeetopf halbvoll, legte noch ein paar Scheite unter den Rost auf das Feuer und stellte den Topf auf. Er konnte sich nicht besinnen, auf welche Art er Kaffee machte. Er konnte sich an eine Diskussion mit Hopkins erinnern, aber nicht, welche Partei er genommen hatte. Er beschloß, ihn aufkochen zu lassen. Dann fiel ihm ein, daß das Hopkins' Methode war. Damals hatte er mit Hopkins über alles gestritten. Während er auf das Kochen des Kaffees wartete, machte er eine kleine Büchse Aprikosen auf. Er machte gern Büchsen auf. Er leerte die Büchse mit den Aprikosen in eine Blechtasse. Während er auf den Kaffee auf dem Feuer aufpaßte, trank er vorsichtig zuerst den gesüßten Saft der Aprikosen, um nichts zu verschütten, und dann lutschte er nachdenklich die Aprikosen herunter. Sie waren besser als frische Aprikosen.

Der Kaffee kochte, während er aufpaßte. Der Deckel hob sich, und Kaffee und Kaffeesatz liefen am Topf herunter. Nick nahm ihn vom Rost. Es war ein Triumph für Hopkins. Er tat Zucker in die leere Aprikosentasse und goß etwas Kaffee zum Abkühlen hinein. Es war zu heiß zum Ausschenken, und er benutzte seinen Hut, um den Henkel des Kaffeetopfs anzufassen. Er ließ den Kaffee überhaupt nicht im Topf ziehen. Nicht die erste Tasse. Es sollte durchweg à la Hopkins sein. Das verdiente Hop. Er nahm Kaffeemachen sehr ernst. Er war der ernsthafteste Mensch, den Nick je gekannt hatte. Nicht schwerfällig, ernst. Das war lange Zeit her. Hopkins sprach, ohne die Lippen zu bewegen. Er hatte Polo gespielt. Er machte viele Millionen in Texas. Er hatte sich das Fahrgeld geliehen, um nach Chicago zu fahren, als das Telegramm mit der Nachricht kam, daß seine erste große Petroleumquelle in Gang gekommen war. Er hätte nach Geld telegraphieren können. Das hätte zu lange gedauert. Man nannte Hops Braut die blonde Venus. Hop war es egal, weil sie nicht seine richtige Braut war.

Hopkins sagte voller Überzeugung, daß keiner sich über seine richtige Braut lustig machen würde. Er hatte recht. Hopkins fuhr los, als das Telegramm kam. Das war am Black River. Das Telegramm brauchte acht Tage, um ihn zu erreichen. Hopkins schenkte Nick seine Colt-Selbstladepistole von 0,22 Kaliber. Seinen Photoapparat gab er Bill. Zur ewigen Erinnerung an ihn. Man wollte nächsten Sommer wieder zusammen fischen gehen. Der Hop-Häuptling war reich. Er wollte eine Yacht kaufen, um mit uns am Nordufer des Lake Superior zu kreuzen. Er war aufgeregt, aber ernst. Man sagte Aufwiedersehen, und allen war elend zumute. Das war das Ende der Tour. Man sah Hopkins niemals wieder. Das war vor langer Zeit am Black River gewesen.

Nick trank den Kaffee, den Kaffee à la Hopkins. Der Kaffee war bitter. Nick lachte. Das war ein guter Schluß für die Geschichte. Sein Verstand begann zu arbeiten. Er wußte, er konnte ihn abdrosseln; er war müde genug. Er goß den Kaffeerest aus dem Topf und schüttelte den Satz los und ins Feuer. Er zündete eine Zigarette an und ging ins Zelt. Er saß auf seinen Decken und zog Schuhe und Hosen aus, rollte die Schuhe in die Hosen als Kopfkissen und legte sich zwischen die Decken.

Durch die Öffnung des Zeltes beobachtete er draußen das Aufglühen des Feuers, wenn der Nachtwind hineinblies. Es war eine stille Nacht. Der Sumpf war vollkommen still. Nick streckte sich behaglich unter der Decke aus. Ein Moskito summte dicht an seinem Ohr. Nick setzte sich auf und strich ein Zündholz an. Das Moskito saß auf der Zeltbahn über seinem Kopf. Nick langte mit dem Streichholz schnell zu ihm hinauf. Das Moskito zischte befriedigend in der Flamme. Das Streichholz ging aus. Nick legte sich wieder hin unter die Decken. Er drehte sich auf die Seite und schloß die Augen. Er war schläfrig. Er fühlte den Schlaf kommen. Er kringelte sich unter der Decke zusammen und schlief ein.

II

Am Morgen stand die Sonne hoch, und im Zelt begann es heiß zu werden. Nick kroch unter dem Moskitonetz, das vor den Zelteingang gespannt war, hervor, um sich den Morgen zu betrachten. Das Gras netzte seine Hände, als er herauskam. Er hielt seine Hosen und Schuhe in der Hand. Die Sonne war gerade über dem Hügel aufgegangen. Dort waren die Wiese, der Fluß und der

Sumpf. Dort waren Birken im Grünen des Sumpfes auf der andern Seite des Stroms.
Der Fluß strömte in der Morgenfrühe klar und schnell dahin. Ungefähr zweihundert Meter weiter unten lagen drei Baumstämme quer über den ganzen Fluß. Oberhalb war das zurückgedämmte Wasser glatt und tief. Während Nick um sich schaute, überquerte ein Nerz auf den Baumstämmen den Fluß und verschwand im Sumpf. Nick war aufgeregt. Der frühe Morgen und der Fluß regten ihn auf. Er hatte es eigentlich zu eilig, um zu frühstücken, aber er mußte es wohl tun. Er machte ein kleines Feuer und stellte den Kaffeetopf auf.
Während das Wasser im Topf heiß wurde, nahm er eine leere Flasche und ging die Böschung hinab zur Wiese. Die Wiese war naß vom Tau, und Nick wollte Grashüpfer als Köder fangen, bevor die Sonne das Gras trocknete. Er fand viele gute Grashüpfer. Sie saßen unten an den Grashalmen. Manchmal klammerten sie sich an einen Grashalm. Sie waren kalt und naß vom Tau und konnten nicht hüpfen, bevor die Sonne sie wärmte. Nick las sie auf – er nahm nur die mittelgroßen braunen – und tat sie in die Flasche. Er drehte einen Baumstamm um, und grade unter dem Schutz der Kante waren einige hundert Grashüpfer. Es war eine Grashüpfer-Herberge. Nick steckte an die fünfzig von den mittelgroßen braunen in die Flasche. Während er die Grashüpfer auflas, wurden die andern in der Sonne warm und begannen, wegzuhüpfen. Sie flogen, wenn sie hüpften. Nach dem ersten Fluchtversuch blieben sie bei der Landung starr liegen, als wären sie tot.
Nick wußte, daß sie später, wenn er erst gefrühstückt hatte, so springlebendig wie immer sein würden. Ohne Tau auf dem Gras würde er den ganzen Tag brauchen, um eine Flasche voll guter Grashüpfer zu fangen, und dann würde er viele zerquetschen, wenn er mit seinem Hut nach ihnen schlug. Er wusch seine Hände im Strom. Seine Nähe regte ihn auf. Dann ging er zum Zelt hinauf. Die Grashüpfer sprangen bereits steifbeinig im Gras. In der Flasche sprangen sie, durch die Sonne erwärmt, durcheinander. Nick steckte ein Stück Fichtenholz als Korken hinein. Es verstopfte den Hals der Flasche genügend, um die Grashüpfer nicht herauszulassen, ließ aber doch reichlich Luftzufuhr.
Er hatte den Baumstamm zurückgerollt und wußte, daß er dort jeden Morgen Grashüpfer holen konnte.
Nick lehnte die Flasche voll springender Grashüpfer an einen Kiefernstamm. Schnell vermischte er etwas Buchweizenmehl mit Wasser und rührte es glatt; eine Tasse Mehl, eine Tasse Wasser. Er

tat eine Handvoll Kaffee in den Topf, langte ein Stück Fett aus einer Büchse und ließ es sprühend über die heiße Pfanne schliddern. Er ließ den Buchweizenteig gleichmäßig auf die rauchende Pfanne laufen. Er breitete sich wie Lava aus; das Fett spritzte scharf. An den Rändern wurde der Buchweizenkuchen fest, dann braun, dann knusperig. Es bildeten sich Blasen, und die Oberfläche wurde langsam porös. Nick fuhr mit einem frischen Fichtenspachtel unter die gebräunte untere Fläche. Er schüttelte die Pfanne seitlich, und der Kuchen lag lose auf der Pfanne. Ich werd lieber nicht versuchen, ihn hochzuwerfen, dachte Nick. Er schob den sauberen Holzspachtel ganz unter den Kuchen und drehte ihn um, die untere Seite nach oben. Es sprühte in der Pfanne.

Als er fertig war, tat Nick frisches Fett in die Pfanne. Er brauchte den ganzen Teig auf. Es gab noch einen großen Pfannkuchen und einen kleineren.

Nick aß einen großen Pfannkuchen und einen kleineren mit Apfelgelee bestrichen. Er tat auch auf den dritten Apfelgelee, klappte ihn zweimal übereinander, wickelte ihn in Pergamentpapier ein und steckte ihn in seine Hemdtasche. Er tat das Glas mit Apfelgelee in seinen Packen zurück und schnitt Brot für zwei Stullen.

In seinem Packen fand er eine große Zwiebel. Er halbierte sie und schälte die seidige Außenhaut ab. Dann schnitt er eine Hälfte in Scheiben und machte sich Zwiebelstullen. Er wickelte sie in Pergamentpapier und verstaute sie in der anderen Tasche seines Khaki-Hemds. Er stürzte die Pfanne auf dem Rost, trank seinen durch die kondensierte Milch gesüßten und gelbbraun gefärbten Kaffee und räumte das Kamp auf. Es war ein famoses Kamp.

Nick nahm seine Fliegenangel aus dem ledernen Angelfutteral, steckte sie ineinander und schob das Angelfutteral ins Zelt zurück. Er setzte die Rolle auf und fädelte die Schnur durch die Ringe. Er mußte sie beim Einfädeln fest zwischen beiden Händen halten, sonst wäre sie durch ihr eigenes Gewicht wieder herausgerutscht. Es war eine schwere, doppelt verjüngte Fliegenschnur. Nick hatte vor langer Zeit einmal acht Dollar dafür bezahlt. Sie war beschwert, damit sie sich rückwärts in die Luft heben und flach, schwer und gerade mit einer Fliege, die doch gar kein Gewicht besitzt, auswerfen ließ. Nick öffnete die Aluminiumschachtel mit den Vorfächern. Die Vorfächer waren zwischen den feuchten Flanellbäuschen zusammengewickelt. Nick hatte sie am Wasserkühler im Zug nach St. Ignace angefeuchtet. Zwischen den feuchten Bäuschen waren die Darmvorfächer geschmeidig geworden,

und Nick wickelte eins von ihnen auseinander und knotete es mit einer Schlinge am Ende der schweren Fliegenschnur fest. Am Ende des Vorfaches befestigte er einen Haken. Es war ein kleiner Haken, sehr dünn und elastisch.
Nick saß mit der Angel auf den Knien und nahm ihn aus seinem Hakenbuch. Er probierte den Knoten und die Elastizität der Rute aus, indem er die Schnur straff zog. Es fühlte sich richtig an. Er gab acht, daß der Haken ihm nicht in den Finger ging.
Er machte sich zum Fluß auf, in der Hand die Angelrute. Um seinen Hals hing die Flasche mit Grashüpfern an einem Riemen, den er mit Schluppen um den Flaschenhals befestigt hatte. Sein Kescher hing an einem Haken an seinem Gürtel. Über seine Schulter hing ein großer Mehlsack, dessen Ecken zu Schweinsohren abgebunden waren. Die Schnur lief über seine Schulter. Der Sack schlug gegen seine Beine.
Nick fühlte sich komisch und fachmännisch-glücklich mit der ganzen Ausrüstung, die an ihm herunterhing. Die Grashüpferflasche schlug gegen seine Brust. Die Brusttaschen seines Hemds, in denen sein Essen und sein Fliegenbuch steckten, bauschten sich.
Er stieg in den Fluß. Es gab ihm einen Schock. Seine Hosen klebten fest an seinen Beinen. Seine Schuhe fühlten den Kies. Das Wasser war ein ansteigender kalter Schock.
Die reißende Strömung sog an seinen Beinen. Wo er hineingestiegen war, ging ihm das Wasser bis über die Knie. Er watete mit der Strömung. Der Kies rutschte unter seinen Schuhen weg. Er sah hinunter auf den Wasserstrudel um seine Beine und kippte die Flasche seitwärts, um einen Grashüpfer zu fassen.
Der erste Grashüpfer machte im Flaschenhals einen Satz und sprang runter ins Wasser. Er wurde von dem Strudel um Nicks rechtes Bein aufgesogen und kam ein Stückchen weiter flußabwärts an die Oberfläche. Er trieb geschwind dahin und stieß um sich. Plötzlich entstand ein Kreis auf der glatten Oberfläche des Wassers, und er verschwand. Eine Forelle hatte ihn geschnappt.
Ein zweiter Grashüpfer streckte seinen Kopf aus der Flasche. Seine Fühler vibrierten. Er schob gerade seine Vorderbeine aus der Flasche raus, um loszuspringen. Nick faßte ihn am Kopf und hielt ihn fest, während er den dünnen Haken unter seinem Kinn durch seinen Brustkorb und die hinteren Segmente seines Leibes fädelte. Der Grashüpfer umklammerte mit seinen Vorderbeinen den Haken und spie Tabaksaft darauf. Nick ließ ihn ins Wasser fallen.
Er hielt die Rute in der rechten Hand und ließ gegen das Zerren des

Grashüpfers in der Strömung Schnur nach. Er streifte mit der linken Hand Schnur von der Rolle und ließ sie frei auslaufen. Er konnte den Grashüpfer auf den kleinen Wellen der Strömung sehen. Er kam außer Sicht.

Es gab einen Ruck an der Schnur. Nick zog gegen die straffe Schnur. Er hatte seinen ersten Fisch angehakt. Er hielt die nun lebendige Rute über die Strömung und holte die Schnur mit der linken Hand ein. Die Rute bog sich in Zuckungen, während die Forelle gegen die Strömung ankämpfte. Nick wußte, es war eine kleine. Er hob die Rute senkrecht in die Luft. Sie bog sich durch den Ruck. Er sah die Forelle im Wasser mit Kopf und Körper heftig gegen die sich hin und her bewegende Tangente der Schnur im Strom anspringen.

Nick nahm die Schnur in seine linke Hand und zog die Forelle, die erschöpft gegen die Strömung ankämpfte, an die Oberfläche. Ihr Rücken war gefleckt, von klarer Wasser-über-Kieselstein-Farbe; die Seite blitzte in der Sonne auf. Nick bückte sich mit der Angel unter dem rechten Arm und tauchte die rechte Hand in die Strömung. Er hielt die zappelnde Forelle in seiner feuchten rechten Hand, während er den Widerhaken aus ihrem Maul löste und sie dann wieder in den Strom fallen ließ.

Sie stand unruhig in der Strömung, dann ließ sie sich auf dem Grund neben einem Stein nieder. Nick langte mit der Hand hinab, um sie zu berühren, den Arm bis zum Ellbogen unter Wasser. Die Forelle hielt sich still in dem strömenden Fluß; sie ruhte auf dem Kies neben einem Stein. Als Nicks Finger sie berührten, ihr glattes, kühles Unter-Wasser-Gefühl verspürten, war sie weg, schattenhaft über dem Grund des Stromes.

Hat ihr nichts gemacht, dachte Nick. Sie war nur müde.

Er hatte seine Hand angefeuchtet, bevor er die Forelle berührte, um den zarten Schleim, der sie bedeckte, nicht zu zerstören. Berührte man eine Forelle mit trockenen Fingern, so griff ein weißer Schwamm die ungeschützte Stelle an. Vor Jahren, als er noch an überfüllten Strömen gefischt hatte – mit Fliegenfischern vor sich und hinter sich –, war Nick wieder und wieder toten, mit weißem Schwamm bepelzten Forellen begegnet, die gegen einen Felsen geschwemmt waren oder mit dem Bauch nach oben in einer Untiefe trieben. Nick fischte nicht gern, wenn noch andere am Fluß waren. Wenn sie nicht zur Partie gehörten, verdarben sie's einem.

Er planschte bis über die Knie in der Strömung den Fluß abwärts, durch die vierzig Meter seichten Wassers oberhalb der Baumstämme, die quer über den Strom lagen. Er befestigte keinen neuen Köder an dem Haken und hielt ihn in der Hand, als er watete. Er wußte, daß er im Seichten kleine Forellen fangen konnte, aber die wollte er nicht. Zu dieser Tageszeit gab es an den seichten Stellen keine großen Forellen.

Jetzt vertiefte sich das Wasser scharf und kalt um seine Schenkel. Vor ihm lag die glatte, zurückgedämmte Wasserflut über den Baumstämmen. Das Wasser war glatt und dunkel; zur Linken der untere Wiesenrand, zur Rechten der Sumpf.

Nick stemmte sich gegen die Strömung und nahm einen Grashüpfer aus der Flasche. Er befestigte den Grashüpfer am Haken und spuckte darauf von wegen Glück. Dann zog er mehrere Meter Schnur von der Rolle und warf den Grashüpfer weit hinaus auf das schnelle, dunkle Wasser. Er trieb hinunter, den Baumstämmen zu, dann zog das Gewicht der Schnur den Köder unter die Oberfläche. Nick hielt die Rute in der rechten Hand und ließ die Schnur durch die Finger auslaufen.

Es gab einen langen Ruck. Nick schlug an, und die Angel wurde lebendig und gefährlich, krümmte sich zusammen, die Schnur straffte sich, kam aus dem Wasser und straffte sich, alles mit einem schweren, gefährlichen, steten Zerren. Nick spürte den Moment, in dem das Vorfach reißen mußte, falls der Druck noch zunahm, und ließ Schnur auslaufen.

Das Abhaspeln der Rolle löste ein mechanisches Quietschen aus, als die Schnur wegsauste. Zu schnell. Nick hatte sie nicht in der Gewalt; die Schnur sauste weg; das Quietschen der Rolle wurde schriller, während die Schnur auslief.

Während die Spule der Rolle zum Vorschein kam, und Nicks Herz vor Erregung auszusetzen schien, und er sich gegen die Strömung stemmte, die eisig um seine Schenkel anstieg, hielt er den Daumen seiner linken Hand fest auf der Rolle. Es war schwierig, seinen Daumen in die Haspelvorrichtung hineinzubekommen.

Als er Druck zulegte, straffte sich die Schnur in plötzlicher Starre, und jenseits der Baumstämme sprang eine riesige Forelle hoch aus dem Wasser. Als sie sprang, senkte Nick die Spitze der Rute. Aber als er die Spitze senkte, um die Spannung zu verringern, spürte er den Moment, in dem die Spannung zu stark war, die Härte zu groß. Natürlich war das Vorfach gerissen. Das Gefühl ließ sich nicht mißdeuten, als die Schnur die ganze Elastizität verlor und trocken und hart wurde. Dann erschlaffte sie.

Sein Mund wurde trocken, sein Herz benommen, und Nick

haspelte die Schnur auf. Er hatte niemals eine so große Forelle gesehen. Das war eine Schwere, eine Stärke, die nicht zu halten war, und dann ihr Umfang, als sie sprang! Sie sah so breit wie ein Lachs aus.

Nicks Hand war zittrig. Er haspelte langsam auf. Die Spannung war zu groß gewesen. Ihm war irgendwie ein bißchen übel, und er hatte das Gefühl, als ob er sich lieber hinsetzen sollte.

Das Vorfach war gerissen, wo der Haken angeschlungen gewesen war. Nick nahm ihn in die Hand. Er dachte an die Forelle irgendwo auf dem Grund, wie sie sich reglos über dem Kies hielt, tief, fern vom Tageslicht, unter den Stämmen, mit dem Haken im Kiefer. Nick wußte, die Zähne der Forelle würden den Draht des Widerhakens durchbeißen. Der Haken würde sich in ihren Kiefer einbetten. Wetten, daß die Forelle wütend war. Irgend etwas von der Größe würde die Wut kriegen. Das war eine Forelle! Die war fest angehakt gewesen. Fest wie ein Felsen. Sie hatte sich auch wie ein Felsen angefühlt, bevor sie losgesaust war. Weiß Gott, das war 'ne Große gewesen! Weiß Gott, das war die größte gewesen, von der ich je gehört hatte.

Nick kletterte hinaus auf die Wiese und stand da, und das Wasser lief ihm die Hosen hinunter, und aus den Schuhen, aus seinen quatschenden Schuhen. Er ging hinüber und setzte sich auf die Baumstämme. Er wollte sein Erlebnis voll auskosten.

Er ließ seine Zehen in den Schuhen im Wasser spielen und holte eine Zigarette aus seiner Brusttasche. Er zündete sie an und warf das Streichholz in das schnellströmende Wasser unterhalb der Baumstämme. Eine winzige Forelle schnappte nach dem Streichholz, als es in der schnellen Strömung herumwirbelte. Nick lachte. Er würde seine Zigarette zu Ende rauchen.

Er saß rauchend auf den Baumstämmen und trocknete in der Sonne, die Sonne war warm auf dem Rücken; der seichte Fluß vor ihm trat in den Wald ein, schlängelte sich in den Wald. Untiefen, glitzerndes Licht, große, wasserglatte Felsblöcke, Zedern am Ufer und weiße Birken, die Baumstämme warm in der Sonne, glatt zum Draufsitzen ohne Borke, schiefrig beim Anfassen; langsam wich das Gefühl der Enttäuschung. Es ging langsam fort, dies Gefühl der Enttäuschung, das jäh der Hochspannung gefolgt war, die ihm Schulterschmerzen verursacht hatte. Jetzt war es wieder in Ordnung. Nick hatte seine Angel auf den Stämmen liegen, als er einen neuen Haken an das Vorfach band; er zerrte so lange an dem Darm, bis er sich in einen festen Knoten zusammenzog.

Er befestigte einen Köder, nahm dann die Angelrute auf und ging bis ans andere Ende der Baumstämme, um dort ins Wasser zu steigen, wo es nicht zu tief war. Unter und über den Baumstämmen war eine tiefe Stelle. Nick ging um die flache Sandbank dicht am Sumpfrand, bis er in das seichte Flußbett herauskam.

Links, wo die Wiese aufhörte und der Wald begann, war eine große Ulme entwurzelt. Der Sturm hatte sie umgestürzt; sie lag mit der Krone in den Wald hinein, und ihre Wurzeln, die voller Erdklumpen hingen, in denen Gras wuchs, stiegen neben dem Fluß zu einem festen Wall an. Der Fluß fraß sich bis an den entwurzelten Baum ein. Nick konnte von dort, wo er stand, tiefe Kanäle erblicken, wie Furchen, die in das seichte Strombett durch das Fließen der Strömung eingeschnitten waren. Steinig, wo er stand, steinig und voll Geröll weiter unten; wo das Strombett in der Nähe der Baumwurzeln einen Bogen machte, war es mergelhaltig, und zwischen den Furchen mit tiefem Wasser wiegte sich grünes Unkraut in der Strömung.

Nick schwang die Rute nach hinten über die Schulter und nach vorn, und die sich vorwölbende Schnur legte den Grashüpfer auf eine der tiefen Furchen zwischen dem Unkraut nieder. Eine Forelle biß zu, und Nick haute an.

Nick hielt die Rute weit hinaus auf den entwurzelten Baum zu, planschte rückwärts in der Strömung und führte die springende Forelle an der biegend-lebendigen Rute aus der Gefahrzone des Unkrauts in den offenen Fluß hinaus. Nick hielt die lebendig gegen die Strömung ankämpfende Angelrute und landete die Forelle. Sie schoß hin und her, aber er trillte sie; das Federn der Angelrute gab dem heftigen Zerren nach, manchmal ruckte es unterm Wasser krampfhaft an, aber er brachte sie immer näher. Nick ließ mit der Strömung gegen ihre Stöße etwas nach. Mit der über seinem Kopf erhobenen Rute führte er die Forelle über den Kescher, dann hob er ihn an.

Die Forelle hing schwer im Netz, gefleckter Forellenrücken, silbrige Seiten in den Maschen. Nick hakte sie los; füllige Seiten, die sich gut anpackten, großer, vorragender Kiefer, und ließ die schwer atmende Forelle mit einem großen Schwung in den langen Sack gleiten, der von seinen Schultern ins Wasser hinabhing.

Nick spreizte die Öffnung des Sacks gegen die Strömung, und er füllte sich schwer mit Wasser. Er hielt ihn hoch, das untere Ende im Fluß, und das Wasser strömte an den Seiten heraus. Unten drinnen im Sack war die große Forelle lebendig im Wasser.

Nick watete stromabwärts. Der Sack vor ihm sank, schwer im Wasser, und zerrte an seinen Schultern.

Es wurde heiß; pralle Sonne auf seinem Nacken.
Nick hatte eine gute Forelle. Ihm lag nichts daran, viele Forellen zu kriegen. Hier war der Strom seicht und breit. An beiden Ufern standen Bäume. Die Bäume des linken Ufers warfen in der Vormittagssonne kurze Schatten auf die Strömung. Nick wußte, daß es an jeder schattigen Stelle Forellen gab. Am Nachmittag, wenn die Sonne zu den Hügeln hinübergewechselt hatte, würden die Forellen in dem kühlen Schatten auf der andern Flußseite sein.
Die allergrößten würden dicht am Ufer ruhen. Im Black konnte man sie dort immer zu fassen kriegen. Wenn die Sonne untergegangen war, zogen sie alle hinaus in die Strömung. Grade, wenn die Sonne, bevor sie unterging, das Wasser blendend aufblitzen ließ, konnte man, so gut wie sicher, irgendwo in der Strömung große Forellen anhaken. Dann war es beinahe unmöglich, zu angeln; die Oberfläche des Wassers blendete wie ein Spiegel in der Sonne. Natürlich konnte man gegen den Strom fischen, aber in einem Fluß wie dem Black oder diesem hier mußte man mit aller Kraft gegen die Strömung anwaten, und an tiefen Stellen türmte sich das Wasser um einen hoch. Bei einer so starken Strömung wie dieser war es kein Spaß, gegen den Strom zu fischen.
Nick watete ein Stück im Flachen und musterte dabei die Ufer auf tiefe Löcher hin. Eine Buche wuchs so dicht am Fluß, daß ihre Zweige ins Wasser hinabhingen. Der Strom floß hinter den Blättern hindurch. An solchen Stellen gab es immer Forellen.
Nick hatte keine Lust, in dem Loch da zu angeln. Sicher würde er sich in den Ästen verheddern.
Aber es sah tief aus. Er ließ den Grashüpfer fallen, und die Strömung sog ihn unter den überhängenden Ast unter Wasser. Es riß heftig an der Schnur, und Nick hakte an. Die Forelle schlug, zur Hälfte aus dem Wasser heraus, schwer gegen Blätter und Äste. Die Schnur hatte sich verfangen. Nick zog kräftig, und die Forelle war frei. Er haspelte auf, hielt den Haken in der Hand und ging den Strom abwärts.
Vor ihm, dicht am linken Ufer, lag ein großer Baumstamm. Nick sah, daß er hohl war, er wies flußaufwärts, und die Strömung floß glatt in ihn hinein und ließ nur ein kleines Gekräusel zu beiden Seiten des Stammes. Das Wasser wurde tiefer. Obenauf war der hohle Stamm grau und trocken. Er lag teilweise im Schatten.
Nick nahm den Korken aus der Grashüpferflasche. Ein Grashüpfer klammerte sich daran. Er nahm ihn ab, hakte ihn an und warf ihn aus. Er hielt die Angelrute weit hinaus, so daß der Grashüpfer

auf dem Wasser in die Strömung trieb, die in den hohlen Baumstamm flutete. Nick senkte die Rute, und der Grashüpfer trieb hinein. Es gab einen heftigen Ruck. Nick hob die Rute gegen das Zerren. Es fühlte sich an, als ob er den Baumstamm selbst angehakt hätte, bis auf das Gefühl von etwas Lebendigem.
Er versuchte, den Fisch hinaus in die Strömung zu zwingen. Er kam schwer.
Die Schnur wurde schlaff, und Nick glaubte, die Forelle sei weg. Dann sah er sie nahe in der Strömung mit dem Kopf schlagen, um den Haken loszuwerden. Ihr Maul war zugeklemmt. Sie kämpfte gegen den Haken in der klarfließenden Strömung.
Nick holte mit der Linken die Schnur ein und schwang die Rute, um die Schnur zu straffen, und versuchte, die Forelle dem Kescher zuzulenken, aber sie war weg, außer Sicht, und die Schnur zuckte. Nick trillte sie gegen die Strömung und ließ sie im Wasser gegen die federnde Angelrute anspringen. Er wechselte die Angel hinüber in die linke Hand und trillte die Forelle den Strom aufwärts, hielt ihr Gewicht, wie sie gegen die Angelrute ankämpfte, und ließ sie dann hinab in den Kescher. Er hob sie ganz aus dem Wasser, – ein schweres, halbkreisförmiges Etwas im Kescher, dem triefenden Kescher, machte sie vom Haken los und ließ sie in den Sack gleiten.
Er spreizte den Sack auf und sah hinein auf seine zwei lebendigen Forellen im Wasser.
Durch das tiefer werdende Wasser watete Nick zu dem hohlen Baumstamm hinüber. Er streifte den Sack ab über den Kopf; die Forellen schlugen um sich, als er aus dem Wasser kam, Nick hing ihn so auf, daß die Forellen tief im Wasser waren. Dann zog er sich auf den Stamm hinauf und saß da, während das Wasser aus seinen Hosen und Schuhen in den Strom hinunterlief. Er legte seine Angelrute hin, rückte ans schattige Ende des Stammes und nahm seine Stullen aus der Tasche. Er tauchte die Stullen ins kalte Wasser. Die Strömung trug die Krümel fort. Er aß die Stullen und füllte seinen Hut voll Wasser, um zu trinken, und das Wasser lief, grad vor seinem Mund, durch den Hut hindurch.
Es war kühl, wie er im Schatten auf dem Stamm saß. Er nahm eine Zigarette und strich ein Zündholz an, um sie anzustecken. Das Zündholz grub sich in das graue Holz ein und machte eine winzige Furche. Nick beugte sich über den Rand des Stammes, fand eine harte Stelle und strich das Zündholz an. Er saß und rauchte und beobachtete den Fluß.
Vor ihm verschmälerte sich der Fluß und führte in einen Sumpf.

Der Fluß wurde glatt und tief und es sah aus, als ob der Sumpf aus Zedern bestand, Stamm an Stamm, mit undurchdringlichen Zweigen. Es würde nicht möglich sein, durch so einen Sumpf zu waten. Die Zweige wuchsen zu tief. Man mußte sich beinahe flach am Boden halten, um überhaupt vorwärts zu kommen. Man konnte nicht durch die Zweige brechen. Aus dem Grunde waren wahrscheinlich auch die Tiere, die im Sumpf lebten, so gebaut, wie sie's waren, dachte Nick.

Es tat ihm leid, daß er sich nicht etwas zum Lesen mitgenommen hatte. Er hatte Lust zum Lesen. Er hatte keine Lust, weiter in den Sumpf hineinzuwaten. Er sah den Fluß hinunter. Eine große Zeder neigte sich quer über den ganzen Strom. Dahinter mündete der Fluß in den Sumpf.

Nick wollte jetzt nicht da hineingehen. Er spürte einen Widerwillen gegen das tiefe Waten, wo das Wasser ihm bis zu den Achselhöhlen stieg, und wo man große Forellen an Stellen anhakte, wo man sie unmöglich landen konnte. Die Ufer im Sumpf waren kahl, die großen Zedern stießen mit den Wipfeln aneinander; die Sonne drang nicht durch, außer in Flecken; in dem schnellen, tiefen Wasser im Zwielicht würde das Angeln tragisch werden. Im Sumpf war Angeln ein tragisches Abenteuer. Nick hatte keine Lust darauf. Heute wollte er nicht weiter den Strom hinuntergehen.

Er nahm sein Messer heraus, öffnete es und spießte es in den Baumstamm. Dann zog er den Sack rauf, langte hinein und holte eine der Forellen heraus. Er hielt sie dicht am Schwanz, schwer zu halten, lebendig in seiner Hand, und schlug sie gegen den Stamm. Ein Zittern ging durch die Forelle; sie wurde starr. Nick legte sie auf den Stamm in den Schatten und brach dem andern Fisch auf dieselbe Art das Rückgrat. Er legte sie nebeneinander auf den Baumstamm. Es waren Prachtforellen.

Nick säuberte sie, indem er sie vom After bis zu den Kiemen aufschlitzte. Das ganze Eingeweide, die Kiemen und die Zunge kamen in einem Stück heraus. Es waren zwei Männchen mit langen, grauweißen Streifen Milch, glatt und sauber. Das ganze Innere, sauber und fest, kam in einem Stück heraus. Nick warf die Eingeweide ans Ufer für die Nerze.

Er wusch die Forellen im Strom. Als er sie mit dem Rücken nach oben ins Wasser hielt, sahen sie wie lebende Fische aus. Sie hatten die Farbe noch nicht verloren. Er wusch sich die Hände und trocknete sie auf dem Baumstamm. Dann legte er die Forellen auf den Sack, der auf dem Baumstamm ausgebreitet lag, rollte sie

hinein, schnürte das Bündel zusammen und steckte es in den Kescher. Sein Messer stak noch mit der Schneide im Baumstamm. Er säuberte es am Holz und steckte es in die Tasche.
Nick richtete sich auf dem Baumstamm auf, hielt die Angel in der Hand; der Kescher hing schwer herab; dann stieg er ins Wasser und planschte ans Ufer. Er kletterte das Ufer hinauf und durchquerte den Wald auf die hochgelegenen Stellen zu. Jetzt ging er heim zum Kamp. Er blickte zurück. Der Fluß schimmerte grade noch zwischen den Bäumen durch. Es lagen viele Tage vor ihm, an denen er im Sumpf fischen konnte.

Übertragung von Annemarie Horschütz-Horst

WALTER BENJAMIN

Paris, die Hauptstadt des XIX. Jahrhunderts

Die Wasser sind blau und die Gewächse sind rosa; der Abend ist süß anzuschauen;
Man geht spazieren. Die großen Damen gehen spazieren; hinter ihnen ergehen sich kleine Damen.

Nguyen-Trong-Hiep: Paris capitale de la France (1897)

I FOURIER ODER DIE PASSAGEN

De ces palais les colonnes magiques
A l'amateur montrent de toutes parts
Dans les objets qu'étalent leurs portiques
Que l'industrie est rivale des arts.

Nouveaux tableaux de Paris (1828)

Die Mehrzahl der Pariser Passagen entsteht in den anderthalb Jahrzehnten nach 1822. Die erste Bedingung ihres Aufkommens ist die Hochkonjunktur des Textilhandels. Die magasins de nouveauté, die ersten Etablissements, die größere Warenlager im Hause unterhalten, beginnen sich zu zeigen. Sie sind die Vorläufer der Warenhäuser. Es war die Zeit, von der Balzac schrieb: »Le grand poème de l'étalage chante ses strophes de couleur depuis la Madeleine jusqu'à la porte Saint-Dénis.« Die Passagen sind ein Zentrum des Handels in Luxuswaren. In ihrer Ausstattung tritt die Kunst in den Dienst des Kaufmanns. Die Zeitgenossen werden nicht müde, sie zu bewundern. Noch lange bleiben sie ein Anziehungspunkt für die Fremden. Ein »Illustrierter Pariser Führer« sagt: »Diese Passagen, eine neuere Erfindung des industriellen Luxus, sind glasgedeckte, marmorgetäfelte Gänge durch ganze Häusermassen, deren Besitzer sich zu solchen Spekulationen vereinigt haben. Zu beiden Seiten dieser Gänge, die ihr Licht von oben erhalten, laufen die elegantesten Warenläden hin, so daß eine solche Passage eine Stadt, ja eine Welt im Kleinen ist.« Die Passagen sind der Schauplatz der ersten Gasbeleuchtung.

Die zweite Bedingung des Entstehens der Passagen bilden die Anfänge des Eisenbaus. Das Empire sah in dieser Technik einen Beitrag zur Erneuerung der Baukunst im altgriechischen Sinne. Der Architekturtheoretiker Bötticher spricht die allgemeine Überzeugung aus, wenn er sagt, daß »hinsichtlich der Kunstformen des neuen Systems das Formprinzip der hellenischen Weise« in Kraft treten müsse. Das Empire ist der Stil des revolutionären Terrorismus, dem der Staat Selbstzweck ist. So wenig Napoleon die funktionelle Natur des Staates als Herrschaftsinstrument der Bürgerklasse erkannte, so wenig erkannten die Baumeister seiner Zeit die funktionelle Natur des Eisens, mit dem das konstruktive Prinzip seine Herrschaft in der Architektur antritt. Diese Baumeister bilden Träger der pompeianischen Säule, Fabriken den Wohnhäusern nach, wie später die ersten Bahnhöfe an Chalets sich anlehnen. »Die Konstruktion nimmt die Rolle des Unterbewußtseins ein.« Nichtsdestoweniger beginnt der Begriff des Ingenieurs, der aus den Revolutionskriegen stammt, sich durchzusetzen, und die Kämpfe zwischen Konstrukteur und Dekorateur, Ecole Polytechnique und Ecole des Beaux-Arts, beginnen.
Erstmals in der Geschichte der Architektur tritt mit dem Eisen ein künstlicher Baustoff auf. Er unterliegt einer Entwicklung, deren Tempo sich im Laufe des Jahrhunderts beschleunigt. Sie erhält den entscheidenden Anstoß, als sich herausstellt, daß die Lokomotive, mit der man seit Ende der zwanziger Jahre Versuche anstellte, nur auf eisernen Schienen verwendbar ist. Die Schiene wird der erste montierbare Eisenteil, die Vorgängerin des Trägers. Man vermeidet das Eisen bei Wohnbauten und verwendet es bei Passagen, Ausstellungshallen, Bahnhöfen – Bauten, die transitorischen Zwecken dienen. Gleichzeitig erweitert sich das architektonische Anwendungsgebiet des Glases. Die gesellschaftlichen Voraussetzungen für seine gesteigerte Verwendung als Baustoff findet sich aber erst hundert Jahre später. Noch in der »Glasarchitektur« von Scheerbart (1914) tritt sie in den Zusammenhängen der Utopie auf.

Chaque époque rêve la suivante.
Michelet: Avenir! Avenir!

Der Form des neuen Produktionsmittels, die im Anfang noch von der des alten beherrscht wird (Marx), entsprechen im Kollektivbewußtsein Bilder, in denen das Neue sich mit dem Alten durchdringt. Diese Bilder sind Wunschbilder, und in ihnen sucht das

Kollektiv die Unfertigkeit des gesellschaftlichen Produkts sowie die Mängel der gesellschaftlichen Produktionsordnung sowohl aufzuheben wie zu verklären. Daneben tritt in diesen Wunschbildern das nachdrückliche Streben hervor, sich gegen das Veraltete – das heißt aber: gegen das Jüngstvergangene – abzusetzen. Diese Tendenzen weisen die Bildphantasie, die von dem Neuen ihren Anstoß erhielt, an das Urvergangene zurück. In dem Traum, in der jeder Epoche die ihr folgende in Bildern vor Augen tritt, erscheint die letztere vermählt mit Elementen der Urgeschichte, das heißt einer klassenlosen Gesellschaft. Deren Erfahrungen, welche im Unbewußten des Kollektivs ihr Depot haben, erzeugen in Durchdringung mit dem Neuen die Utopie, die in tausend Konfigurationen des Lebens, von den dauernden Bauten bis zu den flüchtigen Moden, ihre Spur hinterlassen.
Diese Verhältnisse werden an der Fourierschen Utopie kenntlich. Deren innerster Anstoß liegt im Auftreten der Maschinen. Aber das kommt in ihren Darstellungen nicht unmittelbar zum Ausdruck; sie gehen von der Unmoral des Handelsgeschäfts sowie von der in seinem Dienste aufgebotenen falschen Moral aus. Das phalanstère soll die Menschen zu Verhältnissen zurückführen, in denen die Sittlichkeit sich erübrigt. Seine höchst komplizierte Organisation erscheint als Maschinerie. Die Verzahnungen der passions, das verwickelte Zusammenwirken der passions mécanistes mit der passion cabaliste sind primitive Analogiebildungen zur Maschine im Material der Psychologie. Diese Maschinerie aus Menschen produziert das Schlaraffenland, das uralte Wunschsymbol, das Fouriers Utopie mit neuem Leben erfüllt hat.
In den Passagen hat Fourier den architektonischen Kanon des phalanstère gesehen. Ihre reaktionäre Umbildung durch Fourier ist bezeichnend: während sie ursprünglich geschäftlichen Zwekken dienen, werden sie bei ihm Wohnstätten. Das phalanstère wird eine Stadt aus Passagen. Fourier etabliert in der strengen Formwelt des Empire die farbige Idylle des Biedermeier. Ihr Glanz dauert verblaßt bis auf Zola. Er nimmt die Ideen Fouriers in seinem »Travail« auf, wie er von den Passagen in der »Thérèse Raquin« Abschied nimmt. – Marx hat sich Carl Grün gegenüber schützend vor Fourier gestellt und dessen »kolossale Anschauung vom Menschen« hervorgehoben. Auch hat er den Blick auf Fouriers Humor gelenkt. In der Tat ist Jean Paul in seiner »Levana« dem Pädagogen Fourier ebenso verwandt wie Scheerbart in seiner »Glasarchitektur« dem Utopisten Fourier.

II DAGUERRE ODER DIE PANORAMEN

Soleil, prends garde à toi!
A. J. Wiertz: Oeuvres littéraires (Paris 1870)

Wie die Architektur in der Eisenkonstruktion der Kunst zu entwachsen beginnt, so tut das die Malerei ihrerseits in den Panoramen. Der Höhepunkt in der Vorbereitung der Panoramen fällt mit dem Aufkommen der Passagen zusammen. Man war unermüdlich durch technische Kunstgriffe bemüht, die Panoramen zu Stätten einer vollkommenen Naturnachahmung zu machen. Man suchte den Wechsel der Tageszeit in der Landschaft, das Heraufziehen des Mondes, das Rauschen der Wasserfälle nachzubilden. David rät seinen Schülern, in den Panoramen nach der Natur zu zeichnen. Indem die Panoramen in der dargestellten Natur täuschend ähnliche Veränderungen hervorzubringen trachten, weisen sie über die Photographie auf Film und Tonfilm voraus.

Mit den Panoramen ist eine panoramatische Literatur gleichzeitig. »Le livre des Cent-et-Un«, »Les Français peints par eux-mêmes«, »Le diable à Paris«, »La grande ville« gehören ihr an. In diesen Büchern bereitet sich die belletristische Kollektivarbeit vor, der in den dreißiger Jahren Girardin im Feuilleton eine Stätte schuf. Sie bestehen aus einzelnen Skizzen, deren anekdotische Einkleidung dem plastisch gestellten Vordergrund der Panoramen, deren informatorischer Fond deren gemaltem Hintergrunde entspricht. Diese Literatur ist auch gesellschaftlich panoramatisch. Zum letztenmal erscheint der Arbeiter, außerhalb seiner Klasse, als Staffage einer Idylle.

Die Panoramen, die eine Umwälzung im Verhältnis der Kunst zur Technik ankündigen, sind zugleich Ausdruck eines neuen Lebensgefühls. Der Städter, dessen politische Überlegenheit über das Land im Laufe des Jahrhunderts vielfach zum Ausdruck kommt, macht den Versuch, das Land in die Stadt einzubringen. Die Stadt weitet sich in den Panoramen zur Landschaft aus, wie sie es auf subtilere Art später für den Flanierenden tut. Daguerre ist ein Schüler des Panoramenmalers Prévost, dessen Etablissement sich in der Passage des Panoramas befindet. Beschreibung der Panoramen von Prévost und Daguerre. 1839 brennt das Daguerresche Panorama ab. Im gleichen Jahr gibt er die Erfindung der Daguerreotypie bekannt.

Arago präsentiert die Photographie in einer Kammerrede. Er weist ihr den Platz in der Geschichte der Technik an. Er prophezeit ihre wissenschaftlichen Anwendungen. Dagegen beginnen die Künstler, ihren Kunstwert zu debattieren. Die Photographie führt zur Vernichtung des großen Berufsstandes der Porträtminiaturisten. Dies geschieht nicht nur aus ökonomischen Gründen. Die frühe Photographie war künstlerisch der Porträtminiatur überlegen. Der technische Grund dafür liegt in der langen Belichtungszeit, die die höchste Konzentration des Porträtierten erfordert. Der gesellschaftliche Grund dafür liegt in dem Umstand, daß die ersten Photographen der Avantgarde angehörten und ihre Kundschaft zum großen Teil aus ihr kam. Der Vorsprung Nadars vor seinen Berufsgenossen kennzeichnet sich in seinem Unternehmen, Aufnahmen im Kanalisationssystem von Paris zu machen. Damit werden dem Objektiv zum erstenmal Entdeckungen zugemutet. Seine Bedeutung wird um so größer, je fragwürdiger im Angesicht der neuen technischen und gesellschaftlichen Wirklichkeit der subjektive Einschlag in der malerischen und graphischen Information empfunden wird.
Die Weltausstellung von 1855 bringt zum erstenmal eine Sonderschau »Photographie«. Im gleichen Jahre veröffentlicht Wiertz seinen großen Artikel über die Photographie, in der er ihr die philosophische Erleuchtung der Malerei zuweist. Diese Erleuchtung verstand er, wie seine eigenen Gemälde zeigen, in politischem Sinn. Wiertz kann also als der erste bezeichnet werden, der die Montage als agitatorische Verwertung der Photographie wenn nicht vorhergesehen, doch gefordert hat. Mit dem zunehmenden Umfang des Verkehrswesens vermindert sich die informatorische Bedeutung der Malerei. Sie beginnt in Reaktion auf die Photographie zunächst die farbigen Bildelemente zu unterstreichen. Als der Impressionismus dem Kubismus weicht, hat die Malerei sich eine weitere Domäne geschaffen, in die ihr die Photographie vorerst nicht folgen kann. Die Photographie ihrerseits dehnt seit der Jahrhundertmitte den Kreis der Warenwirtschaft gewaltig aus, indem sie Figuren, Landschaften, Ereignisse, die entweder überhaupt nicht oder nur als Bild für einen Kunden verwertbar waren, in unbeschränkter Menge auf dem Markt anbot. Um den Umsatz zu steigern, erneuerte sie ihre Objekte durch modische Veränderungen der Aufnahmetechnik, die die spätere Geschichte der Photographie bestimmen.

III GRANDVILLE ODER DIE WELTAUSSTELLUNGEN

> Oui, quand le monde entier, de Paris jusqu'en Chine,
> O divin Saint-Simon, sera dans ta doctrine,
> L'âge d'or doit renaître avec tout son éclat,
> Les fleuves rouleront du thé, du chocolat;
> Les moutons tout rôtis bondiront dans la plaine,
> Et les brochets au bleu nageront dans la Seine;
> Les épinards viendront au monde fricassés,
> Avec des croûtons frits tout au tour concassés.
> Les arbres produiront des pommes en compotes
> Et l'on moissonnera des cerricks et des bottes;
> Il neigera du vin, il pleuvera des poulets,
> Et du ciel les canards tomberont aux navets.
>
> Lauglé et Vanderbusch:
> Louis et le Saint-Simonien (1832)

Weltausstellungen sind Wallfahrtsstätten zum Fetisch Ware. »L'europe s'est déplacé pour voir des marchandises«, sagt Taine 1855. Den Weltausstellungen gehen nationale Ausstellungen der Industrie vorher, von denen die erste 1798 auf dem Marsfelde stattfindet. Sie geht aus dem Wunsch hervor, »die Arbeiterklassen zu amüsieren und wird für dieselben ein Fest der Emanzipation«. Die Arbeiterschaft steht als Kunde im Vordergrund. Der Rahmen der Vergnügungsindustrie hat sich noch nicht gebildet. Das Volksfest stellt ihn. Chaptals Rede auf die Industrie eröffnet diese Ausstellung. – Die Saint-Simonisten, die die Industrialisierung der Erde planen, nehmen den Gedanken der Weltausstellungen auf. Chevalier, die erste Autorität auf dem neuen Gebiet, ist Schüler von Enfantin und Herausgeber der Saint-Simonisten Zeitung »Globe«. Die Saint-Simonisten haben die Entwicklung der Weltwirtschaft, nicht aber den Klassenkampf vorausgesehen. Neben ihrem Anteil an den industriellen und kommerziellen Unternehmungen um die Jahrhundertmitte steht ihre Hilflosigkeit in den Fragen, die das Proletariat betreffen. Die Weltausstellungen verklären den Tauschwert der Waren. Sie schaffen einen Rahmen, in dem ihr Gebrauchswert zurücktritt. Sie eröffnen eine Phantasmagorie, in die der Mensch eintritt, um sich zerstreuen zu lassen. Die Vergnügungsindustrie erleichtert ihm das, indem sie ihn auf die Höhe der Ware hebt. Er überläßt sich ihren Manipulationen, indem er seine Entfremdung von sich und den anderen genießt. – Die Inthronisierung der Ware und der sie umgebende Glanz der Zerstreuung ist das geheime Thema von Grandvilles

Kunst. Dem entspricht der Zwiespalt zwischen ihrem utopischen und ihrem zynischen Element. Ihre Spitzfindigkeiten in der Darstellung toter Objekte entsprechen dem, was Marx die »theologischen Mucken« der Ware nennt. Sie schlagen sich deutlich in der »spécialité« nieder – eine Warenbezeichnung, die um diese Zeit in der Luxusindustrie aufkommt, unter Grandvilles Stift verwandelt sich die gesamte Natur in Spezialitäten. Er präsentiert sie im gleichen Geist, in dem die Reklame – auch dieses Wort entsteht damals – ihre Artikel zu präsentieren beginnt. Er endet im Wahnsinn.

> Mode: Herr Tod! Herr Tod!
> Leopardi: Dialog zwischen
> Mode und Tod

Die Weltausstellungen bauen das Universum der Waren auf. Grandvilles Phantasien übertragen den Warencharakter aufs Universum. Sie modernisieren es. Der Saturnring wird ein gußeisener Balkon, auf dem die Saturnbewohner abends Luft schöpfen. Das literarische Gegenstück dieser graphischen Utopie stellen die Bücher des Fourieristischen Naturforschers Toussenal dar. – Die Mode schreibt das Ritual vor, nach dem der Fetisch Ware verehrt sein will, Grandville dehnt ihren Anspruch auf die Gegenstände des alltäglichen Gebrauchs so gut wie auf den Kosmos aus. Indem er sie in ihren Extremen verfolgt, deckt er ihre Natur auf. Sie steht im Widerstreit mit dem Organischen. Sie verkuppelt den lebendigen Leib der anorganischen Welt. An dem Lebenden nimmt sie die Rechte der Leiche war. Der Fetischismus, der dem Sex-Appeal des Anorganischen unterliegt, ist ihr Lebensnerv. Der Kultus der Ware stellt ihn in seinen Dienst.
Zur Pariser Weltausstellung von 1867 erläßt Victor Hugo ein Manifest: »An die Völker Europas«. Früher und eindeutiger sind deren Interessen von den französischen Arbeiterdelegationen vertreten worden, deren erste zur Londoner Weltausstellung von 1851, deren zweite von 750 Vertretern zu der von 1862 abgeordnet wurde. Diese war mittelbar für die Gründung der Internationalen Arbeiter-Association von Marx von Bedeutung. – Die Phantasmagorie der kapitalistischen Kultur erreicht auf der Weltausstellung von 1867 ihre strahlendste Entfaltung. Das Kaiserreich steht auf der Höhe seiner Macht. Paris bestätigt sich als Kapitale des Luxus und der Moden. Offenbach schreibt dem Pariser Leben den Rhythmus vor. Die Operette ist die ironische Utopie einer dauernden Herrschaft des Kapitals.

IV LOUIS-PHILIPPE ODER DAS INTERIEUR

> Une tête, sur la table de nuit, repose
> Comme un renoncule.
>
> Baudelaire: Un martyre

Unter Louis-Philippe betritt der Privatmann den geschichtlichen Schauplatz. Die Erweiterung des demokratischen Apparats durch ein neues Wahlrecht fällt mit der parlamentarischen Korruption zusammen, die von Guihot organisiert wird. In deren Schutz macht die herrschende Klasse Geschichte, indem sie ihre Geschäfte verfolgt. Sie fördert den Eisenbahnbau, um ihren Aktienbesitz zu verbessern. Sie begünstigt die Herrschaft Louis-Philippes als die des geschäftsführenden Privatmanns. Mit der Julirevolution hat die Bourgeoisie die Ziele von 1789 verwirklicht (Marx).

Für den Privatmann tritt erstmals der Lebensraum in Gegensatz zu der Arbeitsstätte. Der erste konstituiert sich im Interieur. Das Kontor ist sein Komplement. Der Privatmann, der im Kontor der Realität Rechnung trägt, verlangt vom Interieur in seinen Illusionen unterhalten zu werden. Diese Notwendigkeit ist um so dringlicher, als er seine geschäftlichen Überlegungen nicht zu gesellschaftlichen zu erweitern gedenkt. In der Gestaltung seiner privaten Umwelt verdrängt er beide. Dem entspringen die Phantasmagorien des Interieurs. Er stellt für den Privatmann das Universum dar. In ihm versammelt er die Ferne und die Vergangenheit. Sein Salon ist eine Loge im Welttheater.

Exkurs über den Jugendstil. Die Erschütterung des Interieurs vollzieht sich um die Jahrhundertwende im Jugendstil. Allerdings scheint er, seiner Ideologie nach, die Vollendung des Interieurs mit sich zu bringen. Die Verklärung der einsamen Seele erscheint als sein Ziel. Der Individualismus ist seine Theorie. Bei Vandervelde erscheint das Haus als Ausdruck der Persönlichkeit. Das Ornament ist diesem Hause was dem Gemälde die Signatur. Die wirkliche Bedeutung des Jugendstils kommt in dieser Ideologie nicht zum Ausdruck. Er stellt den letzten Ausfallversuch der in ihrem elfenbeinernen Turm von der Technik belagerten Kunst dar. Er mobilisiert alle Reserven der Innerlichkeit. Sie finden ihren Ausdruck in der mediumistischen Liniensprache, in der Blume als dem Sinnbild der nackten, vegetativen Natur, die der technisch armierten Umwelt entgegentritt. Die neuen Elemente des Eisenbaus, Trägerformen, beschäftigen den Jugendstil. Im Ornament bemüht er sich, diese Formen der Kunst zurückzugewinnen. Das Beton stellt ihm neue Möglichkeiten plastischer Gestaltung in der Architektur in Aussicht. Um diese Zeit verlagert der wirkliche Schwerpunkt des Lebensraumes sich ins Büro. Der entwirklichte schafft sich seine Stätte im Eigenheim. Das Fazit des Jugendstils zieht der »Baumeister Solness« – der Versuch des Individuums, auf Grund seiner Innerlichkeit mit der Technik es aufzunehmen, führt zu seinem Untergang.

Je crois ... à mon âme: la Chose.
Léon Deubel: Oeuvres
(Paris 1929)

Das Interieur ist die Zufluchtsstätte der Kunst. Der Sammler ist der wahre Insasse des Interieurs. Er macht die Verklärung der Dinge zu seiner Sache. Ihm fällt die Sisyphosaufgabe zu, durch seinen Besitz an den Dingen den Warencharakter von ihnen abzustreifen. Aber er verleiht ihnen nur den Liebhaberwert statt des Gebrauchswerts. Der Sammler träumt sich nicht nur in eine ferne oder vergangene Welt, sondern zugleich in eine bessere, in der zwar die Menschen ebensowenig mit dem versehen sind, was sie brauchen, wie in der alltäglichen, aber die Dinge von der Fron frei sind, nützlich zu sein.
Das Interieur ist nicht nur das Universum, sondern auch das Etui des Privatmanns. Wohnen heißt Spuren hinterlassen. Im Interieur werden sie betont. Man ersinnt Überzüge und Schoner, Futterals und Etuis in Fülle, in denen die Spuren der alltäglichen Gebrauchsgegenstände sich abdrücken. Auch die Spuren des Wohnenden drücken sich im Interieur ab. Es entsteht die Detektivgeschichte, die diesen Spuren nachgeht. Die »Philosophie des Mobiliers« sowie seine Detektivnovellen erweisen Poe als den ersten Physiognomen des Interieurs. Die Verbrecher der ersten Detektivromane sind weder Gentlemen noch Apachen, sondern bürgerliche Privatleute.

V BAUDELAIRE ODER DIE STRASSEN VON PARIS

Tout pour moi devient Allégorie.
Baudelaire: Le Cygne

Baudelaires Ingenium, das sich aus der Melancholie nährt, ist ein allegorisches. Zum erstenmal wird bei Baudelaire Paris zum Gegenstand der lyrischen Dichtung. Diese Dichtung ist keine Heimatkunst, vielmehr ist der Blick des Allegorikers, der die Stadt trifft, der Blick des Entfremdeten. Es ist der Blick des Flaneurs, dessen Lebensform die kommende trostlose des Großstadtmenschen noch mit einem versöhnenden Schimmer umspielt. Der Flaneur steht noch auf der Schwelle, der Großstadt sowohl wie der Bürgerklasse. Keine von beiden hat ihn noch überwältigt. In keiner von beiden ist er zu Hause. Er sucht sich sein Asyl in der Menge. Frühe Beiträge zur Physiognomik der Menge finden sich bei Engels und Poe. Die Menge ist der Schleier, durch den hindurch dem Flaneur die gewohnte Stadt als Phantasmagorie winkt. In ihr ist sie bald Landschaft, bald Stube. Beide bauen dann das Warenhaus auf, das die Flanerie selber dem Warenumsatz nutzbar macht. Das Warenhaus ist der letzte Streich des Flaneurs.
Im Flaneur begibt sich die Intelligenz auf den Markt. Wie sie meint, um ihn anzusehen, und in Wahrheit doch schon, um einen Käufer zu finden. In diesem Zwischenstadium, in dem sie noch Mäzene hat, aber schon beginnt, mit dem Markt sich vertraut zu machen, erscheint sie als bohème. Der Unentschiedenheit ihrer ökonomischen Stellung entspricht die Unentschiedenheit ihrer politischen Funktion. Diese kommt am sinnfälligsten bei den Berufsverschwörern zum Ausdruck, die durchweg der bohème angehören. Ihr anfängliches Arbeitsfeld ist die Armee, später wird es das Kleinbürgertum, gelegentlich das Proletariat. Doch sieht diese Schicht ihre Gegner in den eigentlichen Führern des letztern. Das Kommunistische Manifest macht ihrem politischen Dasein ein Ende. Baudelaires Dichtung zieht ihre Kraft aus dem rebellischen Pathos dieser Schicht. Er schlägt sich auf die Seite der Asozialen. Seine einzige Geschlechtsgemeinschaft realisiert er mit einer Hure.

Facilis descensus Averni.
Vergil: Aeneis

Es ist das Einmalige der Dichtung von Baudelaire, daß die Bilder des Weibs und des Todes sich in einem dritten durchdringen, dem von Paris. Das Paris seiner Gedichte ist eine versunkene Stadt und mehr unterseeisch als unterirdisch. Die chthonischen Elemente der Stadt – ihre topographische Formation, das alte verlassene Bett der Seine – haben wohl einen Abdruck bei ihm gefunden. Entscheidend jedoch ist bei Baudelaire in der »totenhaften Idyllik« der Stadt ein gesellschaftliches Substrat, ein modernes. Das Moderne ist ein Hauptakzent seiner Dichtung. Als Spleen zerspellt er das Ideal (»Spleen et Idéal«). Aber immer zitiert gerade die Moderne die Urgeschichte. Hier geschieht das durch die Zweideutigkeit, die den gesellschaftlichen Verhältnissen und Erzeugnissen dieser Epoche eignet. Zweideutigkeit ist die bildliche Erscheinung der Dialektik, das Gesetz der Dialektik im Stillstand. Dieser Stillstand ist Utopie und das dialektische Bild also Traumbild. Ein solches Bild stellt die Ware schlechthin: als Fetisch. Ein solches Bild stellen die Passagen, die sowohl Haus sind wie Sterne. Ein solches Bild stellt die Hure, die Verkäuferin und Ware in einem ist.

Le voyage pour connaître ma géographie.
Aufzeichnung eines Irren. (Paris 1907)

Das letzte Gedicht der »Fleurs du mal«: Le Voyage »O mort, vieux capitaine, il est temps, levons l'ancre.« Die letzte Reise des Flaneurs: der Tod. Ihr Ziel: das Neue. »Au fond de l'inconnu pour trouver du nouveau.« Das Neue ist eine vom Gebrauchswert der Ware unabhängige Qualität. Es ist der Ursprung des Scheins, der den Bildern unveräußerlich ist, die das kollektive Unbewußte hervorbringt. Es ist die Quintessenz des falschen Bewußtseins, dessen nimmermüde Agentin die Mode ist. Dieser Schein des Neuen reflektiert sich, wie ein Spiegel im andern, im Schein des immer wieder Gleichen. Das Produkt dieser Reflexion ist die Phantasmagorie der »Kulturgeschichte«, in der die Bourgeoisie ihr falsches Bewußtsein auskostet. Die Kunst, die an ihrer Aufgabe zu zweifeln beginnt und aufhört »inséparable de l'utilité« zu sein (Baudelaire), muß das Neue zu ihrem obersten Wert machen. Der arbiter novarum rerum wird ihr der Snob. Er ist der Kunst, was der Mode der Dandy ist. – Wie im siebzehnten Jahrhundert die Allegorie der Kanon der dialektischen Bilder wird, so im neunzehnten Jahrhundert die Nouveauté. Den magasins de nouveauté treten die Zeitungen an die Seite. Die Presse organisiert den Markt geistiger Werte, auf dem zunächst eine Hausse entsteht. Die Nonkonformisten rebellieren gegen die Auslieferung der Kunst an den Markt. Sie scharen sich um das Banner des »l'art pour l'art«. Dieser Parole entspringt die Konzeption des Gesamtkunstwerks, das versucht, die Kunst gegen die Entwicklung der Technik abzudichten. Die Weihe, mit der es sich zelebriert, ist das Pendant der Zerstreuung, die die Ware verklärt. Beide abstrahieren vom gesellschaftlichen Dasein des Menschen. Baudelaire unterliegt der Betörung Wagners.

VI HAUSSMANN ODER DIE BARRIKADEN

J'ai le culte du Beau, du Bien, des grandes choses,
De la belle nature inspirant le grand art,
Qu'il enchante l'oreille ou charme le regard;
Jai l'amour du printemps en fleurs: femmes et roses.

Baron Haussmann: Confession d'un lion devenu vieux

Das Blüthenreich der Dekorationen,
Der Reiz der Landschaft, der Architektur
Und aller Szenerie-Effekt beruhen
Auf dem Gesetz der Perspektive nur.

Franz Böhle: Theater-Katechismus

Haussmanns urbanistisches Ideal waren die perspektivischen Durchblicke durch lange Straßenfluchten. Es entspricht der im neunzehnten Jahrhundert immer wieder bemerkbaren Neigung, technische Notwendigkeiten durch künstlerische Zielsetzungen zu veredeln. Die Institute der weltlichen und geistlichen Herrschaft des Bürgertums sollten, in den Rahmen der Straßenzüge gefaßt, ihre Apotheose finden. Straßenzüge wurden vor ihrer Fertigstellung mit einem Zelttuch verhangen und wie Denkmäler enthüllt. – Die Wirksamkeit Haussmanns fügt sich dem napoleonischen Idealismus ein. Dieser begünstigt das Finanzkapital. Paris erlebt eine Hochblüte der Spekulation. Das Börsenspiel drängt die aus der feudalen Gesellschaft überkommenen Formen des Hasardspiels zurück. Den Phantasmagorien des Raumes, denen der Flaneur sich ergibt, entsprechen die Phantasmagorien der Zeit, denen der Spieler nachhängt. Das Spiel verwandelt die Zeit in ein Rauschgift. Lafargue erklärt das Spiel als eine Nachbildung der Mysterien der Konjunktur im kleinen. Die Expropriationen durch Haussmann rufen eine betrügerische Spekulation ins Leben. Die Rechtsprechung des Kassationshofs, die von der bürgerlichen und orleanistischen Opposition inspiriert wird, erhöht das finanzielle Risiko der Haussmannisierung. Haussmann versucht, seine Diktatur zu stützen und Paris unter ein Ausnahmeregime zu stellen. 1864 bringt er in einer Kammerrede seinen Haß gegen die wurzellose Großstadtbevölkerung zum Ausdruck. Diese vermehrt sich durch seine Unternehmungen ständig. Die Steigerung der Mietpreise treibt das Proletariat in die Faubourgs. Die Quartiers von Paris verlieren dadurch ihre Eigenphysiognomie. Die rote ceinture entsteht. Haussmann hat sich selber den Namen »artiste démolisseur« gegeben. Er fühlte sich zu seinem Werk berufen und betont das in seinen Memoiren. Indessen entfremdet er den Parisern ihre Stadt. Sie fühlen sich in ihr nicht mehr heimisch. Der unmenschliche Charakter der Großstadt beginnt, ihnen bewußt zu werden. Maxime Du Camps Monumentalwerk »Paris« verdankt diesem Bewußtsein die Entstehung. Die »Jérémiades d'un Haussmannisé« geben ihm die Form einer biblischen Klage.

Der wahre Zweck der Haussmannschen Arbeiten war die Sicherung der Stadt gegen den Bürgerkrieg. Er wollte die Errichtung von Barrikaden in Paris für alle Zukunft unmöglich machen. In solcher Absicht hatte schon Louis-Philippe Holzpflasterung eingeführt. Dennoch spielten die Barrikaden in der Februarrevolution eine Rolle. Engels beschäftigt sich mit der Technik der Barrikadenkämpfe. Haussmann will sie auf doppelte Art unterbinden. Die Breite der Straßen soll ihre Errichtung unmöglich machen, und neue Straßen sollen den kürzesten Weg zwischen den Kasernen und Arbeitervierteln herstellen. Die Zeitgenossen taufen das Unternehmen: »L'embellissement stratégique«.

Fais voir, en déjouant la ruse,
O République, à ces pervers
Ta grande face de Méduse
Au milieu de rouges éclairs.

Chanson d'ouvriers vers 1850

Die Barrikade ersteht in der Kommune von neuem auf. Sie ist stärker und besser gesichert denn je. Sie zieht sich über die großen Boulevards, reicht oft bis in die Höhe des ersten Stocks und deckt hinter ihr befindliche Schützengräben. Wie das Kommunistische Manifest die Epoche der Berufsverschwörer beendet, so macht die Kommune mit der Phantasmagorie ein Ende, die die Freiheit des Proleratiats beherrscht. Durch sie wird der Schein zerstreut, daß es Aufgabe der proletarischen Revolution sei, Hand in Hand mit der Bourgeoisie das Werk von 1789 zu vollenden. Diese Illusion beherrscht die Zeit von 1831 bis 1871, vom Lyoner Aufstand bis zur Kommune. Die Bourgeoisie hat nie diesen Irrtum geteilt. Ihr Kampf gegen die gesellschaftlichen Rechte des Proletariats beginnt schon in der großen Revolution und fällt mit der philantropischen Bewegung zusammen, die ihn verdeckt und die unter Napoleon III. ihre bedeutendste Entfaltung erfährt. Unter ihm entsteht das Monumentalwerk der Richtung: Le Play's: »Ouvriers européens«. Neben der gedeckten Stellung der Philantrophie hat die Bourgeoisie jederzeit die offene des Klassenkampfes bezogen. Schon 1831 erkennt sie im »Journal des Débats«: »Jeder Fabrikant lebt in seiner Fabrik wie die Plantagenbesitzer unter ihren Sklaven.« Ist es das Unheil der alten Arbeiteraufstände, daß keine Theorie der Revolution ihnen den Weg weist, so ist es auf der anderen Seite auch die Bedingung der unmittelbaren Kraft und des Enthusiasmus, mit dem sie die Herstellung einer neuen Gesellschaft in Angriff nimmt. Dieser Enthusiasmus, der seinen Höhepunkt in der Kommune erreicht, gewinnt der Arbeiterschaft zeitweise die besten Elemente der Bourgeoise, führt sie aber dazu, am Ende ihren schlechtesten zu unterliegen. Rimbaud und Courbet bekennen sich zur Kommune. Der Brand von Paris ist der würdige Abschluß von Haussmanns Zerstörungswerk.

Mein guter Vater war in Paris gewesen.
Karl Gutzkow: Briefe aus Paris (1842)

Balzac hat als erster von den Ruinen der Bourgeoisie gesprochen. Aber erst der Surrealismus hat den Blick auf sie freigegeben. Die Entwicklung der Produktivkräfte legte die Wunschsymbole des vorigen Jahrhunderts in Trümmer, noch ehe die sie darstellenden Monumente zerfallen waren. Diese Entwicklung hat im neunzehnten Jahrhundert die Gestaltungsformen von der Kunst emanzipiert, wie im sechzehnten Jahrhundert sich die Wissenschaften von der Philosophie befreit haben. Den Anfang macht die Architektur als Ingenieurkonstruktion. Es folgt die Naturwiedergabe als Photographie. Die Phantasieschöpfung bereitet sich vor, als Werbegraphik praktisch zu werden. Die Dichtung unterwirft sich im Feuilleton der Montage. Alle diese Produkte sind im Begriff, sich als Ware auf den Markt zu begeben. Aber sie zögern noch auf der Schwelle. Dieser Epoche entstammen die Passagen und Interieurs, die Ausstellungshallen und Panoramen. Sie sind Rückstände einer Traumwelt. Die Verwertung der Traumelemente beim Erwachen ist der Schulfall des dialektischen Denkens. Daher ist das dialektische Denken das Organ des geschichtlichen Aufwachens. Jede Epoche träumt ja nicht nur die nächste, sondern träumend drängt sie auf das Erwachen hin. Sie trägt ihr Ende in sich und entfaltet es – wie schon Hegel erkannt hat – mit List. Mit der Erschütterung der Warenwirtschaft beginnen wir, die Monumente der Bourgeoisie als Ruinen zu erkennen, noch ehe sie zerfallen sind.

BENJAMIN PÉRET

Naturgeschichte

Die vier Elemente

Die Welt ist aus Wasser, Erde, Luft und Feuer gemacht, und die Erde ist nicht rund, sondern hat die Form einer Halbkugel.
Sie ist die eine Brust des Himmels; die andere erhebt sich inmitten der Milchstraße.

I. Die Erde

Die Erde erzeugt die Fliegen, Eintagserscheinungen, die über sie wachen müssen, wenn es heiß ist; denn wenn es kalt ist, trocknet die Erde aus, wird zum Kürbis und braucht keine Wärter mehr; im Sommer steigt Rauch aus ihren Ohren auf, und wenn die Fliegen ihn nicht gen Himmel trügen, würden die Wolken sich wie schmutzige Fetzen über die Erde wälzen.
Mit Wasser begossen, gibt die Erde:
1. Das Lippenrot, aus dem man den Kuß gewinnt.
Man unterscheidet zwei Arten von Lippenrot: das in langen Wellen aufliegende Rot, das durch Destillation Fahnen liefert, und das leichte Rot, dessen Blüte den Kuß erzeugt. Diesen Kuß erhält man übrigens auf zwei verschiedene Arten, entweder durch Austrocknen der im Augenblick des Aufbrechens gepflückten Blüte, oder durch Zermalmen des Samens, der eine sehr flüchtige und schwer zu erhaltende Essenz abgibt.
2. Das türkische Bad, das man gewinnt, indem man feuchte Erde mit geronnener Milch zusammenknetet, und das so viel Lärm macht, daß man es nach und nach in Wüstengegenden verbannt hat.
3. Den Frosch, der langsam die Erde verschlingt.
4. Das Cello, dessen Anwendung immer häufiger in der Therapie der Arthritis wird und das sich in pulverisiertem Zustand großer Beliebtheit bei der Wäsche feiner Leinwand erfreut, deren Farben es nicht angreift.

5. Die Brille für Kurzsichtige, die man gewinnt, indem man die Erde in einem kochend heißen Aufguß chinesischen Tees aufweicht, dann das Ganze im Wasserbad kochen läßt.
Aus der feuchten Erde gewinnt man noch viele Dinge – wie den Kompaß, die Zervelatwurst, den Boxer, das Streichholz, die Präposition und so weiter – die unsere Großmütter noch benutzten, die man heute aber nur noch bei Antiquaren findet.
Wenn man die Erde anpustet, das heißt, wenn man ihr Luft zuführt, gewinnt man bei schwachem Blasen die stachelbeerartige Johannisbeere und bei heftigem Blasen das Dreirad.
Da die Anwendung mechanischer Verfahren (deren Ursprung später erklärt wird) es gestattet, der Erde größere Luftmengen einzublasen, hat sie das Sieb erzeugt. Man gewinnt es, indem man mit Hühnerkot beschmutzte Erde nimmt und einen gewaltigen Luftstrahl auf sie einwirken läßt, der in der sie umgebenden Lufthülle weiterwirkt. Die pulverisierte Tonerde wird in einen Behälter eingeschlossen, in welchem die von einem gewaltigen Ventilator durcheinandergewirbelte Luft alle fünf Minuten vom Gefrierpunkt bis auf fünfzig Grad über Null gebracht wird und umgekehrt, und die so den Portier liefert. Von Albert dem Großen erfunden, ist er seitdem sehr vervollkommnet worden, nutzt sich jetzt aber schneller ab als früher.
In einem Behälter, der Luft unter drei Atmosphären Druck enthält und unter sehr niedriger Temperatur gehalten wird, liefert die Erde die Stricknadel. Durch Erhöhung des Druckes und Herabsetzung der Temperatur gewinnt man die Amsel, die Wiege, die Zuckererbse und das schreckliche Motorrad.
In dünnen und gerösteten Scheiben wird die Erde zum Angelhaken. In dicken, einem Höllenfeuer ausgesetzten Scheiben wird sie Bedürfnisanstalt; in Kugelform liefert sie durch Zerplatzen im Feuer die Heuschrecke und, wenn die Kugel groß ist, den Schnurrbart.

II. Die Luft

Die Luft sondert in ihrem Normalzustand dauernd Pfeffer ab, der die Erde zum Niesen bringt. Auf der Höhe des Erdbodens verdichtet sich der Pfeffer, bis er im Sommer die Bagatelle und im Winter die Zeitung liefert. Es genügt dann, diese letztere ins Freie zu legen, damit sie sich in einen Bahnhof oder je nach Anzahl ihrer Seiten in einen Schwamm verwandelt. In einer Luftschicht von zweitausend Metern verdichtet sich der Pfeffer gleicherweise und fällt als so unmerklicher Staub zur Erde zurück, daß niemand ihn wahrnimmt. Weiter oben ernährt der Pfeffer die Sterne, denen er ihren Glanz verleiht.

Blau gefärbt, fabriziert die Luft bei trockenem Wetter das Unterholz und bei Regenwetter das Chlornatron, aber dann ist sie dem Menschen, der sie in hohen Dosen in sich aufnimmt, schädlich, denn sie verursacht Magengeschwüre und Furunkel und greift den Zahnschmelz an. Gelb gefärbt, dient die Luft zur Bereitung von Pelzwerk, und mit Maikäferpulver gemischt, heilt sie den Tetanus. Gezuckert verwendet man die Luft zur Ausbesserung von Luftschläuchen; gesalzen wird sie zum Bett. Einmal zwischen den Händen erwärmt, dehnt sie sich aus, bis sie sich in eine Peitsche verwandelt. Zerfasert und mit Rotwein begossen, liefert sie den Kapellmeister, der den Landleuten zur Zeit der Ernte so nützlich ist. An der Sonne getrocknet und einen ganzen Winter über an sehr trockenem Orte aufbewahrt, liefert die Luft im Frühling den Verlobungsring, den ihre außerordentliche Empfindlichkeit gegen Temperaturschwankungen sehr zerbrechlich macht und der selten das Mannesalter erreicht.

In einen Wandschrank eingeschlossen neigt die Luft dazu, aus ihm zu entweichen, um, wenn es ihr gelingt, an der Tür in Getalt eines solchen Pilzes ihr Leben auszuhauchen, wie er heute allgemein gegen Runzeln gebraucht wird.

Wenn man sie in Weinessig einweicht, gibt die Luft den Gepäckträger, der in windigem Wetter nach Art von Käse in vorgeschrittenem Stadium zu laufen beginnt. Man fängt dann den weich gewordenen Gepäckträger auf, trocknet und pulverisiert ihn sorgfältig, um ihn schließlich an einem gegen Sonne geschützten Ort auszusäen. In einem Monat keimt der Mond, kommt aus der Erde und blüht, denn der Mond ist kein Gestirn, wie man glaubt, sondern der Pollen unzähliger weiblicher Blüten des weichen Gepäckträgers und steigt alle Abende von der Erde auf, wohingegen die männlichen Blüten auf den Boden zurückfallen, wo ihr Same erneut keimt. Jeden Morgen ergießt sich der Mond zusammenbrechend ins Meer, und der Anprall des Mondes gegen die Wellen verursacht die Flut, während der Mond beim Auflösen im Meer das Wasser salzig macht.

Im Zustand des Regens wird das Wasser zum Regenwurm, indem es in den Erdboden eindringt. Wenn sie große Tiefen erreichen, versammeln sich diese Regenwürmer in großen Massen in natürlichen Höhlen und erzeugen durch Spucken das Erdöl. Man unterscheidet mehrere Arten von Erdöl:

1. Das genagelte Erdöl, das nur eine kurze Lebensdauer hat, denn es dient den Nachtmotten als Nahrung.
2. Das körnige Erdöl, das die Elefanten lieben, weil es das Wachstum ihrer Stoßzähne fördert.
3. Das einhörnige Erdöl, das, soweit es Erdöl ist, nutzlos bleibt. Das Horn allein läßt, indem es sich unter der Einwirkung des Windes zersetzt, den Schnelläufer entstehen, der in der Porzellanindustrie ständig zur Reinigung des Kaolin gebraucht wird. Man reinigt dies vor allem dadurch, daß man ihm große Dosen Tintenfischtinte beimengt.
4. Das heisere Erdöl, so genannt wegen der unschönen Töne, die es von sich gibt. Aus ihm gehen die Glocken hervor, die überall die Keime ansteckender Krankheiten verbreiten.
5. Das haarige Erdöl, das sich an die Rinde der Bäume in den kalten Ländern heftet und im Laufe der Zeit nacheinander Sperlingseier, Raketen und Nadeln ergibt. Aus der Paarung von Raketen und Nadeln entstehen rote Billardkugeln, die die Karpfen erschrekken. Ihre Wildheit ist so groß, daß in wenigen Tagen die fischreichsten Teiche leer werden. Die rote Kugel stirbt dann bald an Entkräftung und erzeugt dabei Irrlichter.
6. Das Schneeöl, das man nur auf den höchsten Gebirgen Europas findet. In einer Höhe von über zweitausend Metern verliert dieses Erdöl seine Eigenschaften, wird trübe und spröde und verwandelt sich unter der Einwirkung der Sonne in einen Stuhl, in einen Saurier von ungefährlichem Aussehen, dessen sehr giftiger Biß jedoch tödlich sein kann, wenn er nicht schnell behandelt wird.

Das Flußwasser liefert bei Mondenschein das Huhn, dessen Federn zur Herstellung der Koteletten sehr gesucht sind. Aber im Sommer haben die Hühner keine Federn, sondern sind mit roten Zähnen bedeckt, diese werden in pulverisiertem Zustand zur Herstellung von Kerzen benutzt, die auf dem Lande so nützlich sind, um das Vorhandensein unterirdischer Wasserläufe anzuzeigen. Diese unterirdischen Wasser sind von Unmengen von Schlüsseln bevölkert, die, sobald man einen Brunnen bohrt, durch dessen Öffnung entweichen, um unter Ausstoßung durchdringender Schreie auf dem Wipfel großer Bäume zu nisten. Wenn die Nacht hereingebrochen ist, vereinigen sie sich zu Banden und greifen die Hunde an, die bei ihrem Herannahen »Packt an!« brüllend davonlaufen.

Wenn das Brunnenwasser wieder auf die Oberfläche des Erdbodens hinaufgestiegen ist, verdampft es schnell und hinterläßt auf dem Boden des Behälters einen Rückstand von schönem, klarem Grün: es ist das Kausalitätsprinzip, das, in Öl löslich, der Vater der Artischocke ist. Erhitzt verhärtet sich das Brunnenwasser, dehnt sich aus, erreicht bei einer Temperatur von 80 Grad große Elastizität, die es befähigt, in einigen Tagen Känguruh zu werden. Aber dieses Känguruh leidet an Erkrankungen der Atmungswege, auch die Tuberkulose wütet unter dieser Känguruh-Art. Darum wird das Känguruh des abgestorbenen toten Holzes, das viel widerstandsfähiger als die anderen Arten ist, von den Kaninchenzüchtern bevorzugt, deren Züchtungen bei Berührung mit ihm ein seidiges und langes Fell bekommen, das zur Herstellung von Fahnen sehr gesucht ist. Wenn die Temperatur unter Null sinkt, verwandelt sich das Brunnenwasser in einen Bettler, der, in feine Scheiben zerschnitten, zur Herstellung von Grotten dient.

Das Meerwasser gibt beim Verdampfen eine Seide, deren Haltbarkeit den Menschen überrascht. Man spricht von weiblichen, tausendjährigen Seiden, die noch alle Jahre vier Würfe Likörgläser zur Welt bringen, und jeder Wurf hat ein Dutzend Gläser... Man erkennt leicht, daß unter diesen Bedingungen das Likörglas für den Menschen eine schlimmere Plage geworden wäre als die Heuschreckenschwärme, wenn es nicht in der Krücke einen hartnäckigen Feind gefunden hätte. Tatsächlich verschlingt jede Krücke jährlich Zehntausende von Likörgläsern, und schon allein in Zentralafrika bilden die Krücken, deren man an die zwanzig Arten zählt, riesige Herden. Nachdem sie alle Likörgläser auf ihrem Wege verschlungen haben, werden diese Herden der Schrecken der Eingeborenen, deren Kalbsleberkulturen sie zerstören und sie so dem Elend und der Hungersnot ausliefern.

Schließlich unterscheidet man das bärtige Wasser, dessen Natur man wenig kennt (man macht daraus Panzer, die bei alten, frostigen Damen sehr beliebt sind), das fliegende Wasser, das den Seefahrern zum Peilen dient, das leichte Wasser, aus dem man Badehosen gewinnt, das Hartholzwasser, das den Konditoren unentbehrlich ist, das Staubwasser, das in der Tischlerei angewandt wird, das Federwasser, das man im Dezember zu einem

Zeitpunkt jagt, wenn seine Federn ihre glänzendsten Farben annehmen, das Schlackenwasser, das in der Elektrizität Verwendung findet, und viele andere Arten, von denen später gesprochen wird.

IV. Das Feuer

Als hauptsächlich mineralisches Element haust das Feuer in Steinen und Eiern. Die zitternden Steine sind diejenigen, die, feucht und der Sonne ausgesetzt, das beste Feuer abgeben; es ist samtig und duftend und wird stets zur Einäscherung von Kirchen benutzt; aber die Steine dürfen nicht zu sehr zittern, denn wenn ihr Zittern allzu stark ist, schmilzt das Feuer – daher die sauce tartare, deren Stacheln, wenn sie den sie Berührenden stechen, ihm die Begonie aufpfropfen, die den Kranken vom Morgen bis zum Abend zum Gähnen zwingt. Wenn das Zittern des Steines wechselnd ist, hustet das Feuer und spuckt feuchtes Moos aus, wodurch es ausgelöscht wird und Läuse gebiert; diese sind von den Färbern wegen des Schadens, den sie bei ihren Farben anrichten, sehr gefürchtet. Durch die Anwesenheit der Läuse gestört, verlieren die Farben tatsächlich ihren Glanz und ihre Reinheit, so daß es unmöglich wird, eine einheitliche Tönung zu erzielen. Dagegen wird diese störende Wirkung von *den* Färbern gesucht, die marmorierte Tönungen erzielen wollen. Sie schließen dann Läuse ein und färben sie zu gleichen Teilen in einem geschlossenen Gefäß; dort belassen sie die Mischung während verschieden langer Zeit bei ziemlich hoher Temperatur, je nachdem, ob sie marmorierten Stoff oder Moirée erzielen wollen.
Einen ganzen Winter lang dem Regen überlassen, geben die Windsteine ein heftiges, aber nur kurz andauerndes Feuer, falls man nicht Sorge trägt, diese Steine ins Meer zu tauchen, bevor man sich ihrer bedient, das heißt, bevor man sie in einen Schilfkäfig legt, der die Entfaltung des Feuers begünstigt. Das Feuer zieht dann Maulwürfe an sich, von denen es sich ernährt und die so dazu beitragen, gleichzeitig seine Lebensdauer und seine Kraft zu vermehren.
Man kennt eine ungeheure Menge von Feuern. Zu den bekanntesten gehört das Lamellenfeuer, aus dem man Flaschen extrahiert, die, wiederum in ein Chininbad getaucht, ein so hartes Feuer abgeben, daß besondere Werkzeuge erforderlich sind, um es in so widerstandsfähige und leichte Bretter zu schneiden, daß Kinder

daraus Drachen machen können. Man kennt auch das Pantoffelfeuer, das aus der Paarung des Schlafwagens und des kleinen Handwagens entstanden ist. Es ist von Komponisten sehr begehrt, denn, auf weichem und gut gebürstetem Bett ausgebreitet, ergibt es, wenn es erst einmal obenhin mit Salz bestreut wird, die Symphonie und mit Tinte bespritzt die Oper. Eines der gewöhnlichsten Feuer, das stinkende Feuer, gewinnt man durch Verkneten von Bischof und Lebertran. Es verbreitet einen pestilenzartigen Geruch, aber die Spargelzucht wird dadurch gefördert, denn das stinkende Feuer zerstört die Fächer, welche die keimenden Spargel zerfressen. Man kann noch das Wolkenfeuer nennen, das Mäuse und Ratten daran hindert, sich in unbewohnten Häusern einzunisten, das Kulissenfeuer, das abkühlt, sobald es aus den Injektionsspritzen herauskommt, das Mousselinfeuer, das in der Kuchenbäckerei unentbehrlich ist, das Straußenfeuer, das alle jungen Mädchen am Abend ihres ersten Balles in ihrem Busen versenken, das hinkende Feuer, Schrecken der Ärzte, denn es verursacht Epidemien (es wird auch sofort bei seinem Auftreten mit Lauchdämpfen bekämpft), das geschlagene Feuer, das den Schlummer der Dorfbewohner am Abend vor der Weinlese stört, das Feuer in Stab-, Pillen- und Staubform, trocken, schwarz und weiß, getigert, doktoral und so weiter.
Man trifft all diese mehr oder weniger reinen Feuer gewöhnlich auf der ganzen Erdoberfläche an; man kann sie leicht reinigen, entweder mit Fischgräten, oder indem man sie durch in Essig getauchte Papierfilter treibt. Man kennt jedoch auch andere, viel seltenere Abarten von Feuer, wie zum Beispiel das Knopffeuer, das Blondinen so gut kleidet, das Gehirnfeuer, das man nur unter Schwierigkeiten erzeugt, indem man so lange Puder mit Quecke verreibt, bis man eine feste Masse erhält; man läßt diese dann an der Sonne trocknen, nachdem man sie zu gleichen Teilen mit sehr feinen Eisen- und Kupferspänen bestreut hat. Wenn die Späne nicht fein genug sind, läuft der Teig und ergibt Sous; wenn sie zu fein sind, kommen Vögel den Teig aufpicken, der bald aufplatzt und eine schwarze Staubwolke von sich gibt; der Staub klebt an der Haut fest und verschwindet nur unter einer Tünche von Jodtinktur. Aus einem Kilo dieser Masse erhält man in wenigen Tagen ein nußgroßes Stück Gehirnfeuer, das man beim Zerbrechen in dem getrockneten Teig findet. Außerdem muß man auch vermeiden, es auf Wolle fallen zu lassen, die außer sich geraten würde. Seinerseits zerstoßen ist dieses Gehirnfeuer mit Heliotropblüten gemischt und pulverisiert als heißer Aufguß den

Frauen von Nutzen, die Schönheitsflecken haben möchten. Unter den seltenen Feuern sei noch das Flatterfeuer genannt, das sich nach Vulkanausbrüchen sehr spät aus der Asche mittels einiger Gramm pro Tonne mit Cidre bearbeiteter Asche bildet; es ist wirklich sehr selten; das Hängebackenfeuer, das als dekoratives Motiv angewandt wird, das fliegende Feuer, das in den Werkstätten der Modistinnen verboten ist, weil es die Arbeiterinnen gegen ihre Herrin aufwiegelt; das Rosenfeuer, das man im Frühling sehr früh morgens in den Wäldern findet; das Armbrustfeuer, das eine sehr seltene Krankheit der Schnecke ist (eine von zehntausend wird davon befallen); das zitternde Feuer; das Hosenträgerfeuer; das Busenfeuer; und schließlich das Krümelfeuer, das das Weibchen des Pinguins manchmal beim Eierlegen absondert; aber es verfliegt in wenigen Augenblicken, wenn es nicht sehr schnell in frischer Sahne aufgefangen wird.

Übertragung von Leonhasda Gescher

ERNST JÜNGER

Der Moosgrüne

Der Raum für die freie Bewegung schmilzt schnell zusammen, sowohl durch die immer dichtere Besiedlung als auch durch den rapiden Verkehr. Ein Mittel, das Gefühl der Enge zu überwinden, das sich aufdrängt, ist die liebevolle Betrachtung kleiner Dinge; da strömt Welt in die Parzellen ein. Oasen blühen hart an den Rändern der Heerstraßen, deren Systemen die Eingeweihten nur in den groben Zügen folgen; sie haben andere, verborgenere Richt- und Rastpunkte als die Häfen und Bahnhöfe. So ziehen die Zugvögel über Straßen und Schienen hinweg von einer Waldinsel zur anderen.

Die Richtpunkte sind magische Konkretionen ihrer Landschaft und den Mitreisenden durchaus verborgen, letzte Einheiten, die sich dem bloßen Auge bieten, hart vor dem Ungesonderten und deshalb aufs schärfste profiliert. Durch den Anblick eines Edelsteins kann sich ein Gebirge aufschließen.

Scharfe Engramme zeichnen die Gattung Ochthebius aus, die, wie der Name andeutet, zu den Uferbewohnern zählt. Die Arten fühlen sich besonders wohl im Quellmoos, das sich im fließenden oder tropfenden Wasser bildet; zwei, drei von ihnen hatte ich mit dem Rektor aus dem Goslarer Piepental heimgebracht. Die meisten sind schwierig zu bestimmen; bei einem Einzelstück, das ich en passant aus Sardinien mitgenommen hatte, kam ich trotz allem Kopfzerbrechen nicht zum Ziel, als ich es ein Jahr später in einer Wilflinger Herbstnacht betrachtete. Das Tierchen wollte seinen Taufnamen nicht preisgeben, kein bindendes Urteil annehmen. Ich schickte es also auf den Instanzenweg – zunächst nach Überlingen zum Monsignore und dann nach Bonn zum Rektor Hoch, der sich auch vergeblich abmühte. Daß ich bereits den dritten Rektor zitierte, ist kein Zufall; es erklärt sich durch die Ausbildung, die um die Jahrhundertwende auf den Seminaren üblich war.

Erst Großmeister Derenne aus Brüssel vermochte die Art zu diagnostizieren; die letzten Zweifel waren ausgeräumt. Ich tat ein übriges, indem ich den Namen vergaß und das Tier für den Hausgebrauch umtaufte, nachdem es auf dem Standesamt gewesen war. Wenn dorther Nachfragen kamen, konnte ich sie aus der Kartei beantworten. Wissenschaft immer nur nach Bedarf. Für mich wurde es »der Moosgrüne« – ich hatte es in einem Felstal mit dem Teesieb aus dem Quellmoos eines versiegten Baches gefischt. An manchen Stellen waren dort bis in den September kleine Tümpel geblieben, die langsam im dunkelroten Schatten des Wadi austrockneten.

Der Ort steigt, wenn ich den Moosgrünen betrachte oder auch nur an ihn denke, in der Erinnerung auf, als ob ein winziger Kontakt ein großes Licht entzündete. Rote Kaps gibt es am Mittelmeer viele – so das Cap Esterel an der Azurküste, so die über den blauen Spiegel glühenden Bastionen von Elba, Korsika, Sardinien und all den Küsten, Inseln, Eilanden. Das des Moosgrünen findet sich auf keiner Seekarte. Dort lockt ein einsames Stück Erde, das ich durch Zufall entdeckt und annektiert habe – mir sicherer angeeignet, als wenn ich es gekauft und durch eine Mauer geschirmt hätte. Ein Tal des Sirius mit allen Merkmalen der Heimat: heimisch, heimlich und auch ein wenig unheimlich. Dort meditiert sichs auf besondere Weise; die Erde spendet unmittelbare Kraft.

Maître Derenne bat um Belegstücke. Sollte ich nicht wieder einmal nach dem Moosgrünen schauen und von seiner Sippe Tribut fordern? Solche Gelüste lassen sich heute schneller als je befriedigen; das zählt zu den Lichtblicken der Zeit. Gedacht, getan: Telefonat mit dem Riedlinger Drogisten, der auch ein kleines Reisebüro betreibt. Innerhalb von drei Tagen besorgt er die Fahrkarten. Die Strecke gleicht einem Korridor, den ich mit geschlossenen Augen durchfahren könnte und von dem zuweilen Eingänge zu kleinen Stützpunkten abzweigen. Im ersten Sprung ist Lugano erreicht; die Drahtseilbahn führt von der Station genau vor die Tür des Albergo »Dante« hinab. Gemischtes Siedfleisch mit so reichem Contorno findet man an keinem anderen Ort. Zum Servieren wird ein Wägelchen herangerollt, auf dem der Chef vorschneidet. Nostrano im irdenen Becher, Obst von den Südhängen. Am anderen Morgen noch ein Gang durch die gedeckten Lauben mit ihren Auslagen. Blaue Feigen, grüne und gelbe Melonen; in den Gewölben hängen Schinken und Korbflaschen von der Decke herab. Scharen von Reisenden geben den Gassen schon in der Frühe festlichen Glanz.

In Rom erwartet Henry mich am Bahnhof; ich werde bei ihm und Orsola Nemi in der Viale di Trastevere zur Nacht bleiben. Unter meinen Freunden ist Henry der belesenste, und das will viel sagen. Oft scheint es, als hätte er ein langes Leben nur mit Büchern verbracht. Sie füllen die Räume bis auf den Korridor, sowohl hier in Rom wie in La Spezia, wo er den Sommer verbringt. Obwohl dort am Hang von San Bartolomeo das Haus von einem Park umhegt ist, verläßt er oft wochenlang kaum die Bibliothek. Daß er sich indessen viel in der Welt bewegt hat, bezeugt sein kosmopolitischer Freundeskreis. In New York im gleichen Viertel wie Henry Miller geboren, in Frankfurt erzogen, war er früh und immer wieder in Italien. Er lebt auch seit dem Zweiten Weltkrieg hier als Lektor, Editor, Autor, Übersetzer, Theologiestudierender und Patient, der mit dem Herzen zu schaffen hat. Dank seiner Lektüre, seinen Reisen, seinen Begegnungen hat er einen unerschöpflichen Vorrat an Anekdoten eingeheimst.

Am nächsten Morgen, nachdem Henry seine »Piqûre« bekommen hat, machen wir einen Gang durch die Via Giulia und die Via Monserrato, um die Fassaden der alten Häuser zu betrachten, treten auch hier und dort in einen der Höfe ein. Wieder erstaunt mich des Freundes antiquarisches Wissen, das sich am Detail entfaltet, an einem Stück archaischen Gemäuers oder einem Wappen, einer Inschrift im verwitterten Gestein.

Dann in Santa Maria di Monserrato. Nachdem der Kustos uns das Übliche gezeigt hat, beflügelt Henry ihn durch ein neues Trinkgeld und läßt ihn eine Kanzlei öffnen, in der die erste Arbeit Berninis verwahrt wird: der Kopf des Kanonikus von San Pietro, der mit dem Kardinal Barberini befreundet war. Bernini, der damals im Atelier des Vaters lernte, bekam als Sechzehnjähriger den Porträtauftrag. Leid, Inbrunst, Krankheit haben das schmale Gesicht gezeichnet; der Marmor ist wie alter Meerschaum mit der Zeit vergilbt. Die Klaue des Löwen, Meisterschaft in nuce; daß die barocke Kraft in der Jugend oft dichter gestaltet, sieht man auch hier. Bernini ist geradezu das Muster dafür, ein wahrer Springbrunnen. Schon dem Vater des Cavaliere verdankt Rom neben anderen Wasserkünsten die Barcaccia. Wir schlenderten auf Umwegen dorthin und setzten uns auf den Brunnenrand, im Rücken Santa Trinità dei Monti, vor uns die Via Condotti im heitersten Morgenlicht.

Zuvor war mir oben vor der Kirche am Obelisken die Wirkung der Zeit demonstriert worden. In einem Sockel war vor fünfzig Jahren eine Fuge gewesen, die Henry als Liebesbriefkasten für die Korrespondenz mit einem streng bewachten Mädchen gedient hatte, das im Quartier wohnte. Die Fuge wurde später verstrichen; seither ist wiederum der Mörtel herausgewittert, indes die Geliebte seit langem verstorben ist. Ebbe und Flut der Materie.

Während wir uns behaglich vor der Barcaccia in der Sonne wärmen, meint Henry, ich solle eine Beschreibung dieses Brunnens geben, la déscription exacte d'un objet, und dabei auf die Verschlüsselung eingehen, in der Bernini sich gefiel. Sollte man das nicht lieber den Betrachtern überlassen und ihre Phantasie nicht einschränken? Auch im Mysterium ist der beste Weg der eigene. Selbst Barberini hat das Vexierbild erst viel später erkannt; der Papst gab seinen Segen dazu.

Das Wasser, das über den weichen Stein des Brunnens schäumt und sprudelt, scheint Henry Erinnerungen zuzutragen, die der Geist des Ortes färbt. Zwei Einzelheiten mögen des Notierens wert sein, weniger des Gegenstandes als der Gedanken wegen, die sich daran knüpfen.

Die Tochter eines seiner Freunde, eine junge Contessa, frisch aus der Klosterschule und seit kurzem verheiratet, ist zum ersten Mal bei Hofe eingeladen und hat sich, auch im Trinken Novize, an einigen Gläsern Champagner berauscht. In dieser Stimmung steigt sie, ehe jemand sie halten kann, auf den Tisch, um einen Trinkspruch auszubringen:

> Lascia pur che il mondo dica:
> Evviva, evviva, evviva la fica!

Ein Beispiel für den Augenblick des Übermutes im Leben junger, glücklicher Menschen, die sich über Nacht im Besitz einer neuen Freiheit fühlen und nun meinen, alles sei erlaubt. Da sie die Grenzen verkennen, geht es ihnen wie dieser, die zwanzig Jahr lang keine Einladung mehr erhielt. Man kann sich die Bestürzung des Gatten vorstellen, als das, was ihn im Kämmerlein ergötzte, im Festsaal offenbar wurde.

Allerdings gibt es Festwogen, durch deren Gewalt das Tabu aufgehoben wird und von denen selbst der Karneval von Rio nur eine Ahnung gibt. So weilte Henry in Washington, als im Frühjahr 1945 die Nachricht von der deutschen Kapitulation einen beispiellosen Rausch entfesselte. Auf einem Platz, auf dem eine ungeheure Menschenmenge versammelt war, stieg ein Mädchen in das leere Becken eines Springbrunnens, hob die Röcke und tanzte mänadisch umher. Ein Soldat stieg ihr nach, erhitzte sich mit ihr im Tanze und besprang sie vor zehntausend jubelnden Zuschauern.

In solchen Bildern deutet sich einer der Wendepunkte innerhalb der Mysterienwelt an. Xenophon sah ähnliche Bilder während des Rückzuges durch Kleinasien und schrieb sie barbarischen Bräu-

chen zu. Dem Nüchternen ist jede Ekstasis verschlossen und zuwider, und doch hat auch die Lockerung der Sitten bei den Saturnalien ihren Nomos; das muß tief hinabgreifen.
Jeder Tanz, jede Freude überhaupt, ist spiegelbildlich, ist eine Vorstufe der Vereinigung. Dabei fällt mir ein, was Alfred Brehm über ein von ihm betreutes Pärchen des Feneks oder Wüstenfuchses berichtet, das selten von den Wärtern besucht wurde. Jedesmal, wenn das geschah, gebärdeten die Tierchen sich wie unsinnig vor Freude und gerieten zuletzt so in Aufregung, daß sie sich begatteten. Brehm weiß dazu zu bemerken: »Dieses seltsamen Gebarens ungeachtet, ist der Fenek der liebenswürdigste Fuchs der Erde.«
Spät noch im Park an der Engelsburg, während die großen Fledermäuse um den Turm kreisen. Das ist ein Ort zum Austausch von Erinnerungen anderer, dunklerer Art. Das Wasser löst die Zunge – doch anders, wenn es im Springstrahl funkelt, als wenn es wie hier im dunklen Tiber vorüberzieht.
Am nächsten Vormittag in Civitavecchia. Wenn ich von Rom komme, habe ich hier noch den Nachmittag für mich. Die Stadt beginnt sich leider auch von Jahr zu Jahr stärker zu modernisieren; Unmengen von Beton werden verbaut. Auch das prächtige »Piemontese« ist renoviert. Außer im Balkan fand ich noch kein Hotel, das dermaßen einer Fledermausburg glich. Eine merkwürdige Beruhigung gewährt der Anblick solcher Stätten des stillen, unbeachteten Verfalls, als böten sie noch Zuflucht vor dem unerbittlichen Auge, das immer schärfer den Planeten kontrolliert. Ich möchte dieses Behagen für ein Kennzeichen unserer Zeit halten, doch dem widersprechen die Bilder der Niederländer, die in der Darstellung des Verwohnten, Abgetragenen, Baufälligen einen unerschöpflichen Genuß fanden. Dieser Aufmerksamkeit begegnet man bei Künstlern vieler Zeiten, und sie wird wachsen, wo Ordnungsprinzipien vorherrschen. Kubin ist einer der letzten großen Gegenspieler, ein Kenner und Liebhaber zeitlosen Wesens, das sich in immer verborgenere Schlupfwinkel zurückzieht, in deren Zwielicht es lauernd verharrt.
Auch am Fort des Michelangelo sind Maurer am Werk. Immer noch schwingt Garibaldi den Säbel am Lido, auf dem die kleinen Kutschen hin- und herfahren. Trotz allem bleibt der Eindruck, daß die neue Geschäftigkeit eher eine Folge des allgemeinen Energiestoßes ist, der die Welt aufpulvert, als eines Wiederauflebens dieses Hafens, der in der Spätantike und unter den Päpsten weit bedeutender war. »Centumcellae«, die hundert Zellen, hieß

es im Altertum, der vielen in den Tuffstein gesprengten Bassins wegen, die kleinen Schiffen Schutz boten. Trajan baute die Befestigungen aus. Das Versanden des Arno und des Tiber, das Pisa und Ostia zu Binnenstädten machte, wird den Umschlag gesteigert haben, doch blieb Civitavecchia immer ein kleiner Hafen, verglichen mit Marseille, Neapel, Genua.
Heut mündet hier vor allem der Linienverkehr nach den sardischen Häfen, an dem aber auch Neapel und Genua teilhaben. Als ich 1954, auch von Rom kommend, Civitavecchia zum ersten Mal betrat, war die mittelalterliche Luft noch sehr stark, mit Anklängen an Piranesis »Carceri«. Ich konnte mir vorstellen, wie Stendhal sich hier langweilte. Damals arbeiteten zwölfhundert Galeerensträflinge im Fort und in dem von Bernini erbauten Arsenal. Ein großes Gefängnis liegt noch jetzt am Nordausgang der Stadt.
Wenn man die Aufhellung der Welt und die Schrumpfung der Schatten bedenkt, darf man nicht vergessen, was die Zähmung der Seuchen dazu beigetragen hat. Civitavecchia galt in all den Jahrhunderten als ungesundes Nest. Das hat sich erst geändert, seit Mussolini die Sanierung der Maremmen gelang. Aber etwas von diesem Schleier war damals noch hier zu spüren – etwas von jener Schläfrigkeit, die den Menschen hindert, mehr als das Nötige zu tun.
Inzwischen war ich auf der Post, um Valentino zu telegrafieren, und des Kabinenplatzes wegen in der Agenzia Tirrenia. Die »Calabria« fährt gegen Abend und soll morgen früh in Cagliari eintreffen. Es wird jetzt Zeit, zu Mimma zu gehen.
Das »Ristorante Mimma« ist, wie »Pierre au Port« in Antibes, eines der Lokale, deren klassisches Muster der »Rocher de Cancale« bildet und auf deren Karte man alles findet, was ein reicher und möglichst nahe gelegener Fischmarkt zu bieten hat. Die wohlbeleibte Wirtin weiß aus Erfahrung, daß sie den Teil der »Lista del giorno«, der Fleisch und Geflügel anpreist, nicht zu rezitieren braucht. Weder »bistecca di manzo«, noch »bistecca di vitello«, nicht einmal »bistecca alla Bismarck«, auch nicht »pollo alla cacciatora« oder »pollo alla diavola«. Fisch, Käse, Früchte werden verlangt. Zu den »pesce« zählen auch Tintenfische, Krebse und Schaltiere. Unter den »specialità« werden Fisch- und Muschelsuppen, Muscheln in Marinade oder in Pfeffertunke und »spaghetti alla Mimma« genannt.
Solche Aufzählungen hört der Gast gern, auch wenn sein Hunger leicht zu stillen ist. Eine Schnitte Fisch, ein Stück Parmesan, eine

Handvoll Feigen, ein Glas Chianti und zum Schluß ein Espresso – das genügt. Dazu der Blick auf das Meer, die vom Lido hereinwehende Wärme, die schläfrig stimmt. Nicht mehr Bewußtsein, als nötig ist. Trotzdem will ich zwei, drei Stunden auf Jagd gehen und diesmal das südliche Revier abstreifen, zu dem die locker bebaute Via Barbarigo führt.
Es ist mehr ein Inspektionsgang auf vertrautem Feld. Der duftende Ginster und der weiße Natterkopf stehen noch in Blüte; die hohen Ferulastauden und die zahllosen gelben Margeriten sind verdorrt. Unter den Steinen am Bahndamm siedelt noch der südliche Prokrustes, und in den mächtigen hellblauen Körben der Artischockenblüten finde ich die dunkle Cetonide wieder: Potosia morio. Manche Stücke sind fein gesprenkelt, als hätte ein Maler Kalkmilch vom Pinsel abgespritzt. Ich nehme eine »des Datums wegen« mit. Nun kommen die Weizenfelder, die Wiesen, die Hecken am Steinbruch, der Rückweg durch den Bachgrund, der am Meer endet. Im April und Mai war das Land hier reicher und festlicher geschmückt, aber die Freude an den kleinen, wiederkehrenden Zeichen schließt auch vergangenen Reichtum ein.
Da ist auch der durch hohes Unkraut halbverdeckte Meilenstein mit der Inschrift »Via Aurelia«. Die alte Heerstraße scheint hier zum Feldweg geworden zu sein. Ich frage eine Frau in der Tür ihres Häuschens, ob der Stein römischen Ursprungs sei. Sie weiß nichts darüber auszusagen, obwohl sie ihr Leben hier verbracht hat – glückliches Volk, von Wissensdurst kaum geplagt. Wie ich sie noch einmal frage, bejaht sie die römische Herkunft, doch offenbar nur, um mir einen Gefallen zu tun.
Am nächsten Morgen in Cagliari. Die Tauben kreisen über dem Park am Bahnhof und kühlen die Brust am Bassin mit den Goldfischen, den roten und blauen Seerosen. Nach der Meerfahrt tut es gut, unter den Arkaden vor dem Café Torino ein wenig auszuruhen. Dort ist es schon lebendig; die Kellner sind wieder etwas älter geworden; Honoratioren besprechen ihre Geschäfte, Studenten, Matrosen, Bauern und Bäuerinnen, oft noch in Trachten, drängen an den Stühlen vorbei. Die Bettler machen ihre erste Runde und heischen, sowie der Kellner den Rücken wendet, den Obolus.
Durch die Via Roma zur Oberstadt. Leider ist der herrliche Markt verschwunden; an seiner Stelle steht jetzt ein Bankpalast. Der altberühmte »Tempel des Bauches« ist auf die Quartiere verteilt. Einer dieser Nachfolgemärkte ist hart unter dem Elefantenturm

errichtet; auch er ist, besonders jetzt im Frühherbst, reichlich bestellt.
Um einen Rundblick über den Campidano zu genießen, besteige ich den anderen der beiden Pisanertürme, die der Hochstadt das Profil geben. Oben auf der Plattform erkundige ich mich bei einem Mitbesucher nach dem Namen: es ist San Pancrazio.
»Also nicht der Elefantenturm?«
»No, no, Signore: San Pancrazio.«
Nachher frage ich mich in einem Anfall von Selbstkritik, warum ich mich so angelegentlich nach etwas mir durchaus Bekanntem erkundigte? Offenbar doch, um den Mann dadurch zu erfreuen, daß er mir eine Belehrung erteilen konnte; es geschah, um das Gespräch nicht abrupt zu beenden, und war als Dank für die erste freundliche Auskunft gedacht. Die kleine Münze des menschlichen Verkehrs. Mich also gestern über die arme Frau von Civitavecchia zu belustigen, lag kein Anlaß vor.
»Zia Boica« ist der sardische Name für eine Hafenkneipe, die Nora mir empfohlen hat. Außer Matrosen verkehren dort Leute, die vom Land kommen. Ich kaufe Kaffee für die Signora und Zigaretten für Nora ein. Um 3 Uhr fährt der Autobus vom Bahnhof ab. Bereits die Wahrnehmung, daß der Fahrplan durch eine Reihe von Jahren hindurch konstant blieb, verstärkt das Zutrauen. Im Wagen die ersten Bekannten, darunter Xaverio, der dicke Faulpelz, der mich wie gewöhnlich gleich anbettelt. Diesmal liegt die Schwiegermutter in Neapel auf den Tod; es fehlt an Medizin. Xaverio fährt täglich in die Stadt, um dort zu betteln; wenn er Bekannte erspäht, zieht er die Schirmmütze in die Stirn. Trotzdem weiß jeder Bescheid. Sonntags liegt er mit seiner Frau am Strande und macht »cura del sole«, abends zecht er mit Erminio; sie spielen Gitarre dabei. Wenn das Geld ausgeht, kommen sie noch spät und versuchen einen Pump. Das Geschäft muß sich lohnen; es trägt Hin- und Rückfahrt ein, dazu die Unmengen von Pasta und Wein. Der Typ ist deshalb merkwürdig, weil sich in ihm ein Maximum von Vitalität mit einem Minimum von Energie verbindet; entsprechend paart sich Unverschämtheit mit dem durchbohrenden Bewußtsein der Infamie. Das zeigt sich physiognomisch – wenn er die Hand ausstreckt, verzieht sich sein Gesicht wie während einer Tortur, die noch dadurch verschärft wird, daß er zu lächeln hat.
Neben dem Fahrer sitzen zwei städtische Kurtisanen in weißen Capes mit goldenen Ohrringen. Sie wollen wahrscheinlich Landkundschaft besuchen und ruhen lässig auf ihren Plätzen mit

Gesäßen – wie es in »Tausendundeiner Nacht« heißt – schwer wie Sandsäcke. Betonte Würde geht von ihnen aus. Der Anblick erinnert an nordafrikanische Pisten, wie manches andere Detail. So gibt es kaum eine der kleinen Haltestellen, an der ich nicht die sardische Pimelia im heißen Sande wühlen sehe – ein Tier der Wüsten und Einöden.
Xaverio versucht sich durch einige unverschämte Bemerkungen hervorzutun und stößt auf Stillschweigen. Kurz vor Geremeas klopfen die Kurtisanen dem Fahrer auf die Schulter und lassen ihn halten; sie steigen aus. Ein Hirt, der seine Schafe auf der Straße entlangtreibt, hat ihnen zugewinkt. Ein Bauer neben mir murmelt: »Va in città.« Ist dieses »In-die-Stadt-Gehen« nun eine gängige Umschreibung wie etwa bei den Matrosen das »An-Land-Gehen«, oder meint er, der Hirte täte besser, dazu in die Stadt zu gehen? Vielleicht ahnt hier auch ein Padrone, daß ein fetter Hammel den Weg alles Fleisches nehmen wird. Die Worte in diesem heißen, durstigen Lande sind oft sibyllinisch, und man tut gut, sich nach der Bedeutung nicht näher zu erkundigen.
Valentino wartet an der Fermata; er hat viel Neues zu berichten und ein großes Programm. Ich möchte jedoch bald weiterfahren; der Moosgrüne wartet am Roten Kap. Zwei Tage müssen genügen; wir wollen morgen an den Klippen die Muräne angeln und übermorgen in die Berge zum Spießferkelmahl. Das habe ich noch nie versäumt.
Der nächste Morgen sieht uns am Torre Vecchio. Die Bucht dort ist tief und verkrautet; wo sie ein wenig absinkt, ragen Klippen aus dem Wasser hervor. Eine von ihnen ist wie ein Amboß geformt; sie heißt auch »l'incudine«. Eine andere ist in der Mitte gespalten; durch das klare Wasser reicht der Blick bis auf den Grund hinab. Der Granit ist am Rücken abgeschliffen und in der Tiefe rissig, mit Seetang, Medusen, Patellen und Entenmuscheln besetzt. Dort ist die Muräne zu vermuten; um ihrer bei Tage habhaft zu werden, müssen wir erprobte Listen anwenden.
Zunächst machen wir es uns auf dem Felsen bequem. Valentino verreibt dicht über der Wasserlinie ein Stück Parmesan, während ich den Sockel mit der Maske umschwimme und Turmschnecken von ihm ablese. Wenn wir die spitzen Gehäuse mit einem Stein aufklopfen, können wir den Bewohner, einen kleinen Einsiedlerkrebs, herausschälen. Der Kopf mit den zierlichen Scheren wird abgetrennt und der wurmförmige Leib auf einen winzigen Angelhaken gesteckt.
Inzwischen beginnt der Parmesan zu wirken; er hat das Wasser

gewürzt. Finger- und handlange Fische kommen aus den Verstekken hervor, darunter die »vacca«, ein rötlicher Riffbewohner, von den Provençalen »rascasse« genannt. Er ist gut für die Fischsuppe, aber der Stacheln wegen nur für den Fond.

Auch ein tiefblauer Lippfisch ist flüchtig zu sehen; Valentino nennt ihn »il Re«. Die Namen wechseln mit jedem Küstenstrich. Was anbeißt, legen wir als Beifang für die Signora zurück. Endlich geht auch der Rechte an den Haken, ein bleicher Geselle, der unserem Petermännchen ähnlich sieht. So tauften ihn die Fischer, weil sie ihn als wertlos über Bord warfen, »dem Petrus opferten«. Auch dieser dient nur als Köderfisch. Für ihn wird die Angel gewechselt; er kommt an einen Speckhaken, der bis auf den Grund hinabgelassen wird. Jetzt müssen wir scharf aufpassen, doch dauert es nicht lange, bis Valentino flüstert, als ob sie es hören könnte: »la morena viene!« – unten schiebt sich ein Schatten aus dem Gemäuer hervor. Ich bewege die Schnur ein wenig, fühle, daß es anbeißt, und reiße kräftig an. Das hat gesessen – nun kommt es darauf an, nachzulassen und wieder anzuziehen, da sich das Tier im Geklüft verklemmt. Bald windet es sich vor uns auf der Granitplatte. Wir haben schon größere gefangen; dies ist nicht länger als ein Unterarm. Die Haut ist schön gezeichnet wie das geflammte Leder von alten Einbänden. Der Kopf mit den kleinen roten Augen und den hakenförmig zurückgekrümmten Zähnen schließt sich halslos an den seeschlangenhaften Leib. Auch nachdem Valentino das Messer gebraucht hat, ist Vorsicht geboten; der Biß der Muräne ist nicht nur schmerzhaft, sondern auch giftig, und die Fischer behaupten, daß man, wenn er erst einmal gefaßt hat, den Kopf aus der Wunde schneiden muß.

Nachdem wir uns noch ein wenig am Strande vergnügt haben, Valentino mit der Wurfangel und ich mit den Cicindelen, geht es zum Essen; wir können mit der Beute zufrieden sein. Auf der heißen Straße, die Sträflinge aus Castiadas vor langer Zeit in den Stein gehauen haben, erzählt Valentino, was sich inzwischen ereignete. Salvatore büßte die rechte Hand ein, als er bei Punta Molentis mit der Bombe fischte – »er zieht jetzt die Zündschnur mit den Zähnen ab«. Der Taucher wurde in seinem Beruf vom Tode ereilt. Angelo Coco arbeitet in Cagliari; die Familie wohnt jetzt in Quartù. Beppino, mit dem wir im vorigen Jahr fischten, ist ans Bett gefesselt; es scheint, daß ihm die guten Werke wenig genutzt haben. Als leidenschaftlicher Taucher fuhr er einmal im Jahr nach San Fruttuoso und säuberte dort den Christo sottomarino vom

Muschel- und Algenbewuchs. Der Mörder von Cardia wurde in Cagliari mit zweiundzwanzig Jahren Gefängnis bestraft.

Valentino verfügt über einen wachen, skeptischen Geist, der die Zwischenfälle des geselligen Lebens mit gemessenem Abstand und ohne sich in Mitleidenschaft ziehen zu lassen beobachtet. Seine Kritik beurteilt das Talent, mit dem im großen und kleinen die Lebensbahn gemeistert wird. Er sucht die Gefahr nicht auf; läßt sie sich nicht vermeiden, so handelt er kaltblütig. Im Ersten Weltkrieg war er Korporal in Makedonien; er hat dort einen großen Türken ins Paradies befördert, mit dem er unvermutet an einer Wasserstelle zusammenstieß, und trägt die Spuren eines deutschen Geschosses an der Hand. Im Zweiten Weltkrieg, schon nah an die sechzig, hat er als Kompaniekoch mit seinem Pferd und einem Wägelchen auf der Insel fouragiert. Die heroische Seite des Krieges sagt ihm wenig, während er die Beutezüge mit Behagen erwähnt – selbst als Betroffener. »Hanno rubiato tutto«, sie haben alles geplündert – so mit genießendem Lächeln über die noch bis ins vorige Jahrhundert währenden Raubzüge heidnischer Seeräuber. Die Odyssee blüht auf bei solchem Gespräch. Da ist der alte Mediterrane, der sich lieber auf seine List als auf seine Kühnheit verläßt, an der es ihm in der Not nicht fehlt. Die Geschichte schmilzt ein; Mythos und Gegenwart sind nur durch ein Häutchen getrennt.
Zu Haus tischt die Signora ein Festmahl auf. Auch Gigi hat in der Frühe einen großen Fisch gefangen, den sie al bianco serviert. Zum Espresso die Enkelkinder – Fabricio, Marina, Andrea, Donatella, Elena – alljährlich muß ich mir einen neuen Namen einprägen. »Molto troppo«, viel zu viele, sagt Nora dazu. Der glückliche Vater widerspricht ihr: »Eine Familie ohne Kinder ist wie ein Garten ohne Blumen« – das klingt wie ein Zitat aus Lamartine. Wenn die Söhne heiraten, wird es um den Herd noch lebhafter werden, doch Babo und Nonna bleiben die ruhenden Pole der Großfamilie. Tiefe Siesta; es war ein runder Vormittag.
Nachmittags Gang durch den Ort, dessen Häuser am Weichbild schon recht afrikanisch anmuten: fensterlose, getünchte Würfel auf kahlem Grunde, keine Gärten davor. Besuch bei Signora Bonaria. Es bleibt noch Zeit, einen Bogen durch die Feldmark zu schlagen, der zu den Resten eines uralten Gebäudes führt. Die flachen Ziegel deuten auf römische Arbeit, der Flurname »Su Sagradias« auf ein Heiligtum. Wenn hier ein Ort war, so ist nichts von ihm geblieben, doch ist es auch möglich, daß eine Kirche im

Ödland stand, wie es deren viele auf der Insel gibt. Bei Uta dämmert Santa Maria, ein Juwel der Frühromanik, und bei Ardara die Kathedrale der um 1500 aufgelösten Diözese Bisarcio. Sehr einsam liegen auch das Castello de Burgos, in dem Enzios Witwe residierte, das Bergschloß Ugolino und Trümmer, von denen man nicht einmal den Namen kennt. Verfallene Kirchen und Burgen gibt es auch in anderen Ländern, doch nicht das strenge Schweigen, mit dem hier die Erde dem Blick antwortet. Geschichte und Vorgeschichte haben kaum ihren Traum berührt.

»Su Sagradias« – was war der Name dieser Stätte, wann war die Gründung, welchem Heiligen war sie geweiht? Zählt sie zu jenen, die während der Araberzeit nicht nur vom Boden, sondern auch aus dem Bewußtsein verschwunden sind? Die Steine schweigen, und das bedrückt den historisierenden Sinn. Vielleicht wäre manches darüber in den Archiven des Vatikans zu finden, in den Berichten und Abrechnungen von Diözesen, die wie jene von Bisarcio längst eingegangen sind.

Der Gedanke, daß ein »großes Buch« besteht, ist tröstlich, aber es kann dort nicht alles aufgehoben sein. Wenn man die Zahl allein der christlichen Kirchen bedenkt, die je bestanden haben, so dürfte eine Million nicht ausreichen. Auf jeden begangenen Altar kommen viele, die verfallen, zerstört, vergessen sind. Vor dieser Fülle erfährt die historische Leidenschaft ihre Prüfung: Sie muß entsagen oder sich zu anderen Kategorien aufwölben. Uns quält ein Durst, der durch Namen und Daten nicht gestillt werden kann. Auch Herzmuschelschalen verwittern hier zu Millionen, doch ist das Ufer nicht ihre Prägstätte.

Will sich der Geist im vollen Licht der Geschichte sonnen, so wird er auf Sizilien Genüge finden; will er sich auf ihre Grenzen besinnen, so schenkt ihm ein sardisches Tal im Frühling zeitlose Heiterkeit. Hier spricht die Erde unmittelbar.

Auf dem Rückweg begegne ich Raffaello, der seine Schafe über das verbrannte Gefilde treibt. Ich begleite ihn zu seiner »cucina«, der Feldhütte der sardischen Hirten: einem Schilfdach, das als Spitzhut einen Steinring krönt. Eine Strohgarbe als Lager, ein Fell als Decke, einige Steine zum Sitzen um die Feuerstätte, das ist die Einrichtung. Der Eingang ist niedrig; draußen sind mit Dornsträuchern verschiedene Hürden abgeteilt. Sie dienen zum Melken und zur Trennung der Lämmer von den Müttern; auch »maskru«, der Widder, wird eingepfercht. Ich habe es aufgegeben, mir die verschiedenen Namen für die Tiere einzuprägen; die Hirten unterscheiden nicht nur Widder und Hammel, Lämmer und Mutterschafe, sondern auch Alters- und Verwandtschaftsgrade in feinster Abstufung. Ob ein Lamm im Winter oder im Frühling geboren wurde, ob es noch saugt oder schon entwöhnt ist – dafür haben sie besondere Ausdrücke. Sementusu (semel tonsus) ist das einmal geschorene, lunadiga das unfruchtbare Schaf. Auch für ein Lamm, das »räubert« und besonders fett wird, weil es sich von zwei Müttern säugen läßt, gibt es ein eigenes Wort.

Gekocht wird selten in der cucina; Schafmilch und Käse bilden die Nahrung, dazu ein hartes, mit wenig Hefe zu Fladen gebackenes Brot, das Raffaello »carta di musica« nennt. Die Form ist alt, doch die Bezeichnung neueren Datums: gemeint ist die Ähnlichkeit der dunklen Scheiben mit Grammophonplatten. Einmal im Monat wird gebacken, dann gibt es Weizenbrot zur Milch. Zu jedem Haushalt gehört der bienenkorbförmige Backofen. Die Milch holt der Padrone, nur eine kleine Menge zum Trinken und zur Bereitung von Quark und Käse wird in der cucina verbraucht. Die Hirten im Gennargentu, die kein Metallgeschirr besaßen, kannten bis vor kurzem noch den uralten Brauch des Steinkochens, ein Relikt aus der Altsteinzeit. Sie brachten die Milch durch Kiesel zum Kochen, die sie im Feuer erhitzt hatten und in den hölzernen Trog warfen.

Fleisch nur an hohen Festtagen; die Herde ist tabu. Allerdings wird dem Hirten ein kleiner Anteil zugebilligt, den er durch Listen zu vermehren strebt. Dem kommt entgegen, daß die Kopfzahl immer ein wenig schwankt. Durch Raub und Diebstahl darf freilich nichts verlorengehen. Dafür ist der von seiner Herde unzertrennliche Hirt verantwortlich. Auf seine Hunde ist Verlaß. Der bewaffnete Viehraub gehört der Geschichte an.

Bei Zwillingswürfen jedoch kann eins der Lämmer zum geheimen Festschmaus dienen; das wird nicht auffallen. Ist Überraschung zu befürchten, so wird es nicht am Spieß gebraten, sondern eingegraben und leicht mit Erde bedeckt. Darüber brennt das Feuer, und wenn unvermutet der Padrone erscheint, so findet er seinen Hirten, der sich die Hände wärmt. Die Art der Zubereitung heißt »cotta a carasciù«. Den Ausdruck verdanke ich Valentino, der alle Listen und Schliche des Hirtenlebens kennt.

Raffaello ist ein armer Hirt; er hat weder Pferd noch Gewehr, auch keine Uhr, die er lebhaft begehrt, obwohl er ihrer nicht bedarf. Bald wird sich das vielleicht ändern, denn er ist mit seinem Zustand unzufrieden geworden, und auch dieses Begehren zählt zu den Anzeichen. Er hat Verlockendes von Arbeitern gehört, die

aus Deutschland zurückkamen. Freilich sollte er, bevor er sich dorthin verdingt, ein wenig lesen und schreiben lernen; er will also das, was ich hier zu vergessen suche, sich aneignen.
Als ich vor zehn Jahren zum ersten Mal hierher kam, gab es noch kein elektrisches Licht. Ich sah vor entlegenen Gehöften noch den Wagen mit den benagelten Scheibenrädern und im offenen Feld die Tenne, auf der das Vieh zum Dreschen im Kreise geführt wurde. Im Bergland gab es noch Orte, in denen aus Eicheln Brot gebacken wurde, und das galt schon als altertümlich zu Zeiten des älteren Cato, der übrigens als einer der ersten Prokonsuln die Insel verwaltete.
Inzwischen wurde eine tausendjährige Entwicklung mit einem Sprunge eingeholt. Wo damals die Ochsen im Kreise gingen, wird heute nicht etwa mit Flegeln gedroschen, sondern Armando hat dort eine Maschine laufen, zu der die Bauern von weither die Ernte anfahren. Desgleichen werden zwei große Hotels, die an meinen alten Lieblingsplätzen emporwachsen, nicht für einfache Reisende, sondern für Luxusgäste gebaut. Snobs, die aus Saint-Tropez auswanderten, haben Sardinien entdeckt.
Allerdings ist das Wasser, dessen solche Hotels im Überfluß bedürfen, hier seit jeher kostbar gewesen; in vielen Dörfern holten die Frauen es von weither auf dem Kopf. Immer wieder kommen trockene Jahre, in denen der Hirt, um die Mutterschafe zu retten, die Lämmer schlachten muß. Iscaddedare ist das Verbum dafür. Indessen erwartet der Gast bei Luxuspreisen mit Recht, daß kaltes oder heißes Wasser fließt, wenn er den Hahn aufdreht. Also muß das Rinnsal der Bäche in Bassins gestaut werden. Das geht zu Lasten der Herden, aber die Hirten werden deshalb nicht arbeitslos. Die Nachfrage nach Dienstleistungen wächst. Auch der Padrone ist zufrieden; der Preis des Bodens stieg um ein Vielfaches. Wenn auch Raffaello sich verbessern will, ist es verständlich; er folgt einem Gesetz. Ihn zieht es dorthin, woher ich komme; wir treffen uns auf der Halbscheide.

Am nächsten Morgen brechen wir in die Berge auf. Valentino und Italo sind von der Partie. Die Signora packte uns Brot und Zukost ein. Auch der Wein darf nicht vergessen werden; wir haben ihn in Castiadas bestellt, wo die Rebe vortrefflich gedeiht. Dort wartet auch das Majaletto auf uns; es ist in der Frühe geschlachtet und mit dem eigenen Blut gefärbt. Orlando bringt es an den Wagen, ein Hüne mit Schultern wie Schrankflügel und gutmütigem Gesicht. Im Zorn entwickelt er Berserkerkräfte – es heißt, daß er auf einer

Fahrt durch Südfrankreich, in Händel geraten, eine ganze Familie erschlagen hat und zur Verbüßung der Strafe ausgeliefert worden ist. Während wir uns mit ihm unterhalten, begrüßt uns Signor Anselmo, der auf dem Platz, an dem wir halten, ein Pferd zureitet. Dieser tötete, als er sie in flagranti erwischte, seine Frau und deren Liebhaber. Da solche Delikte hier nachsichtige Richter finden, war er mit einigen Jahren quitt.

Zwei Totschläger auf den ersten Blick. Das ist kein Zufall, denn wir sind hier auf dem Boden einer alten Strafkolonie, die erst vor kurzem in eine Genossenschaft verwandelt wurde, und mancher Sträfling blieb nach der Entlassung hier. Ich mußte in den ersten Jahren bei meinen Streifzügen noch Vorsicht walten lassen; das Gebiet war tabu und wurde durch Berittene bewacht. Von der Höhe umfaßt der Blick eine sorgfältig bestellte Latifundie mit Alleen von Fruchtbäumen, die auf das Zentralgefängnis zuführen. Kleinere Kerker, vergitterte Dormitorien, sind über die mit Wein und Tabak bebaute Fläche verstreut. Mussolinis Schwiegersohn, Graf Ciano, war hier begütert und kam einige Male, um in den wildreichen Wäldern auf Jagd zu gehen.

Etwas vom Odium haftet dem Ort noch immer an. Das Gefängnis ist zwar verlassen, doch wittert noch die Aura der Untat und des Zwanges in dem öden Bau. In einem der Gänge die Büste des Direktors, eine Sträflingsarbeit aus Beton. Die Knöpfe, Epauletten und Orden sind so akkurat getroffen, wie es das Material erlaubt. Die schweren Türen sind quadratisch und so niedrig, daß der Eintritt fast nur auf allen Vieren möglich ist. Das war als Sicherung gegen Tobsüchtige gedacht. Eine normale Tür wäre von einem Typ wie Orlando im Nu gesprengt worden. Zur Zähmung dienten auch die hohen Schwellen, denn die Zellen konnten vom Dach aus unter Wasser gesetzt werden. In diesem Fall mußte der Gefangene, nachdem er vergeblich versucht hatte, seinen Tabak und andere Vorräte zu retten, mit einem Gefäß das Wasser in einen hochgelegenen Ausguß abschöpfen. Italo: »Arbeitsverweigerung dauerte nicht länger als eine Nacht.«

An diesem entlegenen Ort hielten sich Formen der Einschließung, wie Maurice Alhoy sie in seinem Werk »Les Bagnes« beschreibt, dem Victor Hugo einen großen Teil seiner Kenntnisse über dieses dunkle Thema verdankt. Die Einsamkeit schloß nicht aus, daß der Zwang durch den Fortschritt der Wissenschaft verschärft wurde. Jetzt wird das Areal durch Siedler bestellt. Ihre Häuschen sind winzig, doch haben sie den Vorteil, daß man nach Belieben aus- und eingehen kann. Dazu Silos, Verwaltungsgebäude, eine Trak-

torenstation. Die Hitze ist afrikanisch; Italo, der in der Verwaltung arbeitet, meint, daß der lange, schwüle Tag nur durch Unmengen des dicken Rotweins erträglich zu machen sei.
Nachdem wir das Majaletto und die Korbflasche verstaut haben, gehen wir noch zu Dom Puddu, dem jungen Geistlichen des Ortes, um bei ihm Kaffee zu trinken und seine Sammlung alter Funde zu besehen. Seit meinem letzten Besuch ist wenig dazugekommen; auf diesem Südzipfel der Insel müssen seit den ältesten Zeiten nur arme Leute gelebt haben. Wenn sich je etwas aufstockte, landeten Seeräuber, um es zu plündern, und die Einwohner konnten von Glück sagen, wenn sie lebend davonkamen. Ein wenig weiter nach Westen, etwa auf Sant' Antioco, ist das anders – da sind die phönizischen Gräber mit reichen Beigaben einer frühen Händlerkultur und weiter nördlich, bei den Nuraghen, die Fundorte der Statuetten, deren archaische Wucht erst in unserem Jahrhundert erkannt wurde. Hier am Golf von Simius wohnte ärmstes, nicht einmal auf den Sklavenmärkten begehrtes Volk. Durst, Hunger, Malaria. Man kennt meist nicht einmal mehr die Ortsnamen. Die Häuser sind längst zerfallen; die Lehmziegel haben sich aufgelöst. Es blieben höchstens die Friedhöfe. Einen von ihnen hat der allzeit findige Valentino aufgespürt. Die Gräber dort sind mit schmucklosen Kalkplatten gedeckt; darunter liegen Knochenreste und ein billiger Krug aus gebranntem Ton.
Nur einmal hat Valentino dort einen goldenen Ring gefunden, ein Kleinod, auf dem sich zwei Palmzweige kreuzen und das seiner Meinung nach einem Giganten gehört haben muß. Er läßt es sich auch heut nicht nehmen, Dom Puddu mit der Hand den Umfang zu zeigen, der den »anello del gigante« auszeichnete. Die Frage, ob es denn wirklich ein Fingerring und nicht ein Armreif gewesen ist, liegt nahe; ich behalte sie für mich. Valentino sieht mehr als die Archäologen; er hat noch die mythenbildende Kraft, von der sie ihre Rente ziehen.

Es wird nun Zeit, daß wir ins Gebirge aufbrechen. Wir lassen den Wagen am Waldrand stehen und steigen auf einem Felspfad an. Im Frühling blüht hier der Erdbeerbaum, der jetzt Gehänge von roten Früchten trägt. Vor Jahren, als ich mit Alexander vor seinen Blütentrauben stand, überraschte mich an ihnen ein kleiner Buprestid, der Vauvenargues nachahmte: das Tierchen vereinte, wie viele seinesgleichen, Schönheit, Härte und Eleganz. Unter leichtem wolligem Flaum trug es eine violette Rüstung mit eingeschmolzenen goldgelben Schmuckflecken. Es erinnerte mich so-

gleich an das Bild des genialen Ritters im Museum von Aix-en-Provence, ein Porträt mit gelber Schärpe über blauem Brustpanzer.
Wir waren damals im Verzug. Ich pflückte eilig zwei Exemplare; im Abstieg würde ich eine Serie von Spielarten einheimsen. Als wir am Nachmittag zurückkamen, war nicht ein Stück mehr zu sehen. Die Sippe hält Corso, wenn die Sonne am höchsten steht. Auf der Jagd muß man den Augenblick auskaufen. Das erfuhr ich öfters; andererseits kehrt jedes Wild zurück, wenn wir lange genug zuwarten und die Hoffnung nicht aufgeben. Das bestätigte mir ein ganz naher Verwandter des Vauvenargues, ein Tierchen namens Pilosella, das ich im Juni 1932 auf Sabbioncello, der dalmatinischen Halbinsel, aus einer Zistrosenblüte nahm. Trotz dieser engen Verwandtschaft ruft sein Anblick ganz andere Assoziationen hervor. Ein violetter Metallhauch, einem Herbstbraun aufgetragen, das rosa Lichter überspielen – das ist die Palette von Toulouse-Lautrec. Ein Ritter also auch.
Gern hätte ich einige Stücke zum Vergleich gehabt, doch dieses blieb das einzige. Genau zweiunddreißig Jahr später, im Juni 1964, kam es wieder, und zwar auf Xylokastron, am Golf von Korinth. Ich saß am Strande, den Rücken gegen eine Pinie gelehnt und mit einer meiner chronischen Plagen, der Neufassung einer Arbeit, beschäftigt – da flog die Pilosella auf das Manuskript. Ich erkannte sie sofort, und als ob sich ein Kontakt schlösse, war die Spanne zwischen den beiden Begegnungen gelöscht. Warum erfreut uns solche Wiederholung? Doch wohl als Hinweis auf die Wiederkehr. Wir dürfen die Hoffnung nicht aufgeben.
Nicht nur die Zeit verdichtet sich im Hinblick auf die winzigen Objekte und ihre magischen Charaktere, sondern auch der Raum gewinnt an Ausdehnung. Der Wald von Acquacalente ist nicht nur Menschen-, er ist auch Buprestidenreich, und dieser Busch ist ebenbürtig einer Stadt.
Ein Feuerplatz am Bach ist bald gefunden; es fehlt weder ein flacher Steingrund noch trockenes Holz. Die Acquacalente macht ihrem Namen Ehre; sie springt so klar durch die Felskessel, daß man ihr Wasser mehr hört als erblickt. Valentino vertraut ihm Weintrauben, Tomaten und die Korbflasche an und läßt sie zur Kühlung in einem Strudeltopf umhertreiben. Italo schichtet das Feuerholz auf und beginnt sich mit dem Majaletto zu beschäftigen. Die nächsten beiden Stunden gehören mir.
In den ersten Jahren hatte ich die Einsamkeit des Ortes unterschätzt. Einmal umkreiste uns beim Mahl ein Eber, der, ohne sich

durch uns stören zu lassen, seine Kapriolen trieb. Ein andermal ergriff eine Gesellschaft von Genuesen vor uns die Flucht, als Italo mit aufgekrempelten Ärmeln und blutigen Armen aus dem Dikkicht trat. Diese »Kontinentalen« kommen alljährlich hierher, um Holzkohle zu brennen; durch ihre Tätigkeit dürften im Lauf der Jahrhunderte die Wälder im weiten Umkreis verschwunden sein. Nicht umsonst ist das Vorgebirge seit jeher als »Capo Carbonara«, als Köhlerkap, bekannt.
Trotzdem tragen die Hänge noch Urwaldbäume, die nicht der Axt, sondern allein der Zeit zum Raube fallen, vor allem mächtige Stecheichen. Die toten Äste sind von Farnen und Baumschwämmen besiedelt; Efeu, Klematis und andere Schlingpflanzen umkränzen sie mit ihrem Laub. Es gibt Tiere, die den Urwäldern folgen und mit ihnen aussterben; hier kann man sie einholen. Den Bewohnern des alten herzynischen Waldes muß man nun in Finnland und Litauen nachspüren, an spanischen, dalmatinischen, griechischen, türkischen Berghängen, auf Korsika und Sardinien – überall, wo die Wälder noch nicht völlig egalisiert worden sind.
Als Oasen haben sich auch noch fürstliche Parks erhalten wie der von Fontainebleau. Friedrich Tippmann, ein passionierter Liebhaber der Cerambyciden, hatte im Umkreis der alten Residenzen sein über Europa verstreutes Jagdrevier. Einmal gelang es ihm, im Laxenburger Park an der berühmten Doppeleiche, die jetzt auch ad patres gegangen ist, den Trichoferus anzuleuchten, ein sagenhaftes Tier, das längst als ausgestorben galt. Die Nachricht machte bei den Entomophilen Sensation. Der Monsignore, bei dem jede Meldung einläuft, zeigte mir 1955 in Überlingen den Bericht.
»Na, das geht allerdings zu weit«, sagte er, auf einen Satz weisend, in dem der glückliche Nimrod behauptete, der Einschlag einer Atombombe könnte ihn nicht in solche Aufregung versetzen wie die überraschende Begegnung mit dem Trichoferus. Mir gefiel das; so grenzt sich der homo ludens gegen den homo faber ab.
Hier oben, im Urwald von Acquacalente, fehlt es nicht an Geschöpfen ehrwürdiger Art. Es fehlt nicht an Runen, die die Tiefe des Waldgangs bestätigen. Sie blitzen in den Blüten, schlummern in Schächten und Wiegen des Holzes und bilden *ein* Leben mit ihm. Heut bin ich indessen mit der Absicht gekommen, nach dem Arborensis zu sehen; ich machte hier vor Jahren unter den flachen Steinen des Bachgrundes einen seiner Fundorte aus.
Der Arborensis vertritt die Carabensippe Macrothorax in Südsardinien. Seine Stammesbrüder sind an den Küsten des westlichen

Mittelmeers zu Haus; sie bewohnen Sizilien, die Balearen, auch Kalabrien, Südspanien, Algerien, kabylische und marokkanische Bergzüge. Die Schilde spielen in verschiedenen Metallfarben und sind mit Linien inkrustiert, die sich mehr oder minder in Striche und Punkte auflösen.
Hat man sich nun eine Vorstellung von der Art gebildet, in der diese Muster sich folgten und auseinander hervorgegangen sind, so läßt sich das zeitliche Schema auch räumlich ausmünzen, etwa hinsichtlich eines früheren Zusammenhanges von Inseln und Landmassen. Die Punkt- und Linienmuster sind aufzulösen wie eine Geheimschrift oder wie Morsezeichen auf einem Magnetband; sie beginnen zu sprechen und geben einen Text.
Sind wir zusammen bis hierher gekommen, so mag auch *die* Behauptung nicht mehr gewagt sein: daß diese Zeichen mehr bedeuten als jeder Text, der aus ihnen entschlüsselt werden kann. Die Züge sind höher als die des Atlas, und in ihnen verbirgt sich eine tiefere Einheit als selbst jene von Europa und Afrika.

Ein Ziel auf tausend Meilen anzupeilen und zu treffen wie hier den Arborensis in einem guten Dutzend, gewährt auch den Genuß der haarscharf gelungenen Kombination. Dazu noch das Gefühl des Reichtums: überall sind Pfründen, nie zu erschöpfende Schatzgründe dicht unter der Oberfläche der grenzenlosen Welt. Zudem sinds Nebenwege: hauptsächlich bin ich dem Moosgrünen auf der Spur.
Inzwischen waren auch die Gefährten gut am Werk. An Stelle der Rauchsäule, die im Grunde aufstieg, zittert ein fast unsichtbarer Glast. Die Glut liegt unter der Asche, strahlt aber noch kräftig aus. Das Majaletto wird seitlich davon am Eisenspieß gewendet, der zu jedem sardischen Haushalt gehört. Eine Handvoll duftender Macchiakräuter hat es gewürzt. Das Mahl kann beginnen; Valentino schneidet vor. Er sagt »Majaletto« dabei, als ob er zärtlich von einem Freund spräche.
Was man auch immer bei alten und neuen Autoren über die Insel an kritischen und sich widersprechenden Bemerkungen lesen möge, so sind sie sich doch einig in zwei Lobsprüchen. Der eine gilt dem Mangel an giftigen Tieren, der andere dem in der Macchia gerösteten Spießferkel. Wenn man auch die Behauptung des Julius Solinus »Sardinia est absque serpentibus« schon bei den ersten Feldgängen durch den Augenschein widerlegt sieht, so gibt es doch kein Beispiel dafür, daß jemand durch eine Schlange Schaden genommen hätte. Die schwarze Natter, Colora niedda, gilt bei den

Bauern sogar als Wahrsagetier und wird als Glücksbringerin begrüßt.
Was nun das Spießferkel angeht, so ist sein Ruf wohlbegründet; die Rasse ist ursprünglicher als die des Festlandes. Die Tiere sind von hitzigem Temperament und von einer Beweglichkeit, die sie wenig Speck ansetzen läßt. Sie werden im Herbst in Herden zur Eichelmast durch die Wälder getrieben; besonders bekommt ihnen die süße Frucht der Stecheiche. So rühmt schon der Abt Cetti in seiner immer noch lesenswerten Naturgeschichte Sardiniens das Fleisch der Schweine, die mit diesen Eicheln gemästet sind: »Es bildet neben dem Eichelbrot eine Speise, die keiner hier für eine ganze Küche hergäbe.«
Dem Urteil würde auch Don Quixote zustimmen, der die Eichel ein Geschenk des Goldenen Zeitalters nannte, und ebenso Valentino, der freilich kaum je ein Buch gelesen hat. Die Klinge knistert jetzt durch die hauchdünne, glasharte Kruste des Majaletto, die rotbraun wie Mahagoni glänzt. Valentino verteilt die Stücke auf Brotschnitten. Während des Schmauses wendet Italo den kleineren Spieß, auf den er Scheiben von Herz und Leber, von Speck, Wurst und Hühnerfleisch aufreihte. Radieschen und Tomaten reicht er als Contorno dazu, schenkt auch eifrig aus der Korbflasche ein. Als Nachtisch Schafkäse, Früchte, Cafè nero; eine virginische Zigarette zum Beschluß. Dann sucht sich jeder im Schatten der Bäume ein Lager zum Schlafen; Breughels Schlaraffenland. Das Wasser murmelt, hoch oben kreist ein Geier, dicht neben mir sonnt sich eine Smaragdeidechse am Stamm.
Der Moosgrüne haust noch entlegener als in den Bergen von Acquacalente; ihn aufzuspüren, muß ich noch zwei Tage zulegen, muß von der großen zu kleineren Inseln fahren, und dann zu Inselchen. Dabei fällt mir ein Wort von Gregorovius ein, das ich ad hoc ein wenig umwende: »Ein Inselchen kann nicht so klein sein, daß es nicht einen Kontinent von Gedanken ansetzte.«
Hier werden die Fahrzeuge schon recht klapperig. Diesen Autobus, dessen Stationen auf freiem Felde liegen, müssen die Passagiere nach dem Halten anschieben, damit der Motor in Bewegung kommt. Der Wagen ist überlastet; die Insassen fahren zur Bestellung ihrer Weingärten und kehren am Abend in ihre Stadtwohnungen zurück. Dann müssen auch die gefüllten Körbe mit hinein.
Allmählich wird es etwas leerer – da ist auch Silverio. Seine Hütte liegt ganz draußen inmitten eines Gärtchens, das er der Lava

abgerungen hat. Sonst ist ringsum nur mit Zistrosen überwucherte Einöde. Der Wein, den er dort zieht, ist schwer und dunkel wie der von Algier, doch reiner im Geschmack. Er hat unsere Bekanntschaft begründet, denn einmal, als ich, wie auch heute, mit wohlgefülltem Cestino hinausfuhr, fiel in einer Kurve die Flasche heraus und zerbrach. Das war betrüblich, denn zum Roten Kap gehört der rote Wein.

Damals nahm mich Silverio mit in seine Hütte und rüstete mich mit neuer Stärkung aus. Ich kam dann wieder, um mit ihm zu angeln; wenn man aus der kleinen Bucht, in deren Nähe er wohnt, bei günstigem Wind hinausfährt, umkreisen Fische das Boot wie silberne Mondscheiben. Als Köder dienen turbanförmige Schnecken von Walnußgröße, die wir aus dem Lavagekröse herausholen, in dem sich auch die Muräne mit Vorliebe verbirgt.

Was wir von den Schnecken nicht aufschlagen, verwahrt Silverio zusammen mit anderem Kleinfang in einem Säckchen, weil sie benissime für die Pasta sind. Seine Hausfrau kocht sie mit Öl, Tomaten, ein wenig Fenchel und anderen Kräutern; Parmesan tut jeder nach Belieben dazu. Das Gericht lockt denn auch den Leuchtturmwärter und seine Frau herbei; es gibt wenige in seinem Beruf, die unverheiratet sind.

Lässige Stunden am Südrand, während deren man Glanz und Elend Europas vergißt. Die guten Gesellen ziehen die Pasta aus der Schüssel und rollen sie geschmeidig um die Gabel – das ist ein Essen für wohlbeleibte Männer, ein Mahl, das Bonhomie erzeugt. Sie schenken ein und bringen Gesundheiten aus. Die brütende Hitze wird durch das offene Feuer des Herdes, an dem die Signora den Kaffee vorbereitet, noch verstärkt. Silverio ist als Matrose lange auf Handels- und Kriegsschiffen gefahren und hat in einer Seeschlacht einen Finger eingebüßt. Er hat konservative Neigungen, wählt Democrazia cristiana als Monarchist. Der Leuchtturmwärter, Benedetto, ist Syndikalist, wie man sie nur in südromanischen Ländern findet, ist antidemokratisch, antimilitaristisch, antiklerikal. Sein Kummer ist, daß die Deutschen vor ihrem Abzug nicht den Vatikan in die Luft sprengten. »Wir sind von den Schwarzen besetzt.«

Wie die Pflanzen und Tiere hier schon recht südlich werden, obwohl sie den europäischen Ursprung nicht verleugnen, so auch die Männer und ihre Theorien – vereinfacht, vergröbert und zugleich spannend wie ein Roman von Dumas Père. An solchen Rändern, auf solchen Inseln kann, vor allem wenn der Hochdruck im Zentrum nachläßt, Erstaunliches hervortreiben. La Madda-

lena, Kreta, Korsika, Sizilien – Retorten des Unvorhergesehenen. Dann kommt Nordafrika.
Benedetto ist der geborene Volksredner, was sich hier freilich von jedem Dritten behaupten läßt. Das ist wie mit der Musikalität in Neapel: will man sich dort als Tenor einen Namen machen, muß man schon ein Caruso sein. Die romanischen Sprachen kommen den Rhetoren bereits durch den Duktus entgegen; das Element trägt so leicht, daß man von selber schwimmt. Benedettos Vortrag erweckt ein von dem Inhalt unabhängiges Vergnügen; stets wiederholt sich derselbe Dreiklang: die überzeugende Darlegung, die passionierte Anklage, der gebietende Schluß. Einer, der nur *ein* Buch gelesen hat, das aber gründlich, Kläger und Richter in einem, vielleicht künftiger Säuberer und Liquidator einer bevölkerten Provinz. Das ist zwar unwahrscheinlich, doch erinnert mich der Typ an andere, mit denen ich gezecht habe und die zum Zuge kamen, obwohl mans noch weniger gedacht hätte.

Heut gibt es nur eine kurze Begrüßung; Silverio will die leeren Weinfässer am Strand mit Meerwasser beizen; er bereitet die Kelterung vor. Mein Weg führt nach der anderen Seite; zunächst durch ein Bergtal und dann durch verbranntes, wegloses Hügelland. Nun ist der Moosgrüne beinah in Sicht. Allerdings ist der Einstieg schwierig zu finden, denn in einem Gewirr von Regenschluchten, die in turmhohen Abstürzen enden, verbirgt sich der Zugang zum Roten Kap. Er ist von Buschwerk überwachsen und führt in die Schlucht, die den roten Fels wie ein Messerschnitt teilt. In regenreichen Wintern springt das Wasser hier in Kaskaden herab. Jetzt hält es sich nur noch in einzelnen Moostümpeln. Die Stufen sind steil in den glatten Trachyt gebrochen; der Abstieg muß um so behutsamer sein, als hier kein Hilferuf gehört würde. Nur auf den Sockeln ist ein Rundblick erlaubt.
Unten das Meer: ein Ausschnitt zwischen zwei roten Wänden, oben der Himmel als blauer Bogen, vor dem im Segelflug rostbraune Falken stehen. An den Fels haben sich winzige Margeriten geheftet; die Blüte wächst aus dem Zentrum einer grünen Rosette empor. Sie halten sich trotz der Glätte, ebenso wie die grün- und schwarzgescheckten Eidechsen – nur daß sie die Schatten-, die Lazerten die Mittagsseite bevorzugen.
Auf den Sockeln lauert die Eidechsennatter, hellhörig, schattenhaft entgleitend beim mindesten Geräusch. Das stattliche Tier ist wie aus Antimon gegossen, die kleinen gelbgrünen Schuppen auf der dunklen Rüstung wirken, wie Abbate Cetti in seiner Beschrei-

bung es ausdrückt, »als wäre es mit Hirsekörnern bestreut«. Hier sah ich einmal ein Stück, bei dessen Anblick mir der Atem stockte, eine uralte Wahrerin des Ortes, die lautlos verschwand.
Der Abstieg dauert eine gute halbe Stunde; er endet bei der winzigen Marina, zu der sich die Schlucht ausweitet. Sie ist mit grobem Geröll bedeckt; manche Schliffe ähneln gefleckten Straußeneiern, andere roten Brotlaiben. Dazwischen angeschwemmtes Holz und Schiffstrümmer, auch noch der mächtige Baum, den eine Winterflut hoch auf den Strand geschleudert hat und der entrindet im Lichte bleicht. Auch die gelbschnäblige Möwe ist aufgezogen, die von der höchsten Spitze des Kaps aus mein Treiben überwacht.
Hier ist es still, wenngleich nicht lautlos: die Monotonie webt ein Netz über die Stille, die um so tiefer wird. Die See geht flach; die runden Steine folgen ihr mit gedämpftem Wirbel nach. Der Schrei der Möwen: es war immer so.
Die Sonne beginnt eben, die westliche Steilwand der Marina zu färben; sie wird nun vier Stunden auf den Steinen glühen. Ich berge den Cestino im Schatten und streife die Kleidung ab. Das Bad ist erfrischend, doch hat es zugleich etwas Unheimliches, als ob aus dem Unergründlichen Schatten heraufquirlten. Die Gefahr ist namenlos im Element begründet; sie nimmt keine Formen an, doch zwingt sie zu tieferer Atmung, zu schärferer Wachsamkeit.
Der Schwimmweg umrundet die steile Nase des Kaps und führt zwischen den Klippen hindurch, die den Strand abschirmen. Sie bilden von den Möwen bekalkte Lava-Inseln oder tauchen nur aus der Tiefe auf, wenn die Woge sinkt. Andere verraten sich durch grüne flutende Schöpfe von Seetang und Algen und wiederum andere, noch tiefer verborgene, durch weiße Schaumkränze. Die Schiffer pflegen reichlich abzuhalten, und selbst die Langustenfischer versenken, obwohl der rote Grund hier gut ist, die Körbe außerhalb.
Hinter dem Felsen ist, nicht breiter als ein Zimmer und vom Land her unzugänglich, eine kleinere Bucht versteckt, die ich entdeckte, als ich zum ersten Mal das Kap umrundete. Damals glaubte ich an einen Augentrug, als ich in der grellen Sonne ein Gerippe erblickte, das den Strand der Länge nach ausfüllte. Nach der Landung erkannte ich jedoch das wohlerhaltene Skelett eines großen Meersäugers. Ein Wal, der »capidoglio« der Fischer, mußte zwischen die Klippen geraten und dann gestrandet sein. Man sieht solche Skelette als Deckenschmuck der Alchimistenküchen und

-laboratorien. Ich löste mir zum Andenken eine der kleinsten Rippen ab.
Heute ist keine Spur des Wales mehr erhalten, doch geblieben ist das Geräusch, das mich damals zugleich mit seinem Anblick befremdete: ein Ächzen und Stöhnen, dann ein Blasen und Schnaufen, als ob ein Ungeheuer atmete. Als ich ihm nachging, fand ich, daß es aus einer Höhle kam.
Die Neptunsgrotte – sie ist nur schwimmend zu erreichen; ein schmaler Eingang führt in die kühle Dämmerung des Vorhofes. Dort ist das Wasser knietief und so kristallklar, daß die Kette von Seerosen, die seinen Spiegel säumen, in der Luft zu schweben scheint. Unter der flachen Decke brütet die Felstaube. Im Hintergrund setzt das Gewölbe sich in dunklen Schächten fort. Die Klüfte verlieren sich im Untergrund. Sie füllen und leeren sich mit dem Seegang wie eine riesenhafte Lunge; hier begegnen sich das Meer mit seinen ungeheuren Kräften und die Unterwelt. Dem schäumenden Stoß folgt ein Ächzen, dann das stöhnende Ansaugen aus der Tiefe und das hohle Poltern, der malmende Umgang des Gesteins. Neptun und Pluto messen ihre Macht. Schon an der Schwelle wird es unheimlich.
Draußen hat jetzt die Sonne den Mittagspunkt erreicht. Sie brennt an der roten Wand, glüht auf der Brust, der Stirn, den Armen, die sich ihr zuwenden. Bis an den Horizont dehnt sich das Afrikanische Meer, schweigend, ohne Segel, ohne Schaumkrone.
Das ist das Ziel; die Elemente haben sich am Mittag in ihrer Reinheit voneinander abgehoben; das Auge ist von allen Einzelheiten, der Geist von jeder Reflexion befreit. Das läßt sich, wie jedes Gleichgewicht, nicht länger halten als einen Augenblick.

Beim Rückweg ist das Meer vertrauter; das Wasser schmeichelt, es ist angenehm. Der Stamm des entrindeten Baumes bietet den Sitz, eines der angeschwemmten Bretter den Tisch zum einsamen Mahl. Der Gang ist gelungen; er hat kulminiert. Im Rückblick verdichten sich die Bilder: der Schlangenpfad mit den Terrassen, der große Fisch, die Rippe, die Neptunsgrotte, die rote Wand.
Fast hätte ich vergessen, nach dem Moosgrünen zu sehen. Dazu muß mit dem Haarsieb das Quellmoos des Tümpels durchkämmt werden, aus dem ich ihn vor Jahren herausfischte. Es ist belebt, sogar mit nahen Verwandten des seltenen Tieres; der Moosgrüne selbst ist nicht dabei. Nun gut; er hat den Pol gebildet, um den sich der Umschwung drehte – zwischen ihm und dem Unsichtbaren ist kaum noch ein Unterschied. Das Zentrum des Rades, der Zweck

auf der Scheibe bleibt im Imaginären, gleichviel ob man einem Moby Dick nachjagt wie Kapitän Ahab oder einem Wilde der mikroskopischen Welt.

Es wird nun Zeit, an den Heimgang zu denken; die Sonne hat schon die Ostwand des Roten Kaps erreicht.

ERNST SCHNABEL

Standorte eines Flaschenschiffs

»Verließen am 18. Juni 1946 in sehr gut ausgerüstetem Zustande den Hafen von Wesermünde. Nahmen um 19.30 Uhr Lotsen an Bord und dampften nach dessen Anweisung die Weser abwärts. Passierten um 22.30 Uhr Feuerschiff ›Weser‹ und gingen auf Kurs N.«

Aus dem Journal des Fischdampfers ›Oldenburg‹

»Drei Grad näher zum Pol werfen die ganze
Rechtsprechung über den Haufen.« *Pascal*

22. Juni, 0.15 Uhr; Mittsommernacht auf der Höhe des Sogne-Fjords.

Kurz nach sechzehn Uhr durchstießen wir den Nordrand des Tiefs, das über der Nordsee liegt. Es hellte auf, als wären wir unter einem Dachvorsprung hervorgetreten, gleich darauf ließ auch der Regen nach, der Wind legte sich, und die See nahm ab. Im Untergehen brach die Sonne durch und versprach uns eine erste helle Nacht.

Bis zum Glasen um Mitternacht war ich auf der Brücke, danach leistete ich dem zweiten Maschinisten, der von Wache gekommen war, in der Messe Gesellschaft. Das ist ein alter, verschrobener Mann, fremder an Bord als ich. Er bewegt sich auf diesem Schiff, als verschenkte er nur in Ausnahmefällen Vertrauen. Wenn die anderen mit am Tische sitzen, ißt er so gut wie nichts, aber seine Mitternachtsmahlzeit in der leeren Messe dauert jedesmal eine Stunde. Er schneidet sich das Brot akkurat in kleine Würfel, die er mit der Messerspitze in den Kaffee tunkt, dann kaut er langsam und lange. Ich, der Gast an Bord, der nach der Reise wieder verschwinden wird, störe ihn dabei weniger als die anderen. Er nimmt mich als Zeugen nicht ernst. Er scheint sich von meiner Gesellschaft sogar etwas zu versprechen, ein Einverständnis, das ihm doch vielleicht nötig ist, denn er hat sich schnell angewöhnt, mir beim Essen zu erzählen. Es ist etwas Unfreiwilliges an dieser nächtlichen Redseligkeit, als stiegen ihm aus dem Spalt, der zwischen den Tagen ist, die Schatten herauf und nötigten ihn heimlich. Vorhin kam er auf einen verstorbenen Onkel zu sprechen, der in Thüringen Bergmann war und Trompeter in der Bergmannskapelle – und der Schatten des Trompeters kam an den Tisch, trank vom schwarzen Kaffee aus der Blechmug und belebte sich. Dabei erzählt der Mann schlecht genug. An den Geschichten liegt es nicht, sie wirken nur wie abgegriffen. Ich schaue ihn nicht mehr an, wenn er redet, denn sobald er mein Interesse spürt, fängt er an, seine Figuren auszuschmücken, mit den nächstliegenden Mitteln, wie die Bouquinisten ihre Guckkastenbilder mit giftigsüßen Wasserfarben illuminieren, um einen höheren Preis zu erzielen. Die Fälschung ist offenkundig, er nimmt sie selber nicht weiter ernst, fühlt sich ertappt und verlegt sich aufs Handeln. So begann er vorhin plötzlich von Blasmusik zu schwärmen, wobei ihm ein Opernchor von Postillonen vorzuschweben schien. Darüber glitt ihm die Geschichte aus der Hand, zu der er angesetzt hatte, so daß ich nicht erfuhr, wie es mit seinem Trompeter ausgegangen ist.

Als er zur Koje gegangen war, schaute ich noch einmal hinaus. Ein weiches, taubengraues Licht herrscht unter der Stratusdecke, die den Himmel bezogen hat. Ihre Höhe ist nicht abzuschätzen. Es mag sein, daß man von da oben im Süden noch einen Stern erkennen könnte.

An Steuerbord ist die Küste zu sehen, ein blau-oszillierender Streifen, der Meer und Himmel nagend aneinander heftet. Wir stehen nicht weiter als zehn Meilen vom Lande ab. Die Sicht ist gut, doch die Distanz vermindert die Zahl der möglichen Formen. Die Felsenbänke treiben wie genormte Kisten auf dem Horizont. Aus den Einschnitten der Fjorde leuchtet es verstohlen hervor, eine suspekte, schwarzhändlerische Sorte Helligkeit, auf die es gewiß keine Garantie gibt. Auch die Schären vor der Küste bieten keinen Anhalt. Sie schwanken schwer in der Dünung, Bienenkörbe und Zuckerhüte, eingerollt in blaues Glanzpapier, sinken mitunter bis an den Hals ins Wasser und nicken der Leere zu. Die Berge im Binnenlande wiederholen ihre Umrisse in feinerer Zeichnung, aber ein riesiger Nimbuswulst, der über dem Horizont liegt, zu schwer um aufzusteigen, bricht den höchsten von ihnen die Spitzen ab. Sie haben Nebel im Gebirge, vielleicht auch einen feinen, beißenden Staubregen, der aus tiefen Wolken kommt.

Vier Strich an Steuerbord ist ein Schiff zu sehen, das mit uns auf gleichem Kurs liegt. Manchmal erscheint seine ganze Silhouette, dann wieder nur seine Rauchfahne über dem Wasser, bestimmt ist allein sein gelbstrahlendes Hecklicht, das sich hebt und senkt und beim Sinken jedesmal für zwei Sekunden unter die Kimm taucht und verschwindet, so regelmäßig, daß ich es zuerst für ein Blinkfeuer an Land gehalten habe.

Die Stille ist ungeheuer, kein Windhauch, nicht ein Vogel. Trotz der Helligkeit ist es Nacht, und wir gleiten wie in einem aufgeblasenen Zellophanbeutel dahin. Die Situation des Flaschenschiffs. Nur zwei Geräusche sind in der Stille zu hören: der endlose Strich unserer Bugwelle und das Rumpeln der Maschine, dumpf unter den Planken, ein Biertrinkerherz. Es verzeichnet eine nicht abreißende Flucht von Arkaden unter dem Querstrich.

08.15 Uhr.
Nichts Neues, trotzdem fand ich alles verändert vor, als ich um sechs an Deck kam, verkantet um den spitzen Winkel zwischen Farce und Posse: das Licht, kaum überzeugender als um Mitternacht, ist grell geworden. Der Wind hat auf Südwest gedreht und aufgefrischt. Die See läuft hoch und schiefergrau von achtern auf; der Gischt wirkt wie aufgesetzt. Die Geometriestunde ist beendet, die Küste hat das heimlich Musterhafte von heute nacht verloren. Ein grobes Sägeblatt schneidet jetzt den Himmel vom Meere los. Auf den Spitzen der Zähne liegt Neuschnee, eine Schaufensterdekoration, die sich nicht halten wird.
Ich wusch mich unter der Back und rasierte mich wieder, obwohl ich mir gestern noch vorgenommen hatte, mir einen Bart stehen zu lassen während dieser Reise, aus Bequemlichkeit und weil die Rasierklingen knapp sind. Aber ich habe schlecht geschlafen auf meiner Bank in der Messe und muß mich einrichten, zwischen der schlechten Nacht und diesem Morgen, der mir nicht gefällt, da hält man besser an sich selber fest.
Ich habe noch keine gute Nacht hier an Bord gehabt. Die schmale Polsterbank in der Messe, auf die ich angewiesen bin, ist kaum schuld daran. Ich liege mit hohlem Kreuz da, eine ängstliche Gewohnheit aus dem Kriege, wo man immer gewärtig war, daß das Schiff auf eine Mine laufen werde. Dazu kommt, daß ich andauernd und von lauter lästigen Leuten träume, und ich träume so leicht, daß mir dabei immer ist, als träumte ich in einem Traume oder könnte den Traum korrigieren – aber ganz so leicht nicht. Morgens erwache ich wie von einer Schwerarbeit. Der Traum ist nicht vorbei, er hat sich nur ausgeweitet, so daß er Schiff und Meer nun mit einschließt. Die sonderbare Küste ist ihm von draußen her auf die transparente Haut aufgemalt, da kann es jeden Augenblick passieren, daß wir ein Häuschen zu sehen bekommen, zwischen Tannen, mit einem Wattebausch über dem Schornstein.

22.50 Uhr, auf 65° nördlicher Breite.
Die Sonne wird heute nacht nicht mehr untergehen, sie wird den Horizont nur streifen, doch wir sehen sie nicht, denn der Himmel ist tief bewölkt.
Am Nachmittag stand ich zwei Stunden am Ruder, und D., dessen Törn es war, legte sich schlafen. Es steuert sich schlecht bei der schweren achterlichen See, die das Ruder oft von der falschen Seite zu fassen bekommt, so daß das Schiff weit ausschwingt, und es kommt danach von selber immer nur halbwegs auf Kurs zurück. Es giert und gibt ein schepperndes Seufzen von sich. Der Kapitän war auf Wache, ein sparsamer Mann, der nur am Fenster steht und nichts sagt.
Ich kenne jetzt übrigens alle Namen hier an Bord. Ich habe im Kartenhaus in den Musterbüchern der Mannschaft geblättert. Sie enthalten nur wenige Anhaltspunkte: Daten, Schiffsnamen, Stempel und linkische Unterschriften auf fälschungssicherem Papier – ein Versuch, den Traum zu fixieren, der wenig überzeugt. Nicht einmal die Paßbilder können als authentisch durchgehen. D. zum Beispiel trägt auf seinem Photo einen Frack. Anscheinend ist es bei seiner Hochzeit aufgenommen worden. Sein Scheitel glänzt von Pomade, weiße Binde, glattes Kinn, das Lächeln hängt ihm wie ein künstlicher Schnurrbart unter der Nase. Nur Augen lassen sich nicht schminken, die seinen sind wasserleer. Auf seinem angehobenen rechten Arm liegt etwas Helles, ein Stück von einem Ellbogen wohl oder ein Zipfel des Brautschleiers. Die Braut ist abgeschnitten.
D. im Leihfrack – es dauert eine ganze Weile, bis ich ihn überhaupt erkannte, und ich mußte lachen, aber warum eigentlich? Alex M., der nach Rußland emigriert war, hat mir von einem Moskauer Vorstadtkino erzählt. Das Kino war leer bis auf ein paar halbwüchsige Burschen, denn es war eine Nachmittagsvorstellung, und sie spielten einen uralten Film mit Harold Lloyd. Alex sagt, er habe den Film noch immer komisch gefunden und lachen müssen, wenn Harold Lloyd, an Dachrinnen über Fifth Avenue hängend, Millionärstöchter aus Feuersbrünsten gerettet habe, ein eiskalter Held mit lichterloh brennendem Hosenboden. Auch die Jungen im Kino hätten manchmal sehr gelacht, doch an der komischsten Stelle hätten sie sich erstaunt nach ihm umgedreht und seien ganz ernst gewesen. Da erst habe er gemerkt, daß er ganz allein über den Film gelacht hatte, während die Jungen nur lachten, wenn Harold Lloyd im Frack auftrat, sonst nie.

Am 23. Juni, 15.30 Uhr.

In der Nacht rollte das Schiff schwer, so daß ich schlechter schlief als je und wirre Träume hatte: F. war gestorben, und Dr. S., sagte mir jemand, den ich weder sah noch an seiner Stimme erkannte, habe sich erdrosseln wollen. Gerade dieses aufgeblähte Wort ›erdrosseln‹ war es, was ich träumte, und ich überlege, wo steht, daß man Gottes Stimme höre, wenn es im Traum rede und der Sprecher gebe sich nicht zu erkennen. Viel Aufwand für eine Fischdampfernacht. Außerdem ist Dr. S. der letzte, der sich ›erdrosseln‹ will.

Der Netzmacher kam heute in einer blitzblauen Hose mit einem breiten roten Generalstreifen, das ganze rechte Bein entlang, an Deck. Er sah plötzlich ganz spanisch und lebenslustig aus unter uns. Die Hose hat er aus Kanada mitgebracht, wo er als Kriegsgefangener im Walde von Quebec Bäume gefällt hat, und mit Generalsbeinen, sagt er, läuft es sich nicht so leicht weg.

Er erzählte mir, daß er 1942 mit seinem Fischdampfer auf Vorposten im Kanal torpediert worden sei. Seine Schwimmweste riß, als er über Bord flog, so daß er im Wasser nach einer Kiste oder einem Rettungsring suchen mußte, um sich daran festzuhalten, doch es war Nacht, und er fand nichts, und es trieb auch nichts auf, als das Schiff untergegangen war. Nach einer Weile gewahrte er dann doch eine Planke im Wasser. Als er hinschwamm, hing schon einer dran, der schrie, er solle wegbleiben um Gottes willen, denn die Planke trage nur einen, und er habe beide Beine verloren. Der Netzmacher näherte sich ihm trotzdem. Da stöhnte der andere, er verliere viel Blut, und die Schmerzen brächten ihn um. Der Netzmacher ließ sich sacken und wurde von dem englischen Schnellboot, das sie torpediert hatte, im letzten Augenblick noch gerettet. Der von der Planke saß schon an Deck, als sie ihn auffischten, ganz unversehrt, und während sie mit hoher Fahrt nach Dover brausten, robbte sich der Netzmacher an ihn heran und stellte ihn zur Rede. Der andere tat, als hörte er es nicht. Als er ihn am Arm schüttelte, bekam er einen Schlag ins Gesicht. Da schrie der englische Steuermann vom Kommandostand herüber, sie sollten Ruhe halten.

Wenn man aufgepickt wird, so eben noch, sagt der Netzmacher, dann denkt man, jetzt ist die Rechnung glatt, irgendwie – und da war schon die neue Rechnung. Aber machen konnte man nichts, sie paßten viel zu sehr auf.

19.45 Uhr.
Der Polarkreis liegt hinter uns, wir überschritten den 67. und 68. Breitengrad und passierten die Lofot-Inseln. Für eine halbe Stunde öffnete sich auch der Westfjord an unserer Steuerbordseite, so daß wir zwischen den Klippen hindurch weit ins Land hinein blicken konnten. Danach zog er sich wieder zu, und die Inseln kehrten uns den Rücken.
Das Schiff rennt den achterlichen Wind tot, so daß es ganz warm ist an Deck, doch Meer und Himmel sind in ungeheuerer Bewegung. Die See rollt aus eigener Kraft aus dem Atlantik herauf, denn sie ist stärker als der Wind. Sie läuft auch wenigstens fünf Meilen schneller als das Schiff und überholt uns in eisengrauen Attacken. Das Eismeer füllt sich mit der Aufregung, die ein Sturm irgendwo im Atlantik angerichtet hat.
Die Lofot-Inseln lagen wie eine fürchterliche Flotte auf der Reede des Westfjords. Eine unaussprechliche Traurigkeit brütete über dem Meere. Zuerst denkt man, es wird halb so schlimm sein, wenn wir erst dort sind – aber die Finsternis des Anblicks vertiefte sich nur, als wir die äußersten Klippen in zwei Meilen Abstand passierten. Die Inseln sind, von See her gesehen, vollkommen schwarz. An ihren Ecken bleiben Wolken hängen, türmen sich hoch und reiben sich auf, so daß es unaufhörlich wie Mehl aus der Höhe sickert und eine Staubschicht auf dem Meere entsteht, die die Felsblöcke, Auswürfe und Gabelspitzen eine Handbreite über das ziehende Wasser hinaushebt. Etwas Sonne ging über die vorgestreckten Füße der Berge hin: eine Hauswand leuchtete auf, etwas Gras wurde grün für einen Moment – doch es steckte weniger Wirklichkeit in diesen Augenblicken als in den Reflexen und schillernden Täuschungen auf einem Brocken Steinkohle. Auch die Schneesträhnen in den Klüften, das Eis auf den Sätteln und die Wasserfälle aus großer Höhe gaben kein Licht ab. Das Wasser stürzt so schnell herab, daß diese Fälle wie Eiszapfen oder straff gespannte Bänder wirken.
Jetzt sind wir vorbei. Die Inseln haben sich abgekehrt und warten auf das nächste Schiff. Sie gehen nie leer aus, Beute gibt es jedesmal, selbst wenn es nur Vorstellungen sind, die an ihnen scheitern. Die Überlebenden sind manchmal schwerer mitgenommen als die Wracks am Strande.
Diese öden, abgeschabten Felsklötze gibt es an den Rändern aller Meere. Kap Finisterre kann so aussehen, die Vorgebirge der Chalkidike, an denen die Perser scheiterten, auch Feuerland oder die Aleüten, Lombok in der Sundasee und Sokotra vor der Spitze

von Somaliland. Sie liegen halbe Tage lang im Horizont, abweisend, feindseliger als das misanthropischste Meer, und sind gute Peil-Ziele, sonst nichts. Sie züchten sich Bewohner heran, wie man sie anderswo kaum trifft, Fliegende Hunde, Eisvögel, Heilige und Pinguine, Schildkröten, Strandräuber mit Gewissen, die nicht nachzuprüfen sind. Es ist jetzt vierzehn Jahre her, daß wir aus dem Golf von Aden kamen und um Sokotra herum auf Kurs nach Sabang gingen. Wir waren weit von der Inselküste entfernt, die wie Perlmuttschein im Dunst stand, wie weit, weiß ich nicht, denn auf dem weiß überblendeten Tablett dieses Morgens wirkten Meilen wie Wechselgeld. Ich stand am Ruder, als der Wachoffizier ein Boot sichtete, einen Einbaum in der verlassensten See. Ein weißes Schiffbrüchigen-Signal winkte inständig zu uns herüber. Der Kapitän wurde auf die Brücke gerufen und gab neue Kursanweisungen, und eine Viertelstunde später lagen wir gestoppt in der Mitte des flimmernden Spiegels. Ich ging auf die Brückennock hinaus und blickte über die Verschanzung. Unten lag der Einbaum, von unserer schwarzen Zehntausend-Tonnen-Bordwand überragt wie von einem Abgrund. Im Boot lagen zwei Skelette, ein drittes kniete zwischen den Duchten, streckte uns die Hände entgegen und jammerte: Water! Water! Es verfolgte dabei mit unglaublicher Behendigkeit jede Bewegung an Bord. Sein Kopf reckte sich hierhin und dorthin, die Augen rollten lose in viel zu großen Augenhöhlen, die Zähne schrien, die Hände schüttelten sich und flehten aus knackenden Gelenken. Wir wollten sie an Bord nehmen, aber das Gerippe wollte nur Wasser. Flink steckte es zwei rostige Kanister an die Leine, die wir ihm zuwarfen, und als es die überschwappenden Behälter unter der Ducht verstaut hatte, wollte es Bread! und Money! und der Bootsmann fierte ihm ein halbes Dutzend Kastenbrote hinunter und tat eine schimmelige Speckseite dazu, und der Kapitän warf etwas in den Einbaum, was in Papier gewickelt war. Als der Hampelmann es aufhob, wurden auch die beiden anderen Skelette munter. Sie fuhren klappernd auf, als wäre der Wind unter sie gefahren, und sie wogen ja nichts. Alle zugleich griffen nach dem Papier und schauten hinein. Kein Dank, man dankt für Strandgut höchstens sonntags in der Kirche. Sie langten nach dem Stechriemen und paddelten geschwind davon. Als sie in sicherer Entfernung waren, drehten sie sich nach uns um und lachten – lachten, alle drei. Es sah ganz so aus. Freilich täuscht man sich bei Skeletten leicht in diesem Punkt.

24. Juni, 01.10 Uhr.
Der Steuermann ließ mich um Mitternacht wecken, die Sonne komme heraus. Ich ging zu ihm auf die Brücke und wartete, und wirklich kam sie für einen Augenblick mit dem Unterrand zwischen zwei tief über das Meer hinschleifenden Wolkenbänken hervor, die einen vollen Auftritt aber nicht erlaubten, denn die untere schob sich stetig nach Nordosten, die obere ein wenig schneller nach Südosten. Der Ausbruch aus Gold und Rosa blieb auf einen kleinen Fleck beschränkt und dauerte nur eine Minute, bis sich die Lider wieder zuzogen, aber auf dem Meere hielt sich noch lange ein Widerschein des Blicks. Es ist jetzt glatt und blank, dünt schwach und jongliert das schnell wechselnde Licht wie eine Schar von Eisläufern oder Quecksilberperlen in seiner Hand.
Trotz der Helligkeit vergesse ich keine Minute, daß es Nacht ist. Die Uhr in der Hirnschale hat ein Vierzehn-Tage-Werk, und ehe es abgelaufen ist, sind wir schon wieder im Dunkeln.

21.00 Uhr; auf 72° N. Offenes Meer zwischen Grönland und Barentssee.
Sowie wir bei den Westeraalen von der Küste abhielten und auf Nordkurs gingen, wurde es mit einem Schlage kalt. Das Thermometer zeigte plötzlich null Grad, und wir haben Atemfahnen vor dem Mund. Zugleich wurden Himmel und See blasser, wie durch Aderlaß, und ich glaube nicht, daß es nur eine Täuschung war. Ich habe diese plötzliche Entfärbung der Luft und des Wassers jedesmal beim Übergang in kältere Meere beobachtet.

23.00 Uhr.
Es ist möglich, daß ich mich doch täusche, denn mir fällt ein, daß mir hellere Meere oder Landschaften auch immer kühler vorgekommen sind als intensiv gefärbte, und das trifft gewiß nicht zu. Wahrscheinlich vexiert mich eine Erinnerung: mein Vater besaß einen englischen Atlas aus der Mitte des neunzehnten Jahrhunderts, auf dessen Karten noch große weiße Flecken vorkamen mit der Inschrift ›Terra Incognita‹, in Australien zum Beispiel, aber auch am Kongo und Amazonas und auf den Projektionen der Polargebiete, wo sie sich am längsten gehalten haben. Ich habe sie immer wieder ansehen müssen als Kind, und ich merkte, daß ich es verstohlen tat. Sie reizten die Neugier und zugleich den Schauder auf wie manche Jahrmarktswunder, und das Gefühl narrt mich noch immer, denn wenn ich mich jetzt nicht täuschte, so müßte es

am Kongo weniger heiß sein als im übrigen Afrika – oder der weiße Fleck müßte verschwinden, wenn ich hinkäme. Beides ist wenig wahrscheinlich.

Nachträgliche Bemerkung
(1952 an den Rand geschrieben):
Nein, es war keine Täuschung, ich war inzwischen dort. Gewiß, es war sehr heiß, aber ich kann mich nicht entsinnen, unter der Hitze so gelitten zu haben wie eine Woche zuvor in Kairo. Auf der anderen Seite hat sich auch der weiße Fleck als beständig erwiesen. Mein Gedächtnis hat vom Film der langen Bootsfahrt auf dem Kongo nur die Negative aufbewahrt, unwahrscheinliche Schneelandschaften unter einem schwarzen Himmel.

Zweiter Nachtrag
(aus dem gleichen Jahre, wenn ich mich recht erinnere):
Ich merke, daß mir auch manche Neger jetzt in der Erinnerung weiß erscheinen. Ein Straßenphotograph in Brazzaville hat mir gesagt, daß sich die Eingeborenen, die zu ihm zum Photographieren kommen, oft nicht nur die Abzüge, sondern auch die Negative aushändigen lassen. Zu Hause klebten sie sie auf glänzenden Karton und hüteten sie heimlich, denn diese Transparente erfüllten ihnen für eine Weile den Traum vom weißen Gesicht.
Das hat der Mann erzählt. Habe ich mich in seinem Vexierbild verlaufen?

Am 25. Juni, Mitternacht.
Draußen glast es, der vierfache Doppelschlag der Schiffsglocke, Wachwechsel. Es ist die hellste Nacht, die wir bisher hatten.
Gleich kommt mein Maschinist wieder zu mir in die Messe, frisch gewaschen und hungrig – und erzählt. Langsam kommen mir Zweifel, ob es wirklich seine eigenen Geschichten sind, die er mir auftischt. Sie könnten gut aus einem ›Bunten Familienalbum‹ stammen mit ihrer angehobenen Sprache und Fadenscheinigkeit. Seit zwei Nächten erzählt er mir von Tieren und macht sich selbst dabei zu einem Hirtenknaben, aber wenn ich ihn anschaue, hat er graue Augen, nicht blaue. Weiß er, daß er lügt? Oder lügt er gar nicht, und es gibt in seiner Erinnerung nur so viele weiße Seiten, die ihn ängstigen, daß er sich jetzt fremde Erlebnisse ausleiht? Vorgestern war sein Vater Bäcker gewesen, gestern Heizer bei der Eisenbahn, ich werde ihn heute noch einmal danach fragen. Ich

will ihn nicht zur Rede stellen, meine eigenen Geschichten sind schwankend genug: die Ansicht der Lofot-Inseln, die mich jetzt in den dritten Tag hinein verfolgt, hat sich in der Erinnerung schon verändert. Ich müßte diese Felsen heute völlig anders beschreiben, denn ich finde das großartig Entrückte, schwebend Ungeheuere, die schwarze Möglichkeit der Welt, nicht wieder, die ich neulich notiert habe. Ich sehe sie jetzt befreit von den Effekten des Erlebnisses vor mir, wie von einem ausgedienten Kapitän gemalt: ohne Perspektive, dafür himmelhoch überspitzt aus Erfahrung, und es fehlt nicht viel, daß ich mir einbilde, auch einen Abstürzenden gesehen zu haben, der sich mit allen vieren im soliden Himmel des Votivbilds festhielt.
Edgar Allan Poe hat die Lofot-Inseln so beschrieben, als ein Inferno für die einfachen Gewissen. Dabei stützt sich seine Beschreibung des ›Maelströms‹ vor der Insel Moskoe in der Schilderung des furchtbaren Strudels ausdrücklich auf die Encyclopedia Britannica, die dann ihrerseits freilich in eine spätere Ausgabe wieder einige Punkte der Poeschen Erweiterungen übernahm – ein Naturalientausch zwischen den Generalverwaltern des Bestimmten und einem Vertreter der Ahnung, der gewiß einzig dasteht und nur an der Grenze des Ungeheueren zustande kommen konnte.
Ich bin jetzt selber in die Sphäre der Hinterglas-Malerei geraten.

Um 12.40 Uhr, auf 75° N., 18° O.
Seit zehn Uhr sind wir auf dem Fangplatz. Wir setzten sofort das Netz aus. Es versank in der See, spurlos wie in flüssigem Blei. Kaum Dünung noch.
Wir sind hier auf den Bänken unter der Bäreninsel mit ungefähr zwanzig anderen Schiffen zusammen. Man sieht nur einzelne Rauchfahnen oder Schornsteine über der Kimm, und nur ein Dampfer steht nahe genug bei uns, daß auch seine Aufbauten zu erkennen sind. Dabei habe ich nicht das Gefühl, daß sie weit weg von uns sind. Der Globus scheint sich hier stärker zu krümmen, wie auf dem bekannten Plakat der Hoek-Harwich-Fährlinie, wo ihn ein weißbärtiger Seemann umarmt, und es ist kein Wunder, daß das Radiotelephon sie alle auf seiner handtellergroßen Membrane zu versammeln vermag. Engländer, Norweger und Isländer reden da miteinander, eine deutsche Stimme habe ich noch nicht gehört. Mitunter geben sie durch, wie groß ihre Fänge gewesen sind, aber der Kapitän sagt mir, diese Zahlen stimmten nicht immer. Wer eine gute Strähne zu fassen hat, gibt nur die Hälfte an,

sonst rücken ihm die anderen zu dicht auf die Haut. Die Fangergebnisse würde es kaum beeinträchtigen, aber jedermann wünscht sich, sein Schiff zuerst voll zu haben und vor der Konkurrenz auf den Markt zu bringen, denn die Besatzungen sind am Gewinn der Reise beteiligt, mit hierarchisch gestaffeltenen Prozentsätzen.
Ich hörte dem Radiotelephon in der Funkbude eine ganze Weile zu. Der Funker saß am Tisch, der Kapitän stand in der offenen Tür und kehrte uns den Rücken zu. Der Lautsprecher klang wie ein altes Trichtergrammophon: Nadelkratzen, flacher Raum, Stimmen wie aus einer Mausefalle. Trotzdem behauptete der Kapitän, einzelne Stimmen zu erkennen (nach all den Jahren, in denen er sie nicht gehört haben kann, denn es ist seine erste Reise seit dem Kriege). Das ist Selfrich aus Aberdeen, sagt er plötzlich und will ihn seit 1925 kennen. Der Funker drehte am Schalter und hielt ihm das Handmikrophon hin. Selfrich? sagte der Kapitän. Nein; wer weiß, was er sagt ...
Der Funker drehte gleichgültig den Schalter wieder auf ›Empfang‹.
Beim Mittagessen kommt der Kapitän noch einmal auf Selfrich zurück. Das ist die erste Reise, sagt er. Laß die anderen reden, ich rede jetzt nicht.
Der Funker, der als einziger eine Art Uniform trägt und seine Schirmmütze nicht einmal bei Tisch abnimmt, sagte mir hinterher, der Alte sei ein Freimaurer. Dem Postschaffnergesicht war nicht anzumerken, wie er das meinte.
Die Winsch kommt in Gang: um dreizehn Uhr wollen wir das Netz zum ersten Male aufhieven.

16.00 Uhr:
Tiefe Wolken. Schmale, schnelle Schwaden von kaltem Nebel streifen über das Meer hin. Ich sitze auf der Greating hinter dem Schornstein, wo die heiße Luft aus dem Heizraum heraufsteigt, trotzdem sind meine Hände wie erstarrt.
Die ersten achtzig Korb Fisch sind im Schiff, das sind achtzig Zentner, grob gerechnet. Das Netz ist wieder ausgesetzt, und die Leute sind beim Schlachten. Der technische Aufwand – das Netz, das Gewirr der Drähte, Stander und Stroppen, viel improvisierter als die Takelage eines Segelschiffes, das Aufhieven und Wiederaussetzen des Geräts und die Verarbeitung des Fischs auf dem Schlachtdeck – lief schnell und zauberhaft ab wie ein Stummfilm über die Kopfjäger in Neuguinea. Manches durchschaut man natürlich, aber da ja der Zweck nie sichtbar wird, haben alle

Hantierungen etwas Rituelles an sich, und ich will nichts davon aufschreiben, ehe ich es nicht besser begreife. Nur eines schon: die ganze Reise über hielten sich ein paar Möwen in der Nähe des Schiffes auf. Sie strichen in Luv auf und ab und äugten herüber. Aber als heute das Netz zum ersten Male aufgehievt wurde, kamen sie zu Tausenden, als hätte jemand Alarm geschlagen. Sie kamen von überall her, woher weiß ich nicht, und jetzt überwölkten sie das Schiff mit ihrem mörderischen Geschrei. Über das Schlachtdeck rinnen Bäche von Blut, Schmier und Kaldaunen, die Speigatten kotzen den Abfall ins Meer – und unzählige Flügel schlagen und Schnäbel stoßen zu und picken und reißen und schlingen mit elender Gier herunter, was ihnen zufällt. Einzelne Vögel kamen an Deck und fetzten den Kabeljaus die Lebern aus den lebendigen Leibern. Mitunter ließen sie dann unversehens das Schiff los, ließen es davonziehen und schwärmten eine Weile lang über seinem Kielwasser, aber auf ein unmerkliches Zeichen erhoben sich dann alle auf einen Schlag, eine schwirrende Wolke, fuhren heran und fielen von neuem über uns her.

16.30 Uhr:
Die leeren Decks wurden abgespült. Die Männer gingen ins Logis, um Kaffee zu trinken. In einer halben Stunde wird das Netz wieder aufgehievt. Da sind auch die Möwen verschwunden, als hätte sie der Himmel geheimnisvoll verschluckt. Ich sah sie nicht wegfliegen, obwohl ich genau aufgepaßt habe. Nur die Schar der Wächter, die immer bei uns standen, halten sich noch in Luv. Sie äugen. Sie sind nicht zu bestechen. Kein Laut.

27. Juni, 00.20 Uhr.
Den ganzen Tag über spiegelte die See einen Perlmutt-Himmel, der von Hochnebeln durchzogen war, und wechselnde Farben überflossen das Meer wie eine Verzauberung: Rosa, ein fahles Zitronengelb, Grau mit einem Stich ins Blaue oder Violette, Eisgrün, mitunter eine Spur von Orange. Gegen Abend hob sich der Himmel auf, und der Spuk verzog sich. Totenstille trat ein. Jetzt ist das Meer wie aus langen überhauchten Spiegelstreifen gemacht, die dicht nebeneinanderliegen und unaufhörlich ihre Lage verändern. Die See wogt nicht, die Spiegelstreifen verkanten sich nur um wenige Grade und sinken sogleich wieder zurück, um sich neu anzuheben in einer präzisen Mechanik. Ein flirrendes Licht geht von diesen atmenden Lamellen aus. Der Himmel reißt es an sich, hält es für einen Moment und wirft es zurück auf die

Spiegel, so daß es niemals ganz hell ist, niemals erlischt, und nirgendwo ist ein Schatten möglich oder ein ausdauernder Glanz. In einem Prisma könnten dieselben Lichtverhältnisse herrschen. Die Sicht ist auch prismatisch geschärft wie bei Schirokko oder Föhn, oder als hätte sich die Erdkrümmung von neuem verworfen: keines der Schiffe hat sich uns genähert, und doch sind sie, die den Tag über nur mit den Masten und Schornsteinen über die Kimm ragten, mit einem Male ganz zu sehen, winzige Modell-Silhouetten, aufgereiht auf einem Haar. Zugleich hob sich der Himmel um einen Fuß, so daß sich zwischen seinem Rande und dem des Meeres ein Abstand bildete, der sich schnell mit hellgelbem Schein füllte. Hinter dem gelben Prospekt schob sich die Sonne unsichtbar nach Norden. Es wurde Nacht und blieb Tag, nur daß die Möwen jetzt alle verschwunden sind – und wird nun doch noch Nacht, denn jetzt, wo die Sonne ihre untere Kulmination über dem Pol jeden Augenblick erreichen muß, verfärbt sich die gelbe Kimm plötzlich. Ein schmales, türkisblaues Band umschlingt das Meer mit einem Male, ringsum in gleicher Breite und Helligkeit wie ein Tortenrand oder eine Schärpe, und nur im Südosten ist es auf eine Daumenbreite unterbrochen wie von einer Schnalle. Eine haardünne Linie steigt dort senkrecht aus dem Meere, sackt ein wenig durch, um dann steil abzustürzen. Das ist die Bären-Insel.

Ich war bis in die Nacht hinein an Deck und habe begriffen, was vor sich geht:

Das Netz ist ein riesenhafter Trichter aus Hanfgarnmaschen. Sein spitzes Ende wird von einer Leine zusammengerafft. Ihm geht der lange ›Tunnel‹ voraus, den wieder das ›Fang-Netz‹ eröffnet, ein gewaltiges Drachenmaul. An dieser Mündung sitzen drei Scherbretter, die als schräggestellte Flächen das Maul des Netzes beim Schleppen stetig auseinanderziehen. Die beiden seitlichen Bretter gleiten auf schweren, eisernen Kufen über den Meeresgrund hin und zerren an den Maulwinkeln des Drachens, während ihm das dritte, leichtere und von Glasblasen noch aufgetriebene, die Oberlippe lüftet.

Wir fischen auf etwa hundert Faden Wassertiefe. Das Schiff tastet sich dabei mit Hilfe des Echolots an den Böschungen der arktischen Bänke entlang und streift sie ab. An diesen Berghängen treffen sich die kalten Polardriften und die äußersten Verzweigungen des Golfstroms, und hier stehen die großen Schwärme.

Verläßliche Vorzeichen auf das Fangergebnis gibt es während der dreistündigen Schleppfahrt nicht, so daß Pech oder Erfolg nicht

abzusehen sind, wenn das Schiff stoppt und die kilometerlangen Kurrleinen einhievt. Zuerst tauchen die Scherbretter neben der Bordwand auf. Man lascht sie fest. Minuten später dämmert es, hundert Schritt von der Reling entfernt, fahl aus der Tiefe herauf, ein grünlicher Schatten, der sich schnell aufhellt – ein Schwall von Luftperlen, die an der Oberfläche zerstieben: das Netz ist voll, dreitausend Schwimmblasen sind im fallenden Außendruck zerplatzt. Aus dem Gestöber der Seelen taucht triefend und ungeheuer wie das Haupt eines Meergotts der Steert des Netzes auf und bleibt, einen Fuß über die Wasserfläche ragend, in der Entfernung liegen. Das ist der Augenblick, wo der Himmel die Möwen entläßt. Sie stoßen aus seinem Zauber hervor und umschwärmen das Netz. Vorerst lassen sich nur die mutigsten auf dem treibenden Buckel nieder, und ein Schlag mit einem Eisenstück gegen die Verschanzung läßt die ganze schreiende Wolke auffliegen. Es ist merkwürdig, wie wenig Gedächtnis sie haben: es dauert zehn Minuten, bis ihre Fähigkeit zu erschrecken in Freßgier und Zuversicht, da ihnen ja niemand etwas antut, erlahmt. Nun sind sie drei Stunden blind gegen jede Gefahr. Aber eine halbe Stunde Rast im Himmel genügt, um sie wieder vorsichtig zu machen, als wagten sie sich das erste Mal auf die Jagd. Der Netzmacher teilt das hirnlose Aufgebot der Vögel übrigens in ›Dumme Auguste‹ und ›Jan van Gents‹ ein. Den Unterschied sehe ich nicht. Es handelt sich vermutlich um eine private Nomenklatur.
Der gefüllte Tunnel treibt nun längsseits, eine Litfaßsäule aus schillerndem Glanz. Die Winschen hieven an, ein knapper Drahtstropp schnürt einen Teil des Fangs ab und steigt langsam auf mit seiner Last, schwingt ein, und der gewaltige Pompadour bleibt zwei Fuß hoch über den Decksplanken hängen. Der Steuermann kriecht unter den triefenden Beutel, slippt den Knoten der Cotleine, und zweieinhalb Tonnen Kabeljau explodieren über das Schlachtdeck hin, ein Höllensturz aus Kampf, Hilflosigkeit und Ersticken.
Zwei- oder dreimal füllt und entleert sich der Beutel noch über dem Deck, bis der ganze Fang geborgen ist, dann versinkt das Netz von neuem im Meer, und während es die nächsten drei Stunden über die unterseeischen Hügel kriecht, mit aufgerissenem Rachen, beginnt das Schlachten an Deck. Das dauert zwei Stunden, mitunter länger, und alle sind bei der Arbeit. Den Männern bleibt danach eine oder eine halbe Stunde oder auch nichts, um sich trockenes Zeug überzuziehen, zu essen, sich in irgendeiner Ecke niederzuhocken und die Augen zuzumachen,

bis die nächste Hiev kommt. So geht es eine Woche lang, Tag und Nacht, bis das Schiff voll ist. Wenn man am Ende die Viertelstunden alle zusammenrechnet, die sie geschlafen haben in diesen acht Tagen, so kommen zwölf Stunden zusammen, vielleicht fünfzehn im ganzen, mehr nicht.

28. Juni, 22.30 Uhr:
Nebel, der uns weiß umschließt, und wir sind außer der Welt. Manchmal habe ich das Gefühl, daß wir stürzen, denn das Schiff macht zu wenig Fahrt, als daß man irgendeine Richtung erkennen könnte, in der wir uns fortbewegen, aber zu einem Aufschlag kommt es ja nicht. Trotzdem fährt man zusammen bei jedem plötzlichen Geräusch. Ab und zu kommt die Sonne durch. Sie ist flüchtig, aus blindem Metall gestanzt und strahlt nicht. Es könnte gut sein, daß auch sie stürzt. Die Dampfpfeife schreit. Die stummen Intervalle drücken mir auf die Trommelfelle. Die zweite Dampfpfeife, die vorhin zu hören war, ist verschwunden.
Der Kapitän hat mir eine Überraschung machen wollen. Er weiß seit zwei Tagen, daß der Fischdampfer, auf dem ich im Kriege gefahren bin, bei uns auf dem Fangplatz ist. Er wollte es mir nicht sagen, bevor er in Sicht wäre, aber er hat zu lange gewartet: ich saß gegen Abend hinter dem Schornstein, als plötzlich die andere Dampfpfeife, die wir seit einer Stunde gehört hatten, ganz nahe aufschrie. Ich sprang auf die Füße – und im selben Augenblick hob sich der Nebel etwas, und im ziehenden Spalt sah ich mein altes Schiff. Man wundert sich manchmal, woran Chinesen und Neger einander erkennen können. Natürlich sind sie zu unterscheiden, genau wie wir, aber es dauert seine Zeit, bis man hinter lauter Gesicht auch die Gesichter entdeckt. Die Schiffe haben auch ihre Merkmale, selbst wenn sie im Dutzend gebaut sind. Es gab da auf meinem Schiff einen ganz bestimmten Winkel zwischen Brücke und Schornstein, der unverwechselbar war.
Der Kapitän, der nicht mehr damit gerechnet hatte, wollte es mir zuerst nicht glauben, doch als wir ans Radiotelephon gingen, meldeten sie sich, und sie hatten uns auch gesehen, und dann holten sie den alten Maschinisten ans Mikrophon, der noch an Bord ist. Die Stimme aus dem Trichtergrammophon sagte mir aber weniger als der Umriß des Schiffs, und so beschränkten wir uns auf ein paar Worte, wie man sie einander auf Ansichtspostkarten schreibt. Dabei dachte ich immer: Versäume nichts!
Jetzt wieder in der Messe. Der Maschinist muß bald von Wache kommen, und ehe er nicht gegessen hat, kann ich mich nicht

schlafen legen. Seitdem wir Fisch haben, macht er jede Nacht eine Art Pastete aus rohen Kabeljaulebern und gehackter Zwiebeln zurecht, eine sehr gute Sache, nur darf die Leber nicht älter als eine Viertelstunde sein, sonst zerfällt sie und schmeckt nach kaltem Tran.

Sein Vater scheint nun also wirklich Bäcker gewesen zu sein. Er hat es, ohne daß ich ihn fragte, wiederholt, und gestern hat er mir auch wieder eine von seinen eigenen Geschichten erzählt, von der ich ihm nur den Schluß nicht ganz glaube. Während seiner Militärzeit bei der Kaiserlichen Marine im Jahre 1907 war er auf einem Kanonenboot Bursche des Oberdecksoffiziers. Der steckte ihm eines Tages einen Taler und eine bestimmte Adresse zu und schickte ihn an Land; ich glaube, es war in Amoy. Der Junge machte sich gehorsam auf den Weg und traute seinen Augen nicht, als er sich in einem Freudenhaus wiederfand. Leider habe ich etwas zu früh gelacht. Der Maschinist holte sogleich wieder seine Bonbonfarben hervor und malte die Szene aus, und im Handumdrehen sah es in dem chinesischen Bordell aus wie im Schaufenster eines Bremerhavener Galanteriewarenladens: nackte Dianen schwebten über Marmor-Tintenfässern. Als ich darauf bestand, fand er auch ein Ende für die Geschichte. Er gab an, daß ihm fünfzig Pfennig von dem Taler übriggeblieben seien. Dafür habe er für seinen Oberdecksoffizier einen Blumenstrauß gekauft.

In einer Stunde beginnt der 24. Juni, und übermorgen Nacht – aber es hat wohl keinen Zweck, daß ich dem Maschinisten etwas davon sage. Er rechnet ja sogar mit Unwahrscheinlichkeiten ...

Späterer Nachtrag:

In der Nacht vom 30. Juni auf den 1. Juli explodierte über Bikini die vierte Atombombe (nach dem Test in Nevada und den Prüfungen von Hiroshima und Nagasaki). Es war die erste Bombe, die über dem Meere gezündet wurde, ein Versuch *mit* dem Meere, gewissermaßen.

Ich war damals mit einem Gelehrten befreundet, einem Kernphysiker von einer unserer Universitäten, der mir, als die Zeitungen von den Vorbereitungen des Experiments berichteten, gesagt hatte: »Das muß nicht gut gehen ...« Er sagte nicht, es *könne* nicht gut gehen, ich gebe es zu, aber es *müsse* nicht gut gehen, habe ich aus seinem Munde gehört. Er gab mir auch den Grad der Wahrscheinlichkeit an, mit der hier ein Unglück geschehen könne. Ich glaube mich richtig zu entsinnen, daß er von einer Chance von eins zu tausend sprach. Keine große Chance, gewiß, doch angesichts der möglichen Folgen lohnte es sich schon zuzuhören. Ich ließ mir erklären, die Bombe werde ungeheuerliche Mengen von Meerwasser in Wasserstoff und Sauerstoff aufspalten. Knallgas werde sich bilden, das sogleich nach der Bombe explodieren müsse, und nach dieser Explosion könne es, vorausgesetzt, sie erzeuge mehr neues Gas, als sie verbrauche, zu einer apokalyptischen Lawine und Kettenreaktion kommen, die alle Ozeane ausräumen werde. Mit einer Wahrscheinlichkeit von eins zu tausend würden die Meere in die Luft fliegen, und von einer Chance – das Wort hatte sich unter der Hand gegen sich selber gekehrt – könnten dann wahrscheinlich nur noch Tibetaner und die Hirten auf dem Hochland von Pamir reden.

Ich traf den Wissenschaftler nach meiner Rückkehr aus dem Eismeer wieder. Als ich die Rede auf seine Prognose brachte, bestritt er, derartiges je ausgesprochen zu haben, also muß ich glauben, daß ich mich seinerzeit verhört habe. Das ändert nichts an der Sache. Ich habe mit seiner ›Chance‹ gerechnet, als es so weit war. Man lebt nicht mit der Wahrheit alle Augenblicke, man lebt mit seinen Mißverständnissen.

Am 30 Juni:

Ein Wintertag, kalt, gleißend, wolkenlos. Noch um Mitternacht herrschte dichter Nebel. Gegen zwei Uhr erwachte ich davon, daß die Sonne durchs Bullauge hereinschien.

Himmel und See sind glatt und seidenblau, und über den südöstlichen Horizont ragt die Bäreninsel herauf. Ich nahm das Fernglas und enterte im Vormast auf, um sie genauer zu betrachten. Es sind zwei Bergmassive, dazwischen eine durchhängende Schneedecke. Das südliche Gebirge besteht aus zwei enormen Klötzen mit senkrechten Kanten und einer einzelnen, steil ins Meer abfallenden Spitze, die Kap Bull heißt. Der nördliche Block wird von drei gleichmäßig hohen Pyramiden mit vergletscherten Steinen gebildet. Die mittlere heißt Elendsberg.

Als ich von hier oben zufällig auf das Vordeck hinunterschaute, erschrak ich: das Netz war gerade wieder ausgeschüttet worden, das Deck glitzerte von Fischen, und jetzt plötzlich sah ich, daß jeder einzelne der dreitausend verendenden Kabeljaus mich anschaute. Ich war betroffen. Als ich niedergeentert war und mich dahin und dorthin stellte, um es auszuprobieren, fand ich heraus, daß Fische immer überallhin blicken. Was sehen sie wirklich an?

Ich fühlte mich plötzlich ausgeschlossen aus einem Labyrinth, was vielleicht nur bedeutet, daß ich ganz eingefangen bin.

Ich watete über das Deck und besah mir ihre Augen. Die Rotbarsche sind Tiefseefische, denen der plötzliche Druckfall beim Aufhieven des Netzes die Augen aus dem Kopf treibt, so daß sie wie aufgeblähte, purpurn unterlaufene Geschwüre aus den Schädeln hervorstechen. Vielen hängen auch Schwimmblase und Eingeweide aus dem Maul, trotzdem leben sie noch. Die Kabeljaus aber haben schöne Augen, die sich auch im Tod nicht verändern: Lid, Iris und Pupille sind kreisrund und konzentrisch. Die Lider scheinen rosa, die Iris golden, wie aus Blattgold ausgeschnitten, darin die amethystene Pupille, groß und undurchsichtig, jedes Pfauenauge an Geheimnis übertreffend – undurchsichtig, übrigens nur so, wie man auch den reinsten Gebirgssee nicht durchschauen kann, wenn man ihn nicht aus großer Höhe sieht.

Zwischen den Kabeljaus lagen einige Heilbutte, fette trapezförmige Plattfische, die bis zu drei Zentnern wiegen und teuer sind, ferner zwei Rochen mit Hornstachelleisten auf der Rückenseite und eine Anzahl Katzenfische. Das sind graugrüne muskulöse Tiere, gefleckt wie Panther, mit bösartigen Altweibergesichtern und einem schielenden Blick aus engen Augen. Sie haben ein wüstes Gebiß, ermatten nicht leicht, und nicht alle an Bord trauen es sich zu, sie zu schlachten.

Wenn die Arbeit zu Ende geht und das besudelte Schlachtdeck wieder auftaucht zwischen den Fischen, findet man in den Ecken den Abfall des Meeres: grüngeschliffene Steine und Algen wie Gekröse, gespornte Katzenhai-Eier und scharlachrote Seesterne, zwei Hände groß. Da ist eine unvernünftige Phantasie verschwendet. Weshalb müssen diese Eier Sporen haben, die sie vor geschickten Räubern kaum bewahren können? Warum sehen die Seesterne wie Erzbischöfe aus? D. fand gestern einen Seehasen zwischen den Algen, unter die er sich verkrochen zu haben schien. Er hätte von einem der Steinmetzen des verrückten Prinzen Pallagonia von Palermo stammen können, die in ihrer unbegreiflichen Gefügigkeit ja mehr als einen Alptraum ihres Herrn ausgeführt haben. Ich traue mir kaum zu, ihn zu beschreiben. ›Aufgeblasener Fisch mit steifem Steert und Boxergesicht‹ sagt nicht genug. Er lebte noch und sträubte sich furchtbar, und die Erregung machte ihn völlig starr. Die Hornbuckel auf seiner grünen Lederhaut waren hoch geschwollen, der Zackenkamm, die langen Fingerflossen weit gespreizt, nur das hängende Maul zuckte verächtlich. In einer der nächsten Nächte wird er mir in einem

sizilianischen Traum erscheinen, und ich werde keine Möglichkeit haben, mich zu verstecken, denn daß das ganze Ungeheuer nicht größer ist als ein Fußball, ist eine Beruhigung, auf die man sich nur bei Tage verlassen kann.
Nach solchen Entdeckungen sehe ich das Meer mißtrauischer an als zuvor. Was geschieht da in der ausgefilterten Dämmerung? Ich merke, daß ich von der See trotz all der Jahre, die ich mit ihr verbracht habe, gar nichts weiß. Vielleicht haben Träume dort Folgen, und die Phantasie arbeitet mit Hebeln? Ich bin nie tiefer getaucht als zehn Meter vielleicht, und schon das war wie ein Flug über verbotenem Land. Wenn ich versuche weiterzudenken, bleibe ich jedesmal in halber Tiefe an einem sonderbaren Bild hängen, idyllisch wie eine Schäferszene: W., der auf einem U-Boot im Eismeer gefahren ist, erzählte mir einmal, daß sie sich während ihrer gefährlichen Vorstöße nach Novaja Semlja keine andere Erholung hätten gönnen können, als daß sie tauchten und die Motoren abstellten. In einer gewissen Tiefe sei das Meer vollkommen stumm und unbewegt, sie hätten sich stundenlang ausschlafen können und dabei, selbst im Schlafe noch, das Gefühl eines wunderbaren Ballonflugs gehabt. Die Vorstellung bezauberte mich so sehr, daß ich vergessen habe zu fragen, ob das Boot dabei auf dem Grunde lag oder ob es wirklich möglich ist, es in vollkommener Schwebe zu halten.

Am 1. Juli, 01.15 Uhr:
Eine Nacht wie ein Mondstein: Nebel, der schnell über uns hinzieht und die See nicht berührt, so daß es aussieht, als hinge Wäsche zum Trocknen oder lange Gardinen schleiften vom eiligen Himmel herab, und wir schlüpfen knapp drunter durch. Für Sekunden nur Sonne, aber diese Augenblicke genügen, um Meer und Luft mit den zartesten Farben zu überschütten. Goldtopas, Aquamarin, Amethyst, Türkis und indigofarbene Wolken schmelzen und bewegen sich durcheinander, bis einem schwindelig wird.
Heute nacht ist die Bombe explodiert, ziemlich genau eine Welt von uns entfernt. Ich hatte den Maschinisten gebeten, mich vor Mitternacht zu wecken, und legte mich auf meine Bank in der Messe. Ich habe wieder geträumt, Miniaturen im Elfenbeinrahmen: Ein Mann in der Uniform eines Kuriers sprach auf mich ein. Es war von einem Fürstenhof in Süddeutschland die Rede, und als er mir sagte, er kehre nach Stuttgart zurück, gab ich ihm ein Manuskript mit. Er versprach mir, es bei Hofe vorzuzeigen.

Meine Schamlosigkeit wurde schnell genug bestraft: er kam im nächsten Augenblick zurück, als hätte er sich nur um sich selber gedreht oder wie durch einen Charlie-Chaplin-Effekt, und er berichtete mir, strahlend von Eifer, daß meine ›Sachen‹ gelobt worden seien. Dabei zog er die Papiere aus dem Rockschoß, um mir zu zeigen, was besonderen Beifall gefunden habe. Er schlug die Seiten auf, und ich schaute ihm dabei über die Schulter. Nein, so war es nicht. Ich sah ihn vielmehr vor mir stehen, das Manuskript in der Hand, und zugleich konnte ich auch darin lesen. Es war meine Schrift. Ich sah auch Sätze, die ich bestimmt geschrieben habe. Auf die Rückseite der Blätter aber hatte jemand kleine nie gesehene Landschaften gezeichnet, auch Porträtskizzen von Leuten, die ich gar nicht kenne, und ich sagte es ihm. Der Mann schien mich nicht zu verstehen. Er beteuerte mir, daß man gerade von diesen Porträts entzückt gewesen sei, dagegen war niemand auf den Gedanken gekommen zu lesen, was ich geschrieben habe.

Der hinterhältige Traum sekkierte mich lange. Ich stand auf und sah durchs Bullauge. Draußen war es hell und fahl in der Luft, die Sonne schien flüchtig, in falscher Freundlichkeit. Der Maschinist steckte seinen Kopf durch die Tür: Halb zwölf! Er kam nicht herein, da er sah, daß ich schon aufgestanden war. Ich ging zur Funkbude hinauf, denn ein amerikanischer Sender hatte für Viertel vor zwölf die Übertragung einer Reportage von dem Bombenexperiment angesagt.

Der Funker hatte das Kurzwellengerät schon eingeschaltet, aber der Empfang war gestört. Wahrscheinlich Nordlicht, sagte er. Am Himmel war nichts zu entdecken. Ich blieb neben dem Empfänger stehen und schaute zur Tür hinaus. Das Meer war nicht gut anzusehen in seiner letzten Stunde. Es kommt aber nicht zu zwei Katastrophen in ein und derselben Nacht: zwölf – nichts – dann endlich ferne Flugzeugmotoren, schwankend zwischen den Fadings, darüber die heisere, überreizte Stimme eines Reporters, der den Krawall zu überschreien versuchte. Einzelne Worte waren auszumachen, ›sky‹ und ›clouds‹ und ›atomic bomb‹, und wir horchten auf und warteten, aber fünf Minuten nach Mitternacht schob sich ein anderer Sender über das Wellenband: Jazz plötzlich, der alles verschmierte. Der Funker probierte die ganze Skala durch, aber der Swing sickerte durch alle Ritzen herein wie Konfetti. Ein Neger sang in dem bunten Gestöber mit gurrender Stimme hosianna, ein Klavier spielte Ravel, weiter rechts; Morsezeichen auf der Nachbarwelle, Nachrichten in Spanisch am An-

schlag. Viertel nach zwölf – die Bombe mußte gefallen sein. Wir hatten nichts davon gehört. Es war auch nichts geschehen. Das Meer hatte sich eine seiner vielen gleichgültigen Möglichkeiten herausgesucht.
Als ich vor die Tür trat, hatte der Wind aufgefrischt, und der Nebel flog lautlos über uns hin. Im Innern eines Mondsteins muß es so sein, da genügt es, daß sich ein Kopf drüber neigt, um einen Sturm erscheinen zu lassen, und auf das Fadenkreuz des eigenen Standorts ist kein Verlaß mehr. Ich habe mir gestern die Seekarten im Kartenhaus durchgesehen: wir sind noch neunhundert Meilen vom Nordpol entfernt, eine Dreitagereise für unser Schiff. Unser Breitengrad schneidet die Nordwestpassage und Novaja Semlja, oberhalb der Mitte. Die Bäreninsel liegt auf dem Parallel der norwegischen Insel ›Hoffnung‹ und der Insel ›Einsamkeit‹, die zu Sibirien gehört, und ist unsere nächste Rettung. Ihr höchster Berg heißt ›Misery‹. Aber wenn man am Radio dreht, stichelt der Morsesender eines Passagierdampfers seine Nähmaschinennaht quer durch die Einöde. Daneben singt der Neger. Der Swing swingt, der Ravel perlt dazwischen. Der Nachrichtensprecher von Radio Madrid redet anscheinend die ganze Nacht in seiner aufgeregten Sprache über Paris, Triest und Bikini. Die Propaganda greift auf Frequenzen über, die für andere Mitteilungen freigehalten sind, durchdringt den Nebel, der über unser Schiff hinstreicht und über die Insel hinweg, und ödet mich an.

20.30 Uhr:
Der Kapitän erzählte mir vorhin, daß es auf der Bäreninsel eine Wetterstation gibt mit einer vierköpfigen Besatzung. Da ich mich erinnerte, wie unverwandt er neulich durchs Glas nach den Lofot-Inseln ausgeschaut hatte, mit der Miene eines Verbannten, fragte ich ihn, ob er es sich vorstellen könne, ein Jahr auf einer solchen Station zu verbringen. Er schüttelte aber entschieden den Kopf und fügte hinzu, daß es hier im Eismeer und in der Grönlandsee drüben, die auf den Karten als Gebiete der Nordatlantischen Zyklone bezeichnet sind, Winterstürme gebe, von deren Gräßlichkeit man sich kein Bild machen könne. Die Luft erreiche unvorstellbare Geschwindigkeiten, weit über die Angaben der Beaufort-Skala hinaus, und bringe die See zum ›Brennen‹ (das heißt, daß der Orkan keine Wogen aufkommen läßt, sondern jede Bewegung schon in der Wurzel zerfleischt und glatt preßt, so daß nur die Haut des Meeres zerreißt und das Wasser sich in flackernden Schaum verwandelt). Ein Mensch habe dann nicht mehr die

Kraft, sich auf den Beinen zu halten, an Land oder an Deck eines Schiffes. (Aber wenn der Sturm nachläßt, erhebt sich plötzlich die entsetzliche See.)
Ich weiß, daß das stimmt. Ich habe selber zwei- oder dreimal solches Wetter erlebt. Trotzdem mußte ich, während er redete, an eine unsinnige Szene aus einem der Titanic-Filme denken. Da kämpften zwei Männer auf der Brücke des sinkenden Schiffs, bis zum Halse im Wasser stehend, während die Passagiere im Rauchsalon noch tanzten. Weder die Szene noch mein Gedanke an sie waren ganz unmotiviert. In bestimmten Momenten flüchtigt man sich ins Melodrama; dort kann man auflachen, und die Aussichten nehmen wieder zu. Mir fällt auf, daß die Weigerung des Kapitäns, sich auch nur auszudenken, daß er einen Winter auf der Bäreninsel zubringen müßte, unlogisch ist, denn er wird im selben Winter vor der Insel fischen. Auf der anderen Seite ist es gerade dieser Widerspruch, der seinen Standpunkt menschlich macht. Es ist immerhin würdiger, bis zum Hals im Wasser zu stehen, als sich nicht auf den Beinen halten zu können.

2. Juli, 23.30 Uhr:
Gestern habe ich meinen warmen Beobachtungsposten am Schornstein verlassen und beim Schlachten geholfen, bis jetzt. Ich hatte irgendwo gelesen, Robbenschläger verfielen bei ihrer Arbeit einer Art Blutrausch. Der Umgang mit Fischen macht, wenn man den Ekel überwunden hat, eher nüchtern.
Die Rotbarsche kommen, wie sie sind, ins Eis, alle anderen Fische aber werden ausgeschlachtet. Ich habe ausgerechnet, daß jeder der zehn Decksleute an Bord fünftausend Kabeljaus verarbeiten muß, ehe das Schiff voll ist, und die Tiere sind bis zu einem halben Zentner schwer. Fünftausendmal: die linke Hand greift den Fisch unter den Kiemen oder in den Augenhöhlen. Hinter dem leichten Gegendruck der Augäpfel spürt man den harten Halt des Schädelbeins. Man wirft das Tier auf den Rücken, so daß man seinen Kopf vor der Brust hat, sticht beim After ein und zieht das Messer durch die weiche Bauchhaut bis in den offenen Winkel des Unterkiefers. Beim Umdrehen wehren sich die Fische mitunter noch, unter dem Messer aber halten sie vollkommen still. Die Messerhand greift dann in den klaffenden Schnitt und reißt die Leber heraus, deren zwei Lappen die Eingeweide einhüllen. Sie faßt sich sanft und glatt an, wird aber sogleich bröckelig, wenn der zellophanartige Beutel verletzt ist, in den die cremefarbige, blutlose Masse eingesackt ist. Die Lebern werden in Körben gesammelt und zugleich zu Tran

verkocht. Der nächste Griff reißt die Kaldaunen los und schneidet sie von der Speiseröhre ab, die sehr zäh ist. Bei diesem Schnitt in der Nähe des Herzens, das in einem durchsichtigen Häutchen klein und hart zwischen den Kiemen hängt, zucken viele Fische noch einmal zusammen, als habe sie ein elektrischer Schlag getroffen. Dieser Schock irritierte mich, bis ich merkte, daß die Herzen stillstehen.
In den Mägen fand ich Sand und kleine grünliche Garnelen, bei größeren Kabeljaus auch manchmal ganze Fische bis zur Größe von Heringen, fahl schon, abgestorben und angedaut. Viele hatten noch einen Fisch im Maul. Die Jagd hatte sie bei der Jagd überrascht, was unsere Hantierungen entschuldigt.
Das Vordeck überzog sich während der Arbeit schnell mit dem Blut und Schleim der Eingeweide. Die schwappenden Bewegungen des Schiffs bugsierten die breiigen Rinnsale ständig zum Wassergraben unter der Verschanzung. Dort flossen sie durch die Speigatten ab.
Mir fiel auf, wie schnell sich die Kabeljaus nach dem Schlachten entfärben. Aus dem silbrigen Glanz wird ein schleimiges Grau. Die Rotbarsche verblühen geradezu. Anzeichen von Schmerz habe ich unter den sterbenden Fischen nicht beobachtet, und ich wäre bereit gewesen, vieles als Signal zu verstehen. Am Ende liegen sie still und blutüberströmt auf einem Haufen. Nur über die Kräuselränder ihrer Flossen geht es mitunter noch wie ein Flimmern hin, als bewegte der Wind sie, aber es sind elektrische Krämpfe der Bewegungsnerven, die sich nur langsam zu entladen scheinen, Reaktionen auf Nichts.
Wir hatten jedesmal dreißig Minuten Zeit zwischen dem Schlachten und dem Einholen der nächsten Hiev. Ich habe von den vierzig Stunden, die ich mitgearbeitet habe, ein steifes Kreuz, sonst keine Beschwerden zurückbehalten, aber die anderen, die nun schon hundertfünfzig Stunden durchgestanden hatten, sahen grau und verfallen aus in den kurzen Pausen. Ich sah sie manchmal ganze Kannen von heißem Tran herunterstürzen. Das schien sie immer noch einmal zu erfrischen.

Am 3. Juli, 23.20 Uhr:
Seit elf Stunden sind wir auf der Heimreise. Das Schiff ist voll. Wir haben dreitausend Zentner Fisch im Raum. Als ich nach Mittag auf die Brücke kam, stand D. am Ruder, mit blutunterlaufenen Augen und schwer nach vorn hängenden Schultern. Trotzdem war er ganz bei der Sache. Seine verschwollenen Blicke ließen den

Kompaß nicht los, die zerrissenen Hände ballten sich wie wütend um die Spaken des Rads. Ich löste ihn ab. Auch die Steuerleute sehen mitgenommen aus, und nur der Kapitän, dieser kleine, adrette Mann, der jetzt den achten Tag am Fenster des Ruderhauses steht, ist nicht gezeichnet. Nach zweiundsechzig Jahren nimmt einen das Leben nicht mehr mit. Er wird plötzlich sogar gesprächig. Jetzt, wo das Schiff voll ist, ist er besorgt wegen der Treibminen, die wir auf der Ausreise gesichtet haben. Ich sage ihm, die meisten gingen nicht einmal mehr hoch, wenn man sie abschösse, aber er hat seine drei oder vier Prozent Anteil am Fang und läßt es sich nicht ausreden. Er ist vom Fenster nicht wegzubekommen.

4. Juli, 21.00 Uhr; wieder bei den Lofot-Inseln.
Ich habe den ganzen Tag im Rettungskutter gelegen, der hinter dem Schornstein auf dem Maschinenaufbau steht, und mich gesonnt. Im offenen Boot auf dem Rücken eines Schiffs – die reine Münchhausenreise. Die Aussichten auf dem Fangplatz hatten mich die Glaswand ganz vergessen lassen, die uns einschließt, aber jetzt ist das Flaschenschiff wieder unterwegs. Mir ist in meinem Boot sogar, als stecke ich in einer doppelten Isolation: die Lofoten sehen wie gemalt aus, auch der Schrecken ist gemalt, und die Stimmen an Deck flattern wie Spruchbänder über mich hin.
Unter dem Kutter raucht der kleine Räucherofen, der gestern aufgestellt wurde, ein präpariertes Faß, mit einem feuchten Sack zugedeckt, durch dessen Maschen Schwaden von Rauch aufsteigen. Als die erste Ladung Fisch aus dem Rauch genommen wurde, kamen sie von allen Seiten zusammen, D., frisch rasiert, mein Maschinist in Filzpantoffeln, der Zweite Steuermann, der Netzmacher in seiner exotischen Hose, die frisch gewaschen ist. Sie saßen auf der Reling und stopften sich das heiße Fischfleisch in den Mund. Der Steuermann langte mir ein Stück herauf, das wenigstens ein Kilo wiegt. Es schmeckt gut, nach Harz und Pilzen. Die böhmischen Pilzfrauen in meiner Kindheit rochen so.
Vor zehn Minuten passierte uns ein norwegischer Walfänger auf Gegenkurs, ein stämmiger, hochbordiger Logger aus Holz mit anderthalb Masten und einem dünnen, hohen Glaskästchen für den Rudersmann, aufgeklebt wie das Bremserhäuschen auf einem altmodischen Güterwagen. Über den Rand des Krähennestes vor dem Fockmast ragte eine Pelzmütze hervor, darunter ein Streifen

geröteter Stirn und zwei scharf herüberspähende Augen. Ich kenne diesen Blick von den äugenden Möwen her schon. Kein Gruß. Der Ausgucksmann. Solche Augenblicke auf See haben etwas Unglaubwürdiges an sich. Man sieht die Augen eines Menschen, dem man nie wieder begegnen wird. Seine Miene, seine Unbestechlichkeit wirken wie eine vorgeschriebene Aktion. Man spürt plötzlich das Welttheater. Es ist, als würden die Schiffe an Drähten aneinander vorbeigezogen. Die Regie ist zu merken.
Um die gleiche Zeit liefen zwischen den Inseln hervor die Kutter der Lofotfischer aus, ganze Geschwader, die sich schnell ordneten zu einem Fries von Dreieckssegeln, eins im Kielwasser des anderen, den schmalen Grat des Horizonts entlang. Jetzt sind sie schon weit entfernt, so daß sie nur noch wie Zähne wirken. Auch sie gehören zu dieser heimlich verabredeten Revue.
Auf den Inseln lag wieder viel Neuschnee. Das Festland dahinter: ein Balance-Akt der Bläue. Ist irgendwo Licht, so kommt es vom Eis.

5. Juli, 23.30 Uhr; die letzte Nacht, die wie Tag ist.
Wir sind im Golfstrom, und mit einem Male herrscht ein verschwiegener Sommer. Ich lag wieder in meinem Kutter und schaute mit einem Auge über das Dollbord hinweg der Fortsetzung des Seestücks zu. Heute ist alles auf Schwarz und Weiß abgestimmt. Die See glänzt von Glätte. Manchmal ein stilles, schwarzes Dreieck, das handhoch aus der Politur hervorsticht, ein Stück herausschneidet und wieder untertaucht, die Rückenflosse eines Katzenhais. Möwen und Seeschwalben sind in der Luft, aber sie haben ihr Signal noch nicht bekommen. Nur die Tauchervögel können es nicht abwarten in der schwarzweißen Stille. Sie sind ganz emsig. Sie schwimmen überall auf dem Wasser und suchen. Wenn ihnen unsere Bugwelle, die sich breit vom Steven abspreizt, unter den Schwanz fährt, lassen sie sich kopfüber wegsacken, um erst eine Minute später, wenn wir längst vorüber sind, in unserem Kielwasser wieder aufzutauchen. Andere sind weniger vorsichtig und machen sich nicht die Mühe zu tauchen. Sie fliehen über das Wasser davon, sie fliegen, aber sie erheben sich dabei nicht ganz in die Luft. Sie treten und peitschen das Wasser nur mit den Füßen und Flügelenden, so daß auf dem Spiegel des Meeres eine sekundenlange Spur zurückbleibt, die wie eine Bootsmannsnaht aussieht oder wie ein Reißverschluß.
Es geschieht fast nichts, alles wartet. Nur ein ›Jan van Gent‹ ließ

sich am Nachmittag auf der Luke nieder, und der Schiffsjunge scheuchte ihn, bis er an Deck plumpste, wo er verloren war, denn von den flachen Planken kann er sich nicht erheben, dazu sind seine Flügel viel zu lang. Er hockte eine Stunde im Wassergraben, Gift und Galle im Blick. Niemand beachtete ihn. Nur D. ging nicht achtlos an ihm vorbei. Er griff ihn im Genick und warf ihn über Bord. Der Windhauch des kurzen Sturzes half ihm auf. Mit einem halben Flügelschlag fing er sich und stürzte in den Himmel.

D. war auf dem Wege zu mir gewesen, um mir den Seehasen von neulich zu zeigen, der er ausgeweidet und mit Seegras aus seiner Matratze ausgestopft hat. In einer der Lübecker Kirchen hing, ehe sie ausbrannten, ein solcher Fisch an einem langen Draht vom Gewölbe herab. Ich sehe ihn noch durch die gestreifte Dämmerung der Kirchenfenster streichen und mit rundem Maule seine lautlosen Voraussagungen machen. D.'s Fisch sieht schon genauso alt und staubig aus, vergreist wie ein Schrumpfkopf. Auch sein Maul hat sich rund gezogen und die Bösartigkeit abgelegt. D. will ihn bei den amerikanischen Soldaten, die in Bremerhaven stationiert sind, gegen Zigaretten eintauschen. Wenn sie schlau sind, sagt er, machen sie ihn noch einmal auf und tun Tabak hinein oder wenigstens eine Handvoll Pfeffer, sonst stinkt er, wenn's regnet.

Wir haben keinen Pfeffer und keinen Tabak. Ich weiß nicht, womit der Lübecker Fisch ausgestopft war. Auch mit Tabak, sagt D. Er mag recht haben. Mir sah er eher so aus, als hätte er die Ahnung im Leibe.

Jetzt ist vom Schwarz und Weiß des Nachmittags eine blaue und weiße Nacht übriggeblieben. Wenn Blau völlig starr ist, ist es keine deckende Farbe mehr, sondern ein Blick zwischen Kulissen. Die sonderbare blaue Spannung hat mich angesteckt. Das Stichwort müßte jetzt kommen, aber wer tritt auf? Wenn man schon einen Stern finden könnte, wäre die Ordnung wiederhergestellt, aber ich habe den Süden vergeblich danach abgesucht, und nach Norden zu schauen, hat keinen Zweck, denn dort steht das Licht immer noch, eine weiße Wand über der Kimm, ein Ausbruch von flüssigem Eisen oder ein Phantom, das sich aufrichten will, wie es in Gordon Pym's Südpolfahrt beschrieben ist: »Ein hoher, dampfender Wall aus Licht war beständig über dem Meere, mitunter aufflammend oder beiseite rückend und immer wieder zur Höhe fahrend – mit einem Wort: die ganze ungezügelte Erscheinung einer Aurora Borealis.« Doch es war keine Aurora Borealis, was

Pym bevorstand, und E. A. Poe tat gut daran, seinen abenteuerlichen Reisenden sterben zu lassen (›a sudden and distressing death‹), ehe dieser das Schlußkapitel seiner Mitteilungen schreiben konnte, so daß wir nicht wissen, was es nun wirklich gewesen ist, denn es gibt da etwas, am Ende der Welt, was sich nicht sagen läßt.

Für Heimar Wedemeyer

ALEXANDER KLUGE

Das Gebiet südlich von Halberstadt als eines der sieben schönsten von Deutschland. »Verschrottung durch Arbeit«

I

»Südlich von Halberstadt hebt sich das Land zu sanften Hügeln, deren liebliche Krönung aus Wald besteht. Von dem dunkleren Grün der Nadelhölzer in südöstlicher Richtung der Klusberge schweift das Auge über das hellere Grün der Spiegelsberge, dahinter weitere Hügel erblickend und Täler ahnend.«[1]
»Die Lieblichkeit der Landschaft in sich aufnehmend«, bezeichnet der große Staatsmann, Gelehrte und Humanist Friedrich Wilhelm von Humboldt, das Gebiet südlich von Halberstadt als eines der 7 schönsten in Deutschland.[2]
Der Staatsmann und Dichter J. W. von Goethe war bezaubert von der Landschaft um Langenstein. Er weilte hier auf Gut Rimpau zu Gast und dichtete:

> »O Hoppelberg,
> besessen von Frau von Branconi,
> nie werd ich dich vergessen,
> o nie, o nie, o nie.«[3]

Heute haben sich in dieser Landschaft, ehemals Adelsgrund, Laubenkolonien und Datschen bis an den Fuß des Hoppelberges ausgebreitet. Kirschbaumplantagen, ein Schwimmbad mit Naturwasser. Die neuen Grafen und »vons« zwischen grünen und braunen Zäunen, Erben aller vergangenen Zeiten, sind ziemlich von ihrer Gegenwart ausgelastet; Stadtwohnung, Datsche, Arbeitsplatz ... Ein Weg führt zum »Mahnmal Zwieberge«.

1 *Mahnmal Zwieberge,* Sonderdruck, Halberstadt 1968, S. 7.
2 *Briefwechsel,* Berlin 1907, 7 Bde., Bd. 1, S. 135 ff.
3 Dr. W. Rimpau, *Frau von Branconi,* in: *Zeitschrift des Harzvereins für Geschichte und Altertumskunde,* Wernigerode 1900.

II

In dieser Gegend der Zwieberge (weil zwischen zwei Bergen, dem Tönnesberg und dem Hasselohe, gelegen) wurde im Sommer 1944 das Außenlager Langenstein eingerichtet. Dieses Lager, B II, unterstand den B-Kommandos (1. Kriegsnotwendigkeit) der Amtsgruppe C des Reichssicherheits-Hauptamts, Projektbezeichnung »Malachit«. Eine Stollengrabung durch Häftlingsarbeiter zur Unterbringung eines unterirdischen Fabriksystems, das in Abstimmung mit dem Jägerstab (Reichsministerium Speer), der Organisation Todt und einigen Privatfirmen Rüstungsproduktion (Junkers A. G., Verformung von V 2-Teilen) zum Ziel hatte. Die Kommandos hießen: »Maifisch«, Makrele«, »Nachtigallenschlucht«. Es sollen zwei auseinanderliegende Ziele erreicht werden: 1. Praktisch: Untertunnelung des Harzsandsteingebirges, ein *Produktionsziel*; 2. Einsperren und sukzessives Beiseiteschaffen des Arbeitskraftmaterials, gestellt vom Stammlager Buchenwald, *Vernichtungsziel*. Eine Planung aus der Zerfallzeit des Reiches. Ein »imperfektes Konzentrationslager« (Madloch). »Zu keinem Zeitpunkt kommt es zwischen Vernichtungsauftrag und Produktionsauftrag zu einer klaren Entscheidung im nationalsozialistischen Sinne.«

III

Eine Gründerkolonie

Vor dem Sommerausflüglerlokal »Landhaus« (Besitzer Niemeck, »im Kriege geschlossen«) fahren die Fahrzeuge aus dem Stabslager vor. Der Garten dieser Wirtschaft ist bereits mit Stacheldraht umgeben, die Fenster der Veranden, auf denen im Frieden Naherholungssuchende Pflaumenmus-Brote erhalten, sind zur Straßenseite (eher ein Feldweg) mit Brettern vernagelt.
In 40 m Entfernung konnte einer (aber nur Obersturmführer Lübeck führte das durch) die eisernen Treppenstiegen zu einer Felsnase besteigen, dem »Gläsernen Mönch«. Man konnte von dort auf die Landschaft hinsehen. Die Bäume im Wirtschaftsgarten, 1810 gepflanzt, boten besten Schatten.[4] Lübeck, Kommandant des zu gründenden Sonderlagers, fühlte sich in dieser, von Insekten bevölkerten, auch wurzeldurchzogenen Einöde abenteuerlich. Wie Robinson.

4 Im Hintergrund der Hoppelberg (Goethe) mit Bergspitze, sog. Hoppelnase. Felskuppe vorn: »Gläserner Mönch.« Zu Füßen des Berges das Grundstück »Landhaus« von 1810.

Er mußte sich bezwingen, die Häftlinge, insbesondere die politischen, mit roten Winkeln an Jacke und Beinkleid gekennzeichnet (einige mit Abitur oder Mittlerer Reife), nicht als *treue Helfer* wahrzunehmen. Sie schienen ihm so in den ersten Tagen, als sie noch nicht zahlreich waren. Die Gesichter prägten sich ein. Sie benutzten die gleiche Toilette wie er. Die rasch folgende Überfüllung brachte ihn wieder zur Abstraktion. Er hatte sich am ersten Tag aus einer Tanne einen Holzstock schnitzen lassen mit einem Hundekopf an der Spitze. Ab drittem Tag nahm er persönliche Dienste schon nicht mehr an. Es war eine *Versuchung*, sich auf den »Farmerstandpunkt in Deutsch-Südwest« zu stellen.

> Lübeck, unter der Uniformjacke (auch im Sommer) ein Pulli. Hieß später: der »Sadist Lübeck«; ursprünglich Realschullehrer, besonderes Interessengebiet: Sturm und Drang, Zeitalter der Aufklärung, Hirtengedicht und Vernunftgedanke. In den Nachmittagsstunden im Landhaus schrieb er, Tasse Kaffee, Musbrot, vom Besitzer gereicht, der aber dann aus Geheimhaltungsgründen nach Oschersleben umgesetzt wurde, an einem Büchlein: »Voltaire in Pommern.«

IV

Die rasch hintereinander heranfahrenden Häftlingstransporte machten es erforderlich, die Insassen wegen Überfüllung des Landhauses in der Feldscheune »Am kleinen Holz« zu lagern. Überfüllung, so daß die Leute nach draußen, zur Arbeit gedrückt waren.

> »Stichwort Überfüllung«: Durch das Lager gingen in elf Monaten etwa zehntausend Häftlinge. Unmöglich, schreibt Lübeck, die Gesichter sich zu merken. Sie verschwinden ja morgens in den Höhleneingängen, und abends ist es dämmrig. Insofern aber auch, als Verluste eintreten; es waren ja nicht mehr als 4200 durchschnittlich als Lagerbestand, pro 2 m Grabung ein Toter oder Ausfall, ergibt 650 Häftlinge Schwund monatlich, aus Stammlager nachzuliefern, um die Lagerstärke zu halten. Das lohnt nicht, sich zu merken, man weiß ja nicht, wen es trifft, eventuell ist es nur ein Monat, manchmal seh ich's auch an der Hautkonsistenz. Man

kann reinkneifen, und es fühlt sich pappig an, oder der Einkniff bleibt, dann sind sie in den nächsten Tagen weg. Immer aber dieselben Kolonnen. In der Tiefe des Berges habe ich sie ja nie gesehen. Sie mußten aber buddeln und buddeln. Warum wir die Nächte ausließen, weiß ich nicht. Die Fachaufseher der Zivilfirmen arbeiteten nachts nicht. Vielleicht lag es daran.

Ein Bauplan für das zu gründende Lager bestand nicht. Obersturmführer Lübeck wies mit seinem Stöckchen in Richtung eines Fichtenwaldes, da dort die Bedingung erfüllt war, das Lager der Fliegersicht zu entziehen.
Das Lager war Selbstversorger. Es stellte die genannten Arbeitskräfte Privatfirmen zur Verfügung, die hierfür pro Schicht 5 RM für die ungelernte, 7 RM für die fachlich angelernte Kraft an die Lagerführung zahlten. Die Privatfirmen waren mit der Erstellung der Stollen, der Einrichtung der Maschinerie in den unterirdischen Produktionssälen, Schienenbau und Verkabelung usf. beauftragt. Aus den Zahlungen hatte die Lagerleitung, d. h. Wilhelm Lübeck, »die Bedürfnisse des Wachpersonals und der Insassen«, mit Ausnahme des Solds seiner Männer, abzudecken.

Stichwort Arbeitstempo: Die Planungsstäbe unter dem Druck des Endsiegs; die beauftragten Firmen (Privatunternehmen) unter dem Druck kürzester Fristen für Bau- und Produktionsaufträge; bei Fristüberschreitung Verlust der u.k.-Stellung (u.k. = unabkömmlich; d. h. für Fachpersonal oder Inhaber der Firma Versetzung an die Front); Vorarbeiter und Meister durch ein Prämiensystem ans Tempo gebunden; Lagerverwaltung am Tempo interessiert wegen der Einnahmen. Ein besonderer »politischer« Druck, urteilte Tacke, war nicht nötig.

V

Illusionen über den Zeitverlauf des Krieges
Besichtigung der Stolleneingänge »Nachtigallenschlucht«, der unterirdischen Produktionssäle usf. durch Ingenieure, Regierungsinspektoren vom Baustab Heese und vom Jägerstab. Das ist ganz phantastisch. Jetzt, November 44, stehen 4000 Werkzeugmaschinen in den 70 m breiten, 13 m hohen Produktionssälen. Der Boden ist mit Beton ausgegossen. Polnische Fachkräfte arbeiten an der Verformung von V 2-Waffenteilen.

Über den Gleisanschluß zur Blankenburger Bahn konnten 80 Güterwagen etwa 900 m in den Stolleneingang hineinfahren.
Ingenieur Petersen beklopfte den Stein der Wände: Alles Originalgebirge.
Sie wollten bis 1947 weitere 7 500 000 qm^3 unterirdischen Raum in das Gebirge treiben, stritten über Prioritäten im Waffenbau.[5] Frühjahr 1950 war, nicht nur im Harz, die deutsche Industrie unterirdisch.
Soviel Arbeitskraft wie hier hatten sie noch nicht zur Verfügung gehabt. Oberst-Ingenieur Bär machte einen Witz: Wir graben gleich daneben noch einen Tunnel und kommen in New York wieder heraus. Hätten wir nur 1936 mit diesem phantastischen Arrangement billigster Arbeitskraft anfangen können, natürlich hätten wir so etwas geschafft.

VI

Waldgaststätte Kamerun

Das Kommando Überlandwerk Derenburg, Kommando 52, bestand aus zwei Häftlingen, Elektro-Facharbeitern, die eine Gruppe von 38 anderen Häftlingen angelernt hatten und von einem Meister (Zivil) und zwei Luftwaffen-Soldaten bewacht oder eingewiesen wurden. Am 6. Januar 45 verlegten sie elektrische Anlagen in der Waldgaststätte Kamerun. Die Gaststätte, davor ein Kinderspielplatz, verfallen, Empore für eine Musik-Kapelle, Gartentische und Stühle, war nicht bewirtschaftet, von Nahrungsmitteln entblößt. Kein Wasseranschluß. Dies sollte ein Quartier werden für Planungsstab Organisation Todt.
Aber in der Küche hingen an den Wänden die Attribute der Sommerverpflegung im Wald: Töpfe, Tassen. Sitzecken im Gastraum, so als käme die Bedienung gleich.
Die Arbeitsgruppe war vom Zauber des Konsums nicht wegzubringen. Lichtleitungen waren verlegt. Jetzt saßen die 40 Männer an den Tischen, taten, als ob sie aus den Tassen von dickem Porzellan tränken.
Aufbruch! sagte der Meister. Die Gefangenen bewegten sich nicht von ihren Sitzen. Einer der Luftwaffen-Soldaten lief zum Hauptlager, fragte, was sie machen sollten. Schießen Sie in die Decke

5 Zum selben Zeitpunkt war der »politischere« SS-Arzt, Hauptsturmführer Schidlanski, schon dabei, die Todesursachen auf den Formularen der Krankenbaracken zu »schönen«. *Er* dachte bereits an die Nachwelt.

oder unmittelbar hinter die Füße. Das geht nicht, meinte der Soldat, wir provozieren Angriffe auf unsere Person.
Dann lassen Sie sich die Waffe wegnehmen und melden sich anschließend bei mir zum Strafantritt. Scharführer Tscheu war nicht da, sein Vertreter Asimus war nicht bereit, sich aufzuregen. Wenn Sie versagen, müssen wir eben *Sie* erschießen.
Der Soldat lief wieder zurück. Sie baten die Leute, sich fortzubewegen. Nein, die fühlten sich in der erstorbenen Umgebung wohl, nährten sich von der *Idee* der Nahrung.
Man war unter sich. Der Meister, die 2 Mann Wache mochten flehen oder befehlen; solange sie die Waffen nicht benutzten, waren die Häftlinge, alles Fachleute, bereit, sie ihnen zu belassen. Wir werden Meldung erstatten, sagte der Meister. Es kam ihm aber zu Bewußtsein, was die Häftlinge ohnehin wußten, daß er durch einen solchen Bericht sich selber Nachteile zuzöge. Das kam in der Situation zum Ausdruck.
Es war das Elend selber, das so ruhige, konsumige Beharrlichkeit aufrechterhielt, also die 38 Mann unter Wache hielt, so daß sie nicht an Flucht dachen. Wohin sich wenden? In blau-weiß gestreiften Mänteln, darunter gestreifte Bein- und Jackenkleider? In Frage kam, sich in den Wäldern zu verstecken. In einer Laubhöhle (im Winter)? Oder einem Höhlengang? In Furcht vor Förstern usf.? Ein Fluchtweg durch halb Deutschland?[6]
Gegen 22 Uhr ließen die Männer ab von dieser Gaststätte, »Kamerun«, in deren elektrischem Licht sie sich gesonnt hatten, wurden ins Haupt-Lager zurückgeführt durch knirschenden Schnee.

VII

Das unternehmerische Umfeld

[Schachtmeister Pelkas[7] Traum] Pelka sitzt dienstfrei vor seinem Bier in der Gaststätte Bullerberg, Halberstadt, das träumt er. Da tritt ein Unbekannter zu ihm und sagt: Hier liegt die Bescheinigung über Einzahlung von 20000 Dollar auf ein Nummernkonto in der Schweiz, außerdem ein Haus mit Garten, drei Lastwagen,

6 Vor einigen Wochen hatte eine Hausfrau aus der Unterstadt von H. den Wald betreten, in einem Kinderwagen Brot und Bier gebracht. Hätten 38 Mann oder auch nur 2 diese gute Tat rächen sollen, indem sie ihr ins Quartier rückten, auf Grund von Entdeckung: Ermittlungen der Gestapo gegen die Gastgeberin, deren Anhang usf.?
7 Von ihm wurde viel geredet. Im Januar 1945 versuchte er, zivile Kommandoführer der Fa. Bode-Grün-Bilfinger & Co. zu überreden, Häftlinge zu prügeln. Das wird bei uns nicht gemacht, weil dann Fehler passieren, die zu Mängeln führen, antwortete ein Meister der Firma. Pelka: Ich zeige Sie an!

ein Fuhrunternehmen. Mit Garagen? Mit Garagen. Für alles das müssen Sie nur den Häftling Nr. 31482 unversehrt herausbringen. Pelka, 12 Jahre Schachtmeister in Kattowitz, danach Einsatz im Donez-Gebiet, Stalino usf., geht folgendermaßen vor: Er verursacht einen Gesteinsbruch, unter dem eine Anzahl Häftlinge verstümmelt liegen. Damit ist die Nummer 31482, der Adlige, dessen Ahnen auf die Fürsten von Byzanz zurückreichen, in den Lagerlisten als tot durchzustreichen, kann dem Unbekannten in Gaststätte Bullerberg übergeben werden.

[**Der handwerkliche Auslesegedanke**] Die Meister F., C. und W. von Bode-Grün-Bilfinger & Co. bildeten mit Handwerksmeisteraugen aus der Menschenzahl ihrer Kolonnen Lieblinge. Am liebsten hätten sie Fortbildungskurse, Lehrlingsausbildung organisiert. Aber wo? In einer Ecke des Felsgewölbes?
Dagegen die unternehmerischen Einfälle der SS-Wachführer F., D. und S.: Schikanen lagen in ihrer Hand. Sie konnten z. B. eine Kolonne 1½ Stunden auf dem Appellplatz stehen lassen, Abtastkontrollen durchführen, die das Arbeitstempo drosselten.
Meister Malek, hierher versetzt aus dem großen Rüstungsprojekt Walem, Polen, das feindbesetzt ist, nachdem er dort durch Aufrücken in eine Schlüsselstellung gerückt ist, und jetzt frustriert, weil er den Tunnelteil F, eine ganz untergeordnete Stellung, kommandiert, möchte wenigstens den Wahrheitsgehalt seiner Lage dargestellt sehen. Er hört es deshalb gern, wenn Kollegen ihn einen Sklaventreiber nennen. »Ich habe mit dem Stock geschlagen, sagt er, ich kann das nicht mehr überzählen.« Er will nicht Geld, sondern ein Zeichen für die »wahre Lage«.

[**Status-Verwechslungen**] Während der Arbeit in den Kommandos, auch infolge des von den Firmen geübten zivilen Stils, produzierten einige Häftlinge immer wieder Vorschläge, Einfälle, arbeiteten mit unregelmäßiger Intensität. Sie nahmen den Sklaven-Status nicht an, sondern verhielten sich unsicher, so als wären sie *Lohnarbeiter*.
So prüfte der politische Häftling Pitter, früher Ingenieur, daß man die »Säle« im gewachsenen Fels hintereinanderweg durchsprengen könnte und später dann Trennwände einzog, das löste zwei Probleme: schnellerer Abtransport der Gesteinsmasse, besserer Abzug der Explosionsgase, die in den lüftungslosen Hallen oder Stollen nur sehr langsam abzogen. Für die beauftragte Zivil-Firma 4 Tage Plan-Gewinn.

Daraufhin verwechselte Bau-Ingenieur Giese seinen Aufpasser-Status, lief nach Böhnshausen, kaufte einen Koffer voll Brot und verteilte diese Prämie an das Kommando. Jetzt bemerkte Pitter, was *er* verwechselt hatte. Er war ja nicht gewillt, für den »Endsieg« seiner Feinde zu arbeiten, hielt also in Zukunft Einfälle zurück. War aber dann doch wieder in den nächsten Wochen nicht abzuhalten, den Kameraden Tips zu geben. Nur Belohnungen nahm er nicht an.

[**Landjäger Feuerstake – Langenstein**] Er kam nie nahe genug an einen der Häftlinge heran, um ihm etwas wegzunehmen. Sie hatten wohl auch nichts.
Sein Entgelt das Gefühl, in einem wichtigen Geheimbereich mitzuhalten, daß Regierungsinspektoren und hochgestellte Ingenieure mit ihm sprachen. Er war täglich irgendwo im Umkreis des Hauptlagers anwesend.
Im Februar 45 ging er einem Ausgebrochenen nach. Die Spur war im Schnee zu verfolgen; lieferte den Mann, einen verhungerten Wicht, im Polizeigefängnis Halberstadt ab. Das brachte ein Tagegeld, ein Gespräch mit dem Wachhabenden.
So lief er, zum Teil weit außerhalb seines Bezirks, durch die Wälder, bergauf, bergab, versenkte sich ziemlich perfekt in das Vorstellungsvermögen von Ausbrechern, nahm Ideen vorweg.

[**Bauer Andreas Holzhauer – Langenstein**] Friedlich zog er an seiner Porzellanpfeife. Zunächst fuhr er mit seinem Pferdefuhrwerk die Toten gegen 2 RM »pro Person« zur Verbrennungsstätte Quedlinburger Friedhof. Später stellte der Mann, der rechnen konnte, auf Schlepper mit Anhänger um. Den Betriebsstoff erhielt er vom Feldflughafen H. Er war, als Handwerker, nie unfreundlich zu den Häftlingen, die noch lebten, und ging auch sorgsam mit den Transport-Toten um, weil er für das Geld etwas tun wollte.

VIII

Wir kommen zum Hauptproblem, schreibt Obersturmführer Lübeck in seiner Gelehrtenklause im Landhaus: »Bewachung der Bewacher«. Ich habe eine Wachbegleitmannschaft aus unteren Chargen des Bodenpersonals vom Flugplatz Halberstadt, 30 Mann SS, die SS-Unterführer und den SS-Scharführer Tscheu. Keiner älter als 22 Jahre. »Spur junger Kniekehlen«.

Die Leute kannten sich nicht. Durch Kameradschaftsabende wollte Lübeck sie näher zueinander bringen, »zusammenschweißen«.

»Führungsprobleme von jugendlichen Banden« (nach Lübeck).

»Geistiger Mensch«: Deshalb durfte Lübeck das Lager oder die Stollensysteme selber nicht betreten. Er schritt nur manchmal morgens früh der aus dem Lager marschierenden Kolonne entgegen, trug den Knotenstock mit Hundekopf.
Enzyklopädie, Band 1, 1751: »Die Vernunft ist eine Fackel, die von der Natur angezündet wurde und dazu bestimmt ist, uns zu leuchten, die Autorität dagegen ist bestenfalls nur ein Stock, der von Menschenhand geschaffen wurde und uns im Fall der Schwäche auf dem Weg zu helfen vermag, den uns die Zukunft zeigt.«
Er wollte also durch seltenes Zeigen seines Stockes und seiner dicklichen Person die Vernunft auf den verschiedenen Ebenen des Lagers gewährleisten oder anregen: Häftlingskorps; Scheinwerferbedienung; Schützen auf den Wachttürmen; Verwaltungsstab; Verbindungsmänner zu den Privatfirmen; Scharführer und Unterführer; Ruheschichten usf.
Nun ist der Vernunftgedanke mit nationalsozialistischer Ausrichtung zu übernehmen.

Positiv: Die erbmäßigen Instinktunterschiede seiner Jungen, z. B. gegenüber Wachhunden. Hunde werden den Kampf einstellen, wenn ein Gegner mit Totstellreflex vor ihnen liegt. Der SS-Mann wird dagegen pflichtgemäß handeln. Pflicht aber nur als passives Trägheitsmoment. Weil bisher so gehandelt wurde, wird weiter so gehandelt. »Die innere, etwas schweinische Haltung der Truppe ist ein Gefahrenherd für die Führung.«
Geschlechtlichkeit als Führungsmittel: »Homosexuelle Verbindungen machen Vernunftarbeit zunichte.« Ließ dann lieber in den Dämmerabenden, Advent 1944, zu, daß in bis dahin geräumter Feldscheune und in Zimmern des »Landhauses« einige Frauen zuzogen.
Nationalsozialistische Ausrichtung: Die jungen Hunde waren nicht scharf. Man konnte also nicht durch Zug und Bremse eine ohnehin vorhandene Kraft in eine bestimmte nationalsozialistische Richtung lenken. Die Männer verhielten sich politisch gleichgültig. Sitzen z. B. am Telefon, erkunden durch Ferngespräche den Verlauf der Fronten im Ruhrgebiet oder bei Hildesheim und Braunschweig ...

Fleischzuteilung: Um die Fleischrationen der Wachtruppe zu verbessern, wird die den Häftlingen zugeteilte Fleischration von der städtischen Freibank Halberstadt bezogen, es wird das Vierfache des Kartenkennwerts verausgabt. Dadurch wird ¾ der Häftlingsration für die Bedürfnisse der Truppe reserviert. Führungsmittel bleibt unzulänglich, da die Jungen, stark im Fleisch stehend, die Zuteilung nach einer Woche als Gewohnheit betrachten, zusätzliche Ansprüche äußern.

Apartheid, Disziplinargewalt: Führungsproblem der Wachtruppe und »Handhabung der Häftlingsmasse«: eine innere Einheit. Die Häftlingsmasse aber, Deutsche, Tschechen, Franzosen, Italiener, Russen, 2,3 Engländer, vor allem viele Polen, rund 4200 (aber keine Gesichter), selber keine Einheit, müßte durch Lübeck erst noch verschweißt werden. Sollte Lübeck, bei Ungehorsam seiner Jungen, die aus Häftlingen zusammengesetzte Lagerpolizei einsetzen? Einen ungehorsamen Wachmann oder einen Versager in den Häftlingsstatus drücken? Kurze Zeit war es Herbst 1944 möglich, einen SS-Gerichtsoffizier aus Magdeburg kommen zu lassen. Dies wirkte für den betreffenden Tag. Magdeburg: »Naseschnauben ist für mich immer noch etwas anderes als das Geschlechtliche.« Standartenführer Fuchs, SS-Gerichtsoffizier, B I-IX. Die Frauenbesuche durften nicht in Erscheinung treten. Natürlich erfuhren Lagerältester, Küchendienst, zumeist politische Häftlinge, von »Vorkommnissen«. Der Pfarrer von Böhnshausen: »Für dieses fluchwürdige Genießen der Liebeslust entarteter Menschen ...« Ihn für diese Äußerung anzeigen, oder lieber abwarten?

Für den äußersten Notfall: Lübeck hatte für SS-Unterführer Tscheu, Kaiser, Wolf, Mazur, Asimus, Kroll ein Zusatzarsenal von Waffen bereitgestellt. Als innere Einheit, die rücksichtslos von der Schußwaffe Gebrauch macht, falls Wachtruppe versagt oder Aufstand versucht.

»Schieße gut und schieße schnell
schieße gut wie Wilhelm Tell.«

Nikolausfeier 1944: Manchmal konnte Lübecks Herz überfließen. Da saß die Truppe an langen Tischen der Feldscheune, Budenzauber. Vom Plattenspieler:

»Mamatschi schenk mir ein Pferdchen ...«

Man hätte glauben können, mit einer solchen Truppe bis Wladiwostok durchbrechen zu können, aber das war schon am nächsten Morgen, als nach Dienstplan verfahren wurde, wieder ganz anders.

Irrtümlich nahm Lübeck an, daß Vernunftbegriff und »nationalsozialistische Ausrichtung« Gegensätze seien. Das ist ideologisch falsch (siehe dazu Madloch, unten, S. 387 f.). Vernunft ist nicht menschenfreundlich, sondern ein Sortierbegriff. So bildet z. B. die elende kreatürliche Lage der Arbeitskräfte im Lager eine *natürliche Apartheidsschranke*, d. h. »vernünftiges Mittel zur Führung der Wachtruppe, weil Abgrenzung (wenn sie sich nur nicht immer örtlich mit den Kolonnen berührte, wenn sie sich nur nicht selber elend zu fühlen begann ...)«.
Hätte Lübeck einen Resozialisierungsauftrag gehabt, so hätte er aus seiner Truppe bis 1946 oder 1948 etwas machen können. Er hätte nämlich mit dem *Grundmaterial* begonnen: der Organisierung der Häftlinge selbst. Er hätte eine Sprinter-Staffel, eine Ruder-Mannschaft, Qualifikationsspiele, Leistungsnormen, Stufenstrafvollzug, Entwicklung von beruflicher Weiterbildung und Facharbeiter-Kommandos organisiert.
Resozialisierungsauftrag hätte aber bedeutet, daß die gefangene Arbeitskraft ins »Volksganze« zurückgeführt würde. Es wären *Arbeiter* geworden. Das war, dachte Lübeck, nicht der Auftrag des Lagers.

IX

Verschrottung durch Arbeit

[Bericht durch Regierungs-Inspektor, SS-Obersturmführer Madloch] Madloch, Finanzinspektion der Amtsgruppe III RSHA, Schüler von O. F. Ranke[8], maß Dezember/Februar 44/45 die Arbeitsleistung in verschiedenen Außenlagern der B-Kommandos. Er gelangte zu einem vernichtenden Urteil.

[Vom nationalsozialistischen Standpunkt] Nicht Rache, Strafe oder Sühne, sondern als Kernsatz: Ausschöpfung und Nutzung der Arbeitsleistung für den Sieg und Ablehnung jeder Wiedereingliederung ins Volksganze, so wie auch Bakterien nicht dem Körper zugeführt werden.
Dazu müssen wir mit der eigenen Sentimentalität, mit 1000jähriger Überlieferung des christlichen Sühnegedankens, aber auch mit Schlendrian und Juristengeist, »insbesondere aber mit jüdischer

8 O. F. Ranke, *Arbeits- und Wehrphysiologie*, Quelle und Meyer, Leipzig 1941.

Vermischung aller dieser Gesichtspunkte«: Heulen, strafen, vermasseln, Rache üben (für was denn? Von ihnen hat wohl keiner einem konkreten Nationalsozialisten etwas getan!) ein Ende machen.

»Geht es um Bestrafung oder geht es darum, die Arbeitskraft reell aus Haut und Knochen, und insbesondere aus den, trotz Hunger, Ausmergelung, befähigten, wenn auch politisch abzulehnenden Köpfen der Häftlinge herauszuziehen?«

[Zweifel am Nutzen menschlicher Arbeitskraft, wenn sie nicht die Hirnkraft mitnutzt] In diesem Punkt ritt Madloch sein Steckenpferd: Wir sind nicht in Ägypten oder Indien, asiatische Produktionsweise lehnt der Nationalsozialismus ab. Beispiel: menschliche Arbeit (und auch, soweit es sich um untermenschliche handelt, Nutz davon nur der menschliche Teil) ist in Form bloßer Muskelarbeit unwirtschaftlich wegen der hohen Brennstoffkosten.[9]

[Beispiel: Sauerstoffschwund, Beobachtung am Arbeitsprozeß Kommandos 54–58] »Die Durchblutung des Muskels kann nicht beliebig zunehmen, da die Erweiterung der kleinsten Arterien anatomisch begrenzt ist. Steigt der Stoffwechsel bei dieser schweren Arbeit weiter an, in den Stollen ist ohnehin kaum Luft[10], so

9 »Betrachten wir nur die Kosten für menschliche Arbeit, so können wir uns an einem sicher unvollständigen Beispiel klarmachen, wie unwirtschaftlich Muskelarbeit wegen der Brennstoffkosten ist:
Nehmen wir an, 50 Säcke mit einem Gewicht von 100 kg/Sack müßten auf einen 10 m hohen Speicher transportiert werden, dazu ist eine physikalische Arbeit von 50000 mkp notwendig. Der Wirkungsgrad der Muskelarbeit ist in diesem Falle höchstens mit 1–2% zu veranschlagen, weil der Arbeiter jedes Mal sein eigenes Körpergewicht mittragen muß. Für die Gesamtarbeit sind etwa 1000 kcal Arbeitsumsatz notwendig. Wenn diese 1000 kcal durch 150 g Schweinefleisch (RM 0,90) + 250 g Kartoffeln (RM 0,50) + 200 g grüne Bohnen (RM 0,75) wiederaufgenommen werden, so ergeben sich energetische Kosten von RM 2,15.
Wird dagegen ein elektrischer Sackaufzug benutzt, bei der die Anlage einen Wirkungsgrad von 70% haben soll, so werden für die 50000 mkp nur etwa 0,2 Wh benötigt (mechanisch-elektrisches Wärmeäquivalent 1 mkp = $2{,}72 \cdot 10^{-6}$ kWh). Die Betriebskosten werden bei einem kWh-Preis von RM 0,10 nur RM 0,02 betragen.
Deshalb: Vermeiden von Leerbewegungen oder Heben des eigenen Körpergewichtes, geringer Anteil statischer Haltearbeit, Ablösung verschiedener Muskelgruppen und vernünftiger Schutz gegen extreme thermische Einwirkungen.
Umzurechnen auf den verringerten Kalorienbetrag im Hauptlager 1 l Suppe pro Mann (dünn); 1 Komißbrot für 10 Mann; 1 Würfel Margarine für 15 Mann; 1 Eimer Marmelade für 50 Mann.
Als durchschnittliches Körpergewicht wird gemessen 56 kg.« (Madloch).

10 »Feiner Silicium-Staub, als Folge der Explosionen im Tunnel, der messerartig die Lungen zerschneidet. Die Arbeitskräfte werden nach Sprengungen in den Bereich der Explosionsgase zur Arbeitsaufnahme getrieben, ehe diese Gase zum Stolleneingang hin abgezogen sind. Wieso sollen die Gase, mangels Zugluft, eigentlich überhaupt veranlaßt werden, sich dorthin zu bewegen?«

kann von einem bestimmten Wert an, der durch die senkrecht gestrichelte Linie markiert ist, die Durchblutung praktisch nicht mehr gesteigert werden[11]. Der Muskel beginnt anaerob zu arbeiten. Infolgedessen wird die Milchsäurekonzentration im Muskel ansteigen, obwohl ein gewisser Teil der Milchsäuren in die Kapillaren diffundiert und abtransportiert wird. Die Folge ist, daß das Alkali, das zur Puffung der Säurewirkung notwendig ist, infolge der stärkeren Dissoziation der Milchsäure aus dem Bicarbonat herausgetrieben wird. Der CO_2-Druck wird ansteigen, weil der Nenner der Henderson-Hasselbalch'schen Gleichung kleiner wird.

$$- \log H + 3 - \log K' - \log \frac{CO_2}{NaHCO_3}$$

Das Muskel-PH wird also absinken. Die Kontraktionsfähigkeit des Muskels wird schlechter, so daß die Arbeit abgebrochen werden muß.«[12]

[Zum Begriff der Verschrottung] In diesem Begriff, schrieb der einsame Madloch, ist die Zerlegung der nutzbaren Einzelteile, ihre Sortierung zu neuer Vernutzung und die Vollständigkeit (d. h. Rückstandslosigkeit) dieses Prozesses enthalten. Der Begriff der Liquidierung ist hierin bereits vorgesehen.[13]

[Abschlußbesprechung über Madlochs Bericht. Anwesend: Standartenführer Bülow, Magdeburg; Obersturmführer Lübeck, Lagerkommandant; Hauptsturmführer Madloch, Untersuchungsführer und Arbeitszeitmesser] Keine sehr kameradschaftliche Handlungsweise, Herr Madloch, sagte Lübeck, und deutete auf den Bericht. Es wäre anständiger gewesen, wenn Sie zunächst mir davon erzählt hätten. Er wandte sich ab, starrte aus dem Fenster.

Redegewandt, aber nicht pupillensicher, das war die Ansicht des

11 »Sie wird nur noch unbedeutend ansteigen, dadurch daß der arterielle Mitteldruck sich etwas erhöht. Mit dem Ende der Durchblutungssteigerung wird auch die CO_2-Aufnahme ihr Maximum erreicht haben, da Anlieferung und Abtransport jetzt limitiert sind.«

12 »Das ist die Stunde der SS. Diese versucht, die fehlende Kapillarerweiterung, das Fehlen von Luft oder Austausch, durch Gewalteinwirkung, z. B. Stockschläge, Aussonderung, Essensentzug usw. usf. zu ersetzen.«

13 Siehe dazu Madloch, S. 385 ff.

Standartenführers über Madloch. »Das ist kein aufrichtiger Mensch.«
Aufgrund des Berichts geschah dann überhaupt nichts. Die Reformen jagten sich gegen Ende des Kriegs.

X

Nicht-Öffentlichkeit – Öffentlichkeit

[Café Hundt, 12. Dezember 44, Zürich] Den ganzen Nachmittag über spielte der Plattenapparat, in den man seitlich 5 Rappen einwerfen mußte, im Auftrag der Kellnerin Diana, die frei hatte:

»O du lieber, o du g'scheiter
o du ganz g'hauter Fratz!«

Daß die so schlau waren, sich zu finden! Und danach kam die Platte:

»Ich hab einen Mann, einen wirklichen Mann
den feschesten Kavalier!
Da glaubt keiner dran und sie schauen mich an
so *schneidig* wie er ist keiner hier!«

Das war die wunderbare Wiener Zeit, also vor 1914, an die noch einige Stücke Kuchen und die Lampen des Lokals erinnerten. Fünf Schritte vor der Tür schon wieder *Schweizer Umgebung.*
Sie, eine so harte Geschäftsfrau, wäre gern sentimental gewesen. Sie hätte sich die Schlauheit der beiden »g'hauten Fratze« gewünscht (in einer Person!) oder einen Mann, mit dem sie Puppe spielen konnte, solange die Freizeit reichte. Gewissermaßen einen Sklaven zu ihrer Verfügung auf 2 Stunden.
Das war nur mit Musik und vielen Gläsern Wein erreichbar, der gezuckert war und mit Kopfschmerz bezahlt wurde. Noch aber verschwamm alles. Auf die Stunde genau: ein Moment. »Ihr Mitempfinden umfaßte die ganze Welt.« Sie wünschte sich was, den ganzen Nachmittag. Männer, die sie anquatschten, wies sie konsequent ab. Sie hätte nie angenommen, daß da ein Fratz drunter war oder jemand, auf den das Wort »schneidig« paßte, von dem sie wußte, daß es noch für ihre Mutter etwas bedeutet hatte.

[40 Schritte vom Café Hundt Eiskunstlauf-Stadion, Zürich] Die Kapelle des Stadions spielte *très jolie* von Emil Waldteufel und danach den Schlittschuhläufer-Walzer. In einer Viertelstunde sollten die offiziellen Eiskunstlauf-Paare angesagt werden. Schneeflocken setzten sich langsam auf die Köpfe der Zuschauer, die zwischen Dämmerung und Flutlicht in dicken Mänteln dasaßen.

[Ein Mensch mit Grund für Bewußtsein und einem besonderen Zugang zu den Nachrichtenquellen] Christl Mehnert, Sport-Reporterin der *Züricher Zeitung*, versuchte zum Himmel aufzusehen, der oberhalb der Flutlichtgrenze liegen mußte. Die Dezember-Großwetterlage verband sie mit dem Bruder, von dem sie »wußte«, daß er als »Arbeitsgefangener«, wegen politischer Straftaten, in einem Lager in Harznähe Bohrarbeiten ausführte. Wie sah der Wind, die Flocken, die Dämmerung im Harzgebiet aus? Wie wirkten sich »die Umstände« aus? Jetzt tanzten Clowns auf dem Eis, es wurden Drops angeboten.
Sie wußte, wenn sie vom Stadtplan ausging, wo Richtung Nordosten lag. In dieser Richtung suchten ihre Gefühle. Aber welche hatte sie? Es gehört Wissen dazu, Gefühle zu haben. Sie aber wußte, wie ihr Bruder 1938 zuletzt ausgesehen hatte, außerdem Worte. Was ist daran Bewußtsein, daß sie sich vorstellte, er käme noch zu dieser Veranstaltung? Setzte sich zu ihr? Dabei war sie insofern bevorzugt, als sie als Reporterin an der Quelle der Nachrichten saß, die die Schweiz erhielt.

> »Weiße Kinder schleifen leis
> über'n Schnee auf dünnem Eis ...«

Marsch-Fox.

[Verzweifelter Versuch eines öffentlichen Protestes] Die Nachtschicht, die in der Neujahrsnacht 1945 die Stolleneingänge Malachit verließ, fand den Baptisten-Pfarrer Busch neben Güterwaggons am Lampengestänge erhängt, etwa 930 m vom Höhlenausgang entfernt. Sie nahmen den noch warmen Körper herunter, brachten ihm vor den Höhleneingang ans Tageslicht. Madloch nahm diesen Protest-Tod für seinen Bericht zur Kenntnis. Er schätzte die eigentlich unbezifferbare »geistige Verwirrung« und den Gesprächsaustausch über den Vorfall unter den Häftlingen auf eine Kraft von 10 Millionen erg (die so verloren ging). Lagerführer Tscheu sah in der Tat »die schärfste Aufstachelung«. Er sah keine Möglichkeit, Obersturmführer Lübeck davon Meldung zu machen, da dessen Ärger sich gegen ihn gewendet hätte. Man versuchte zu verhindern, daß der Küchendienst, der wichtigste Nachrichtenverteiler innerhalb des geheimen Sperrbereichs, von dem Ereignis erfuhr.

[Stärker gefühlsmäßige Messung Madlochs, Heiligabend 1944] Wenn man Madloch war, der, einigermaßen genährt und für seine Messungen ja begeistert, durch das Warme der Höhlensysteme, mit den zusätzlichen Lampenreihen an je einer der Stollenseiten, dem Ausgang zulief, sah er dann wartende Kolonnen im Schnee stehen, die ihre dünnen blau-weiß gestreiften Mäntel und Käppis trugen, er selbst aber fror nicht, dann konnte die schöne Bezeichnung des Lagers, die seinem Standort entsprach (denn es befand sich in einem Tal, auf den Kuppen der Berge ein rauher Wind, der den Schnee in Strähnen, also wie Regengüsse dahinjagte, hier aber auf den Schotterwegen war der Schnee festgetrampelt und die Flocken sanken langsam), die hin- und herziehenden oder appellmäßig dastehenden Kolonnen – der messende Madloch sah ja nicht nur, was er sah, sondern wußte, was tief in den Stollen keiner wußte (und weit drüber, stiller, mit Schnee verhangener Bergwald und unmäßig viel Luft), – **dann konnte es als Illustration zu Märchen eingeordnet werden, in denen gute Berggeister und Gnome in den Bergen Erz fördern.**
Madloch war nicht sentimental. Warum stehen die Leute hier herum, fuhr er die Luftwaffen-Soldaten an, die als Wächter mit der Kolonne vor dem Höhleneingang warteten. Sie hatten die Kolonne nicht nah genug an der Felswand aufgestellt, um den Windschatten zu nutzen. Sie wußten nicht, warum sie hier standen. Die Stunde frieren kostete pro Mann 800 cal, bei 1100 cal/24 h, die überhaupt für den Tag zur Verfügung standen.
Im übrigen weihnachtete »das Waldgelände«, nachdem Madloch die Kolonne näher in den Schatten des Stolleneingangs postiert hatte.

XI

[Die Gruppe Glückert, Neujahr 1945] 28 Mann auf LKW mußten Kisten mit Dokumenten, die von Staßfurt kamen, in einer Nebenhöhle in den Hoppelbergen schichten und den Höhleneingang sprengen. Danach wurden sie mit Maschinengewehren in einer Kuhle erschossen, da auf ihre Verschwiegenheit kein Verlaß war (Verschlußsachen-Vereidigung war mit Häftlings-Status nicht vereinbar). Die Sache war *streng nicht-öffentlich*.

XII

[Madloch überlebt] Obersturmführer Lübeck kam im März bei der Bombardierung Magdeburgs um. Der Kampf ums Dasein verläuft nicht über Personen, sondern über Zufälle.
Der Adjudant des Standartenführers in Magdeburg, der den Auftrag hatte, den seit 14 Tagen schwelenden Zwist zwischen Lübeck und Madloch zu »beobachten«, war erleichtert.[14]
Nachfolger Lübecks: Hauptsturmführer Hofmann, ehemals Fuhrunternehmer. Er bezog Madlochs »rücksichtslosen Abschlußbericht« nicht auf sich.

XIII

[Dienstbesprechung vom 6. April 45, nachts, anwesend Obersturmführer Hofmann, Oberscharführer Tscheu, die SS-Blockführer, Gestapoleute aus Halberstadt] Am frühen Abend hatte die Zentrale nach Braunschweig keine Verbindung mehr bekommen. Dort saßen die Amerikaner.
Es wird so gemacht, sagt Hofmann: 1. Vollalarm, 2. die Kolonnen werden »aus Luftschutzgründen« in die Stollen geführt, 3. die Stolleneingänge werden gesprengt, 4. Marschunfähige und Kranke in die Krankenbaracken, deren Wände mit Benzin und Petroleum begossen und in Brand gesetzt werden.
In den Apriltagen wurden Tag und Nacht Löcher in die Wände der Stollen gesprengt. Ein Luftwaffensoldat sagte einem Häftling: Ihr werdet dort hineingeführt und die Stolleneingänge werden zugesprengt.
»Dieser Plan mußte noch in der Nacht aufgegeben werden, da er zur Kenntnis der Häftlinge gelangte und die Mannschaft zu klein und unzuverlässig war, um einen Transport in die Stollen gegen deren Widerstand durchführen zu können.«

14 Aber einen Moment lang hatte es so ausgesehen, daß es zu einem Zweikampf zwischen Kontrolleur und Kontrolliertem käme. Was, wenn Madloch in der Dorfeinfahrt Langenstein mit seinem Wagen verunglückte? Oder er wird in den Klusbergen bei Halberstadt neben einigen Felsen, eine Frauenleiche daneben, gefunden? Meldung erfolgt an Standartenführer Magdeburg?

[Abendliches Gespräch des geflüchteten Rassekundlers Clauss, mit hohem SS-Rang, am 2. April 1945 mit SS-Hauptsturmführer Hofmann (Nachfolger Lübecks als Kommandant des Sonderlagers Langenstein). Ort: Villa, Halberstadt, Spiegelsbergen-Weg 25] Sie sitzen auf der Veranda von Clauss' »Notunterkunft« (immerhin 6 Zimmer, Küche, Veranda), Fenster geöffnet zur lauen Nachtluft. Thema: die grausame Situation, die man mit den Sinnen jetzt gerade nicht sieht: Wo soll bei sich nähernden Fronten Clauss mit seinem Forschungszeug, Hauptsturmführer Hofmann mit seiner eingezäunten Menschenmenge hin?[15]

CLAUSS: Machen Sie keine Sachen, Frieder.
HOFMANN: Nehmen Sie noch etwas Bowle?
C: Danke.
H: Ich sehe schwarz, wenn diese Leute in ihrem aufgespeicherten Ärger das später an Volksgenossen auslassen. Deshalb müssen sie weg.
C: Sie können nicht Wurst daraus machen.
H: Zusammenschießen?
C: 3962 Mann?
H: Man muß etwas nachdenken.
C: Was sagen die Dienstanweisungen?
H: Zunächst nichts.
C: Und was heißt: zunächst?
H: Zunächst: Der zuständige Lagerführer muß nach Lage der Gegebenheiten entscheiden.
C: Das ist nichts Festes.

15 Der Rassekundler Clauss ist von seinen Forschungen in Weiß-Ruthenien nach Halberstadt verschlagen. In einer Villa am Spiegelsberge-Weg hat er drei Zimmer mit Aufzeichnungen, präparierten Rasseköpfen usf. vollgestellt. Achthundert Meter vor dem Halberstädter Hauptbahnhof warten in 12 Güterwagen die Restbestände des Instituts. Noch konnte sich Clauss nicht entschließen, dieses Zubehör im Stich zu lassen und sich weiter nach Westen oder Süden abzusetzen. Clauss' Forschungsinteresse war »dinglich« gerichtet. Im Gegensatz zu Madloch, der eine völkische Grundsubstanz verneint (sie ist ihm vielmehr Resultat elementarer Arbeitskraft, völkisch ist nur die »Form«), versucht er seit 1939, durch Auswählen und Sammeln der völkischen Grundsubstanz, das Schwebende des arischen Körpers und Geistes (unter besonderer Berücksichtigung des Heeres und der landwirtschaftlichen Bevölkerung) zu fixieren. Dann aber waren wichtige Führerpersonen des Reiches und des Heeres »minderwertiges, unvölkisches Material«. Und ob das »Luftgeistige« nicht an den Zusammenbrüchen und verzweifelten Fluchtbewegungen an den Grenzen des Reiches teilnahm, stand dahin. Insofern war seine Forschungsrichtung schon vom Ansatz her dazu verurteilt, Minderheitsmeinung zu bleiben.

H: Nein.
C: Worauf willst du hinaus?
H: Daß wir das nicht auf die Spitze treiben.
C: Hättest du denn Freude dran?
H: Keine.
C: Also ich glaube nicht, daß die Rache üben. Ich frage: Woher soll die Rache kommen?
H: Aus dem Erlebnis. Denke an Versailles. Denke daran, daß wirs wären.
C: Es kann keine Rache kommen.
H: Du meinst, weil das Untermenschentum ist?
C: Das ist es doch nicht, oder? Es sind zum Teil Volksgenossen wie wir, nur mit abzulehnender politischer Einstellung.
H: Und Polen, Litauer, Tschechen, Russen, usw. *Ich* würde mich rächen, nach allem.
C: Du hast aber keinen Grund.
H: Die haben ihn.
C: Deshalb, sage ich ja, werden sie sich *nicht* rächen.
H: Das wäre minderwertig.
C: Woher soll denn die Energie kommen? Deiner Meinung nach?
H: Was meinst du mit Energie? Die haben zuviel gesehen.
C: Ich rede nicht mal als Rassekundler, auch nicht als Nationalsozialist. Um etwas zu »sehen«, etwas zu erleben, dann auch noch bewußte Handlungen daran zu knüpfen – oder nimm nur die Erinnerung: Rache ist Arbeit. Ich habe diese Arbeitsfähigkeit nicht mehr, wenn ich soviel Grund zur Rache habe, das ist der Energiesatz.
H: Und wenn du dich irrst? Es ist ja nicht Physik.
C: Dann müßten sie mindestens zusammenbleiben.
H: Man müßte sie einzeln flüchten lassen? Daß sie sich auf die Heimatorte verzetteln?
C: Ein jeglicher an seinerstatt. Allein bringt er keine Rache.
H: Und wenn Volksgenossen da durchkommen?
C: Sind es welche, die sie nicht kennen. Es kommen aber keine durch.
H: Gefangene?
C: Kommen nicht einzeln durch Orte.
H: Wenn doch?
C: Dann antworte ich als Völkerkundler: Das mögen Slawen sein. Aber es sind keine geübten Sklaven. Kein Instinkt für Rache.
H: Ist das nicht fürchterlich?

C: Es gilt ja nicht für uns, denn wir sind organisiert, zum Volk zusammengefügt.
H: Und wenn es zerfällt, Untermenschentum?
C: Deshalb noch lange nicht Untermenschen. Sich rächen ist eine komplizierte Arbeitsleistung.
H: Fürchterlich.
C: Noch Bowle?
H: Danke, nein.

XV

[**Abendappell, 7. April 45**] Obersturmführer Hofmann zu den angetretenen Häftlingen: »Das Kommando des Lagers hat eingesehen, daß die meisten Häftlinge sehr schwach sind und Ruhe brauchen. Aus diesem Grund werden wir einige Tage frei haben.« Später sagt Hofmann: »Wer glaubt, daß wir die Lager übergeben, ist ein Idiot.«
Scharführer Tscheu hatte an eine Stelle außerhalb des Lagers drei landwirtschaftliche Wagen beordert, ließ Brot und Essensbestand verladen und von SS-Posten bewachen. An dieser Stelle, auf dem Feldweg, der am Landhaus vorbeiführt, hatten die Gründerfahrzeuge des Lagers gehalten.

XVI

Die Zerstreuung

[**Marschweg Kolonne Traxler**] 10. 4. 1945 Quedlinburg, 11. 4. 1945 Ermstedt, 12. 4. 1945 Unterwiederstedt, 13. 4. 1945 Kirchenedlau, 14. 4. 1945 Zinndorf, 15. 4. 1945 Crina, 16. 4. 1945 Söllichau, 17. 4. 1945 Prettin, 18. 4. 1945 Prettin, 19. 4. 1945 Prettin, 20. 4. 1945 Arnsdorfberge, 21. 4. 1945 Buro, 22. 4. 1945 Buro/Ende.

[**Kolonne Schochewsky, 14. 4. 45**] »Wir gingen durch einen Ort, in dem uns Plakate sagten, daß hier Frontgebiet ist. Wir gingen langsam, und die Bewohner sagten uns, daß der Angriff von allen Seiten kommt. Über uns kreisten Flugzeuge. Die SS-Posten mischten sich unter uns Häftlinge. Als die Flieger verschwunden waren, riefen alle Häftlinge: bitte Pause. Damit haben wir uns noch ein bißchen Ruhe erworben.«

[**21. April 45**] »Früh, schnellstens antreten und Abmarsch. Im Wald steht ein Volkssturm-Angehöriger. Einige Häftlinge laufen in den Wald. Die SS schießt nicht. An der Straße eine offene Kartoffelgrube. Oberhalb steht ein SS-Mann mit angelegtem Gewehr. Häftlinge bewegen sich zu den Kartoffeln. Sie werden erschossen.«
»Nach längerem Marsch bleiben wir im Wald stehen. Was jetzt? Wir fragen den Unterscharführer, was mit uns weiter geschehen soll. Er antwortet: Macht kleine Gruppen zu 2–3 und verschwindet. Einige tun das. Als ein Tscheche in den Wald lief, wird er erschossen. Das beendet die Flucht.
Gegen Abend, als wir an einem Wald entlanggehen, laufen vier Häftlinge in den Wald. SS schoß nicht. Einen davon bringen Hitler-Jungen zurück. Dieser wurde erschossen.
Der SS-Mann, der am Tag Häftlinge erschoß, fordert jetzt zur Flucht auf. Einige werden von den SS-Posten in den Wald getrieben.«

[**Sonntag, 22. April**] »Wir liegen im Stroh. Da kommt der Unterscharführer und meldet, daß wir Brot bekommen. Er hat auch Kartoffeln beschafft.«

[**Auseinandersetzung zwischen den zum persönlichen Dienst für den SS-Stab zugeteilten Häftlingen mit SS-Obersturmführer Hofmann**] »Wir sagten, daß für den Nazismus alles verloren ist, und der Obersturmführer sollte es nicht auf die Spize treiben. Obwohl er sich mit dem Schicksal nicht ausgleichen konnte, gab er nach längeren Verhandlungen nach.«
Hofmann ließ von einem der landwirtschaftlichen Fahrzeuge, die unter Scharführer Tscheus Aufsicht mitgeführt wurden, Bescheinigungs-Formulare holen und unterschrieb Entlassungsurkunden.

[**Miroslav Riegel, Nr. 31408**] »Mit dem Zug kamen wir bis Reichenau bei Jablonz a. N. Dann lief ich nach 20 Minuten Ruhepause auf die Straße bis Dalésic bei Fryddein. Auf der Straße war niemand. Nur auf der rechten Seite am Abhang war eine kleinere Gruppe unserer Bürger, welche dort die Grenzstraße bewachten.«

[**Hans Neupert**] »Nachdem ich trotz Gegenbefehl die beschlagnahmten Rauchwaren an die Flüchtlinge ausgegeben hatte, sollte ich in der kommenden Nacht erschossen werden. Diese Information erhielt ich durch den Adjutanten des Kommandanten. Ich flüchtete mit einem anderen Kameraden: Die Anschrift des Warners war: Hein Chenaux, Jülich bei Aachen, Fuhrunternehmer.«

[**Václavs Bartosch, Häftling Nr. 29423 schießt auf amerikanischen Captain in Sargstedter Siedlung.**] Er schoß auf den fetten Mann, weil der ihm nicht gleich antwortete. Der US-Offizier suchte zwischen den Häusern herum, tat so, als hätte er keine Verantwortung für Bartosch, der ihm kurz zuvor noch ein Kästchen mit Brombeeren geschenkt hatte. Der Captain glich dem Kolonialwarenhändler Bierstein in Krovaz. So holte Bartosch das in den Thekenbergen gefundene Gewehr aus einem Verschlag auf dem Dachboden und schoß ihm den Kiefer weg. Er wollte diesen irrsinnigen Captain »entfetten«.
Die Militärpolizei plante, Bartosch sofort zu erschießen. Nach Aufklärung, daß er kein Deutscher war, wurde er dem Gerichtsoffizier übergeben, im Jeep nach Hildesheim und dann weiter nach Herford in Marsch gesetzt. Wäre bis Le Havre den ganzen Etappenweg dieser Panzerdivision entlanggeführt worden, wenn nicht an den Rhein-Übergängen ein Armee-Psychiater den Gefangenen gegriffen hätte. Er laugte Bartosch für einen wissenschaftlichen Forschungsbericht aus und ließ ihn dann laufen.

XVII

Der Denkmalsplan

Inzwischen ist die Gedenkstätte Langenstein/Zwieberge errichtet.[16] »Entsprechend ihrer Stellung innerhalb der revolutionären und sozialistischen Traditionen des antifaschistischen Kampfes, zur Erziehung der jungen Generation zu jungen Revolutionären im Geiste des proletarischen Internationalismus und sozialistischen Patriotismus, befaßte sich auf Grund einer Empfehlung des 1. Sekretärs der Bezirksleitung Magdeburg der SED, Alois Pisnik, das Sekretariat der Kreisleitung Halberstadt der SED mit der Gestaltung einer Gedenkstätte.«

16 Sonderdruck, a.a.O., S. 57: »Langenstein/Zwieberge wurde zur bedeutendsten Gedenkstätte im Bezirk Magdeburg.«

»Und wenn einmal die Not,
lang wie ein Eis gebrochen,
dann wird davon gesprochen . . .
Und einen Schneemann bau'n die Kinder auf der Heide
zu brennen Lust aus Leide . . .«

Die Gedenkstätte war aber kein Ziel für Kinder (soweit nicht Schulklassen . . .). Eine Art Heide wär's gewesen, wenn man von den Bergen und Fichten seitlich absah.
Riemeck, Dekorateur, kämpfte: Etwas ganz Furchtbares, Antiklassisches ist nötig. – Das werde ich nicht anerkennen, daß das Elend quasi erinnerungslos untergeht. Das wäre das Elend nochmal.
»Gedenkstätte aus seitlich umbautem Raum, mit einer Opferpfanne auf hohem Natursteinsockel und Gedenkstange.«
Er hielt die Gestaltung für unkorrekt, »versöhnlerisch«. Hatte einen Gegenentwurf, wurde verworfen.

[Die archäologische Abteilung des Stadtmuseums Halberstadt hat im Sommer 1964 die Grundrisse der Baracken des Lagers Zwieberge, die ehemalige Waschkaue, einige verrostete Schienenstränge sowie den Grundriß der Stollen von 25 km Länge im Berg freigelegt] Die Mitarbeiter waren erschüttert. Es war unansehnlich. Nicht zu vergleichen mit den Ruinen von Karthago oder von Herkulanum oder Ausgrabungsstätten in Köln, die auch zum Teil unansehnlich sind.

[Dr. Tiedemann] Nun war es ein Anliegen, ein glühender Wunsch Tiedemanns, des Leiters der archäologischen Abteilung, daß im Sinne des geschichtlichen Bewußtseins der Arbeiterbewegung der Erinnerungsverlust »auf allen Gebieten« bekämpft werden muß. Ein unbefangener Wanderer oder Besucher wird das von uns Ergrabene, sagte Tiedemann, für Schamott halten, und wenn wir es beschildern, für Antifa-Propaganda. Es sieht gestellt aus, sagte Mückert, Tiedemanns erster Gehilfe, der, behutsam wie eine Hebamme, zentimeterweise den Dreck über den »Resten« abgehoben hatte.

[Riemecks Vorschlag] Er schlug vor, am Ort des Geschehens, (kaum Aufzeichnungen, Quellenmaterial; keine Fotos; spärliches Adressenmaterial von Geretteten, zum Teil aber im Westen oder in den Heimatorten außerhalb der Staatsgrenze usw.[17]) eine Staffage zu errichten: Der Besucher soll über Holztreppen zu einer Wand treten, einer Art Panoptikum mit Bullaugen, durch die man auf »glückliche Momente der Weltgeschichte« (die hätte er dekoriert oder gemalt) sähe. Daneben Karussell und Wurstbuden? fragte Tiedemann. Jawohl, sagte Riemeck. Wenn die Elenden von 1944 der Bevölkerung nicht etwas geben oder bieten, so geht keiner zur Gedenkstätte, außer zur Einweihung.[18]

[Tiedemanns und Mückerts Ansicht vom Kern des Verbrechens] Mückert neigte zur klassischen Analyse. Gehören, fragte er, die Häftlinge, die Toten zur proletarischen Klasse? Zunächst einmal, antwortete Tiedemann, gehören sie zum antifaschistischen Widerstand. Die Politischen ja, wandte Riemeck ein. Außerdem sind aber noch da: Rassisch Verfolgte, Sicherungsverwahrte, Ostvölker usf. Gehören sie nun zur proletarischen Klasse, oder nicht? beharrte Tiedemann.
Es war aber immer ein Durcheinander von Ansätzen: Die Politik der Subproletarisierung der Ostvölker (1), die Politik der Isolation, Sicherungsverwahrung (2), Liquidierung der politischen

17 Bezirksstaatsanwaltschaft Magdeburg, Akte Langenstein-Zwieberge; Aktenbestand des Rates der Gemeinden Zwieberge Nr. 266, Nr. 498, Stadtarchiv Halberstadt; Erinnerungsbericht Gustav Brunner, Plauen; Willi Klug, Zeitz; Werner Segal, Brandenburg; Salomon Ledermann, Magdeburg; Hermann Rosenberg, Berlin; Hans Neupert, Arzberg (Oberfranken); Tadeusz Moderski, Poznan; Zygmunt Zins, Jan Pilch, o. Adresse; Erinnerungsberichte der Zivilarbeiter Fritz Bosse, Halberstadt; Friedrich Pollmanns, Langenstein; Erinnerungsbericht Hilde Hrncirik, Halberstadt-Ost; Joachim Schardin: *Zur Geschichte des KZ Halberstadt-Zwieberge als Außenstelle von Buchenwald und seiner Verbindungen zur illegalen antifaschistischen Widerstandsbewegung* (MS). Alfred Sumpf: *Langenstein-Zwieberge* (MS).

18 Die zwei standen unter dem Eindruck der menschenleeren Grabungsstätte. Sie machten sich einer ideologischen Abweichung schuldig, nämlich Unterschätzung der werktätigen Bevölkerung, sofern die Partei sie organisiert. So haben die Genossen Soldaten des Grenzregiments Halberstadt 4600 Hohlblocksteine für die Grundmauern des Denkmals verbaut. Der Künstler Eberhard Roßdeutscher, Magdeburg, schuf eine Plastik in der Nähe des 5. Massengrabs, als Kubus frei im Gelände stehend. Höherstufung der gesamten Arbeiten »in der Vorbereitung des 20. Jahrestages unserer Republik«. Von Landwirtschaftslehrlingen des VEG Langenstein/Böhnshausen sind auf dem Gelände insgesamt 11000 einjährige Kiefern gepflanzt. Kraftfahrer Horst Sinnemann: »Ich habe 300 m^3 Erde in meiner Freizeit für die Umgestaltung der Gedenkstätte gefahren.« Der Turm der Begrenzungsmauer trägt eine Flammenschale aus reinem Kupfer, Geschenk der Walz- und Stahlwerke der VEB Stahl- und Walzwerke Hettstedt. Die Turmwand des Aufgangs trägt die Inschrift: »Niemand hat das Recht zu vergessen, und niemand darf vergessen, um des Lebens, um der Menschheit willen.« Aber, sagt Riemeck, was hat die freundliche Serie der Organisierten mit dem Elend zu tun? Er hielt es für parteilicher, wenn man sagt: Es kommt überhaupt nicht zueinander. Er hielt sich für den einzigen Nichtrevisionisten in dieser Sache, den einzigen, der wirklich »gedachte«. Tiedemann ließ die Ein-Mann-Fraktion im Stich.

Opposition (3), die zwangsweise Zerdrückung der menschlichen Hirne und Körper zu einer Blechmasse, die der Produktion für den Endsieg nutzt (4). Jede einzelne dieser »Ausrichtungen« hätte die Häftlingsgruppe gesellschaftlich geprägt, damit spezifischer Widerstand, Erinnerung. Wie können wir das Verbrechen dieser Unbestimmtheit herausarbeiten? »Geschichtsverbrechen?«
Mückert analysierte: Es sind Facharbeiter, polnische Bauernsöhne, dann: unbestimmt, viele petit Bourgeois, Intelligenz usf. Sie werden ja durch die Verhaftung aus ihrer »gesellschaftlichen Lage« herausgeworfen. Tiedemann: Unvollständig. Sie sind nicht drin und sie sind nicht draußen. Schulmäßig gesprochen, sagte Mückert, sind sie aus ihren Klassen-Bestimmungen »unvollständig herausgeworfen«. Sie suchten in MEW (= Marx/Engels, *Werke*, Gesamtausgabe) nach einer passenden Benennung, finden sie nicht.[19]

XVIII

Es ging nicht so, wie es den Archäologen vorschwebte. Sobald ein Architektenkollektiv befaßt war, geriet die sinnlich-geschichtliche Wiedererweckung (Riemeck's Plan) wie die reelle Rekonstruktion (Tiedemann, Mückert) ins Hintertreffen.[20] Es wurde an Vorbilder angeknüpft.[21]
Später kamen noch immer Schulklassen zur Stätte. Der elektrisch geladene Stachelzaun, ein hölzerner Wachtturm waren nachgebaut

19 Es muß hierfür in der Theorie einen Begriff geben. Tiedemann quält sich schon seit Jahren damit, die sog. Klassenzwischenlagen zu bestimmen. Sklaven waren sie jedenfalls nicht, da sie immer wieder ihren Zustand mit »Arbeit« verwechselten. Riemeck half: Es sind Gefangene, »Anstaltsinsassen«.
Es gehört, sagt Tiedemann, ein Quantum Arbeitskraft dazu, einen Klassen-Status zu erarbeiten oder sich zu erhalten. Niemand wird mechanisch zur Klasse. Falsch, sagte Mückert, er wird durch den Gegner zur Klasse zurechtgedrückt. Es genügt, daß der Gegner ihm die Klasse aufdrückt.
Vorausgesetzt, quält Tiedemann weiter, daß dieser Gegner *seine* Klasseneigenschaft wirklich erarbeitet. Ich glaube nicht, daß die Nationalsozialisten – und schon gar nicht das, was von der Bewegung sich im Wach-Kreis des Hauptlagers davon ausdrückt – die nötige Bestimmtheit haben, eine Klasseneigenschaft aufzudrücken.
Sie versuchten sich längere Zeit an der Analyse, den Nationalsozialismus auf seine Klassenbeziehungen zu bestimmen (was davon übrig ist im April 45, engerer Ausschnitt der B-Kommandos, wiederum engerer Ausschnitt, das, was das Lager und dessen Schlußphase ausmacht).
20 Die Archäologengruppe wurde faktisch abgesetzt. Das Sekretariat der Kreisleitung Halberstadt der SED bestellte eine Arbeitsgruppe.
21 Kranzniederlegung unter den Klängen des Trauermarsches »Unsterbliche Opfer«.

worden. Auch Rentner-Busse zum Regenstein oder Felsenkeller machten (jeweils 4–5 Busse) Abstecher zum Mahnmal. Unvollkommen konnte man sich Leben und Sterben einer verfolgten Minderheit vorstellen oder in der frischen Luft auf den Steinfliesen auf- und abgehen. Davon entsteht mindestens Kaffeehunger.

leuchtfeuer

i
dieses feuer beweist nichts,
es leuchtet, bedeutet:
dort ist ein feuer.
kennung: alle dreißig sekunden
drei blitze weiß. funkfeuer:
automatisch, kennung SR.
nebelhorn, elektronisch gesteuert:
alle neunzig sekunden ein stoß.

ii
fünfzig meter hoch über dem meer
das insektenauge,
so groß wie ein mensch:
fresnel-linsen und prismen,
vier millionen hefnerkerzen,
zwanzig seemeilen sicht,
auch bei dunst.

iii
dieser turm aus eisen ist rot,
und weiß, und rot.
diese schäre ist leer.
nur für feuermeister und lotsen
drei häuser, drei schuppen aus holz,
weiß, und rot, und weiß. post
einmal im monat, im luv
ein geborstener wacholder,
verkrüppelte stachelbeerstauden.

iv
weiter bedeutet es nichts.
weiter verheißt es nichts.
keine lösungen, keine erlösung.
das feuer dort leuchtet,
ist nichts als ein feuer,
bedeutet: dort ist ein feuer,
dort ist der ort wo das feuer ist,
dort wo das feuer ist ist der ort.

Quellenverzeichnis

CARL VON LINNE
Pithoensis Praefectura
Übertragung von H. C. Artmann unter Mitwirkung von Helli Clervall
Aus: Lappländische Reise, Insel-Verlag, Frankfurt a. M. 1964

PERCY BYSSHE SHELLEY
Die Wolke
Übertragung von Rudolf Borchardt
Aus: Lyrik des Abendlandes, gemeinsam mit Hans Hennecke, Curt Hohoff und Karl Vossler ausgewählt von Georg Britting, Carl Hanser Verlag, München 1953

ALEXANDER VON HUMBOLDT
Das nächtliche Thierleben im Urwalde
Aus: Ansichten der Natur (1807), I. G. Cotta, Stuttgart u. Tübingen 1849

FRIEDRICH ENGELS
Die Slums von Manchester
Aus: Die Lage der Arbeitenden Klassen in England (Barmen 1845), Dietz Verlag, Berlin 1964

HERMANN VON BARTH
Der Öfelekopf im Berglentale
Aus: Aus den Nördlichen Kalkalpen, Eduard Amthor, Graz 1874

JOSEPH CONRAD
Spinnweben und Marienfäden
Übertragung von Ernst Wagner
Aus: Der Spiegel der See, S. Fischer Verlag, Frankfurt a. M. 1973

ERNEST HEMINGWAY
Großer doppelherziger Strom
Übertragung von Annemarie Horschitz-Horst
Aus: 49 stories, Rowohlt Verlag, Hamburg 1950

WALTER BENJAMIN
Paris, die Hauptstadt des XIX. Jahrhunderts
Aus: Schriften, hg. von Theodor W. Adorno und Gretel Adorno unter Mitwirkung von Friedrich Podszus, Band 1, Suhrkamp Verlag, Frankfurt a. M. 1955

BENJAMIN PERET
Naturgeschichte
Übertragung von Leonharda Gescher
Aus: Surrealismus 1924–1949, Texte und Kritik, herausgegeben von Alain Bosquet, Karl H. Henssel Verlag, Berlin 1950

ERNST JÜNGER
Der Moosgrüne
Aus: Subtile Jagden, Ernst Klett Verlag, Stuttgart 1957

ERNST SCHNABEL
Standorte eines Flaschenschiffs
Aus: Fremde ohne Souvenir, S. Fischer Verlag, Frankfurt a. M. 1961

ALEXANDER KLUGE
Das Gebiet südlich von Halberstadt
Aus: Schlachtbeschreibung, Suhrkamp Verlag, Frankfurt a. M. 1978

HANS MAGNUS ENZENSBERGER
leuchtfeuer
Aus: blindenschrift, Suhrkamp Verlag, Frankfurt a. M. 1964